Weltreligionen

Geschichte · Quellen · Materialien

Hinduismus

Von Dieter Faßnacht
und Eckehard Bickelmann

Verlag Moritz Diesterweg
Frankfurt am Main · Berlin · München

Kösel-Verlag
München

Die Hefte „Buddhismus“, „Islam“, „Judentum“ und „Hinduismus“ der Reihe „Weltreligionen“ sind für den Schulgebrauch bestimmt.

Die Verlage Moritz Diesterweg und Kösel sind Mitglieder im
Verlagsring Religionsunterricht (VRU).

ISBN 3-425-07693-0 (Diesterweg)
ISBN 3-466-36009-9 (Kösel)

Umschlagentwurf: Hetty Krist-Schulz, Frankfurt am Main.
Gesamtherstellung: Ernst Kaufmann, Lahr.

INHALT

Einleitung

1. *Zielformulierung*

Wenn man eine Weltreligion darstellt, steht man vor der Frage: Welche der vielen möglichen Konzeptionen übernimmt man? Will man im Sinne der früheren Religionsgeschichte den Geist und die Lehren einer Religion darstellen? Oder kommt es, wie die moderne Religionswissenschaft mit ihren Hilfswissenschaften Religionsgeschichte, Religionssoziologie, Religionsphänomenologie und Religionspsychologie vorgeht, darauf an, möglichst wertfrei und empirisch die Religionen miteinander zu vergleichen? Soll man den Standpunkt der Religionskunde einnehmen, die als Missionswissenschaft das Gespräch mit den Fremdreligionen sucht, sie nicht von vornherein abqualifiziert, jedoch am Evangelium und seinem absoluten Anspruch orientiert ist?

Keine dieser drei grundsätzlichen Möglichkeiten schien mir für diese Reihe ausreichend zu sein. Es ist unmöglich, über den Hinduismus zu schreiben, ohne grundlegende Fakten über die Entstehung dieser Religion zu bieten. Der Leser soll sich über die Grundzüge der Entstehung und Ausbildung des Hinduismus informieren; hierzu ist die Kenntnis der wedisch-brahmanischen Religion notwendig. Insoweit habe ich den Ansatz und das Anliegen der heute viel geschmähten älteren Religionsgeschichte berücksichtigt. Ein wichtiges Anliegen der Religionswissenschaft, nämlich die Wirkung der Religion auf die Gruppe wie den Einzelnen (Religionssoziologie und Religionspsychologie) ist im Teil 5 des Heftes aufgenommen. Damit ist dem Mißverständnis vorgebeugt, als wäre Religion nur etwas Philosophisches, das keinen Bezug zum Alltag hat. Nicht aufgenommen werden konnte die phänomenologische Betrachtungsweise, da auf der einen Seite die meisten Leser nicht über die Kenntnisse der anderen Religionen verfügen und auf der anderen Seite der Umfang des Heftes Grenzen setzt.

Die Aufgabenstellung der Religionskunde als Missionswissenschaft besteht zunächst in der Erforschung und Darlegung der heute gelebten Religion. Dieser religionskundliche Ansatz ist in dieser Reihe der tragende Ansatzpunkt. Hier muß freilich sogleich kritisch davor gewarnt werden, Fremdreligionen schönfärberisch darzustellen, indem man etwa bei der Auswahl der Quellen zu einseitig bestimmte Autoren heranzieht, die nicht repräsentativ für das Ganze sind. Kritiklosigkeit und Schönfärberei scheinen mir einem tiefen Schuldgefühl zu entspringen, das seine Wurzel in der früheren Missionsgeschichte hat.

Sieht man die Darstellung der Entstehungs- und Wirkungsgeschichte der einzelnen Religion als den einen Brennpunkt einer Ellipse, so ist die Darstellung und Entfaltung der Religion in der heutigen Welt der andere Brennpunkt.

Weggelassen ist die politische Geschichte Indiens. Sie würde den Rahmen dieses Heftes sprengen.

Auf Grund der genannten Vorentscheidungen soll dieses Heft als ein Heft verstanden werden, das einen pädagogischen Ansatz hat, nämlich das Ziel, im christlichen Religionsunterricht und der Erwachsenenbildung die Kenntnis und Auseinandersetzung mit fremden Religionen zu ermöglichen. Dieses Heft stellt nicht den Hinduismus an sich dar, sondern vermittelt Kenntnisse, die einen Bezug zur Welt des Lesers haben.

2. *Zur Frage der Didaktik*

A. Die Motivation des Schülers

Fast jeder Schüler ist durch die Massenmedien und durch Berichte über Indien in Fernsehen und Reportagen in Illustrierten sowie Nachrichten aus der Tagespresse mit Erscheinungsformen des Hinduismus in Berührung gekommen; man denke nur an die Hare-Krischna-Jünger, die schon zehnjährige Schüler zu Fragen an den Religionslehrer veranlassen. Direkte Kontakte mit Indern hier in Deutschland dürften sehr selten und allenfalls auf die Universitätsstädte beschränkt sein. Der eine oder andere Oberstufenschüler kennt vielleicht einen indischen Studenten. Manche nehmen an Seminaren teil, die Joga in europäisierter und säkularisierter Gestalt als Lebenshilfe vermitteln. Der geistige Einfluß des Hinduismus im heutigen Deutschland ist trotz manchmal spektakulärer Meldungen sehr gering, wenn man von den popularisierten und kaum wieder zu erkennenden Meditationsformen absieht.
Um solche und andere Berührungspunkte deutlicher ins Bewußtsein zu erheben, ist in Teil 1 (Streiflichter) eine Sammlung von Nachrichten und Bildern vorangestellt. Dieser Teil soll helfen, eine bereits vorhandene Motivierung zu verstärken.

B. Altersstufe

Dieses Heft ist für Jugendliche ab 16 Jahren zu verwenden. Hierzu muß der Lehrer aber eine genaue Textauswahl treffen; dies gilt besonders für die Quellen der Teile 3, 4 und 5. Das Heft ist speziell für den Kursunterricht in der Sekundarstufe II entwickelt. Darüberhinaus kann das Heft auch in der Erwachsenenbildung (Volkshochschulen, Seminar usw.) verwendet werden. In allen Fällen ist nicht daran gedacht, alle Texte durchzuarbeiten; vielmehr sollte eine Auswahl getroffen werden.

C. Thematik

Wenn wir Menschen fremder Religion oder Hautfarbe begegnen, fühlen wir uns unsicher. Wir wissen nicht, wie wir uns verhalten sollen. Hinzu kommen oft nicht bewußte Vorurteile, die uns an einer unbefangenen Begegnung hindern. Ein anderer Gesichtspunkt kommt hinzu: Das Christentum vertritt herkömmlich den Anspruch auf die absolute Wahrheit; der Hinduismus dagegen sieht andere Religionen unter dem Aspekt, daß sie einen Teil der Wahrheit darstellen. Welche Religion hat nun recht? Ist der Hinduismus von seinen Ursprüngen her nicht eine sehr einfache, polytheistische Religion? Ist er unter dem Gesichtspunkte der Selbsterlösung nicht sogar eine unbarmherzige Religion? Wird diese Unbarmherzigkeit durch das bis heute bestehende Kastensystem nicht zementiert? Was unterscheidet hinduistische Ethik von der christlichen? Wo könnten, international gesehen, Christen und Hindutheologen guten Gewissens zusammenarbeiten, ohne bestehende Unterschiede zu verleugnen? Hier müssen Entscheidungen getroffen werden, die uns zutiefst berühren.

3. *Zur Frage der Methodik*

Das Heft ist so angelegt, daß es in der Reihenfolge der Kapitel durchgearbeitet werden sollte. Der Motivationshilfe (Teil 1) folgt Teil 2, der den frühen Hinduismus behandelt, dann Teil 3, der den späteren Hinduismus darstellt. In Teil 4 wird ausführlich der Neo-Hinduismus behandelt. Den Teilen 2 und 3 sind in einem besonderen Abschnitt jeweils Quellen zugeordnet, die in unmittelbarem Zusammenhang mit dem behandelten Thema stehen. Der Teil 5 umfaßt Quellen, die nach Sachgebieten geordnet sind. Hier wurde absichtlich auf eine eigene Darstellung verzichtet; diese Originalquellen sollen die Auseinandersetzung und Diskussion innerhalb des heutigen Hinduismus widerspiegeln. Leider konnte hier weniger als beim Islam oder Buddhismus auf indische Quellen zurückgegriffen werden, da im Hinduismus eine Auseinandersetzung mit der modernen Welt kaum vorhanden ist. Die wenigen Autoren wie Sri Aurobindo, Gandhi usw. sind stark vom westlichen Gedankengut beeinflußt und können nicht als repräsentativ für den heutigen Hinduismus angesehen werden. Nur ihnen Raum zu widmen, hieße ein falsches Bild zeichnen. Im Teil 5 steht die Diskussion im Vordergrund, während in den Teilen 2–4 die Information über geschichtliche, theologische Daten und Ereignisse vorherrscht. Welche Schwierigkeiten es bereitete, den Hinduismus pädagogisch aufzubereiten und durch diesen Religionsdschungel einen Pfad zu schlagen, braucht für einen Hinduismuskundigen nicht erläutert zu werden. Teil 1 und Teil 5 sollten gemeinsam in der Gruppe erarbeitet werden, da hier der Rückkoppelungseffekt wesentlich ist. Die Teile 2–4 können auch in Einzelarbeit erarbeitet werden (z.B. Hausarbeit). Für die Teile 1 und 4 sowie die Bildauswahl ist Eckehard Bickelmann verantwortlich, für die Abschnitte 2, 3 und 5 Dieter Faßnacht.

4. *Arbeitshinweise*

Die Literaturliste enthält nur Taschenbücher, die derzeit (Stand Frühjahr 1978) erhältlich sind. Wer weiterführende Bücher braucht, informiere sich in den Literaturlisten der angeführten Taschenbücher. Wer zu diesem Heft noch weitere Bücher benötigt, sollte sich meiner Meinung nach Erich Frauwallner, Geschichte der indischen Philosophie (kein Taschenbuch!) oder Klaus Klostermaier, Der Hinduismus, zulegen. Hervorragend, aber schwierig zu beschaffen ist Kenneth W. Morgan, The Religion of the Hindus, The Ronald Press Company, New York 1953. Das einzige, zur Zeit erhältliche Taschenbuch ist sehr anspruchsvoll: Heinrich Zimmer, Philosophie und Religion Indiens (stw 26).
Die Umschrift der Sanskrit-Wörter ist streng nach den Vorschlägen der Duden-Redaktion durchgeführt. Jeder Begriff kann sofort in Meyers Enzyklopädischem Lexikon, meist auch in der neuen Brockhaus-Enzyklopädie nachgeschlagen werden. Die Wörter sind zu sprechen, wie sie geschrieben werden (j ist also immer ein deutsches j und nie mit dem englischen „dsch" zu verwechseln!). Im Anhang findet sich eine Wörterliste, die jeden in diesem Heft vorkommenden Begriff erläutert.

Freiburg (Breisgau), im Herbst 1978 *Dieter Faßnacht*

1 STREIFLICHTER

1.1 Der westliche Christ am Ende?

Auch der westliche Christ oder Theologe, gleichgültig welcher Konfession, ist nicht mehr in der Lage, ein exklusives Selbstgespräch zu führen. Der lediglich interne Wahrheitsbeweis des Christentums steht naiv und ungerüstet vor der umspannend aktiven Bewegung, die aus den nicht-christlichen Religionen aufgebrochen ist. Der hellsichtige christliche Mensch des Abendlandes weiß im übrigen, daß er über keine unangreifbaren Bollwerke mehr verfügt, auf die er sich dem Treffen entgehend zurückziehen könnte, denn er sieht sich von keiner allgemeinen, metaphysisch positiven oder spezifisch christlichen Bewußtseinslage getragen, die ihm für ein exklusives Selbstgespräch den Boden bereiten könnte. Der neuzeitliche abendländische Mensch, säkularisiert und vermaßt, standardisiert und technisiert, ohne metaphysische Mitte und ohne Eros-Relation, entpersönlicht und an Individualität verarmt, teilt die in der Rationalität verkrustete allgemeine Bewußtseinslage auch dort, wo er noch im zentral christlichen oder innerkirchlichen Raum steht. Und dieser direkten Teilhabe am Ungeist wird er sich unabweislich bewußt, in seinem Unvermögen nämlich, eine wirklich erneuernde, schöpferische Sinnrelation zwischen seiner Glaubenswelt und seinem Dasein im Alltag herzustellen. Gerade auf dieses nicht zu leugnende Unvermögen hin spricht aber der moderne Hinduismus den abendländischen Menschen an. Der Phänotypus des abendländischen Christen überzeugt ihn nicht mehr, weil er eine zentrale Existenzungewißheit an ihm erspürt, und auf diese Existenzungewißheit führt er ursächlich und direkt unser Versagen zurück, Impulse schöpferisch zu entbinden, die die Geschichte meistern, Politik und Gesellschaft ordnen, das Ewige im Zeitlichen als Wandlungsmacht enthüllen. Die Infragestellung durch den Osten, insonderheit durch den dynamischen expansiven, modernen Hinduismus, trifft also eine gegebene, von Indien klar erkannte Existenzproblematik des abendländischen Menschen überhaupt, des westlichen Christen speziell.

(Otto Wolff, Indiens Beitrag zum neuen Menschenbild, Rowohlt Verlag, Reinbek 1957, S. 8/9)

1.2 Fanatismus?

200 Tote jedes Jahr durch Kasten-Hindus

Der 24. Februar 1968 begann wie jeder andere Tag in der kleinen Stadt Kantschikatscherla in Andhra Pradesch. Ochsenkarren, beladen mit Reis, Kokosnüssen und anderen Farmprodukten, fuhren knarrend zum Markt. Frauen waren damit beschäftigt, aus den Brunnen Wasser in ihre Krüge zu füllen. Eine junge Braut wurde mit Pfeifen- und Trommelklängen zum Haus ihres künftigen Ehemannes geleitet. Die Luft war leicht dunstig, erfüllt vom beißenden Geruch, der vielen Tabakscheunen entströmte, mit denen die Stadt übersät war. Doch was um halb vier an diesem Nachmittag passierte, das sollte dieses verschlafene Städtchen in die Schlagzeilen der Weltpresse bringen. „Indischer Unberührbarer wegen Diebstahls

gelyncht. Wert der gestohlenen Sachen 2 Dollar!" lautete eine Schlagzeile der DENVER POST, über 8000 Meilen entfernt in den Vereinigten Staaten. „Lynch-Justiz in Indien" gellte es aus einer Tageszeitung in Tokio. „Haridschan angezündet – tot" war die gleichlautende Überschrift von verschiedenen Zeitungen in Bombay und Delhi. Sie alle berichteten über Ankatha Kotesu, einen 19jährigen Haridschan, der von einem Mob in Kantschikatscherla bei lebendigem Leibe angezündet worden war, weil er angeblich zwei Messingtöpfe gestohlen haben sollte, die nicht mehr als 15 Rupies wert waren (etwa 4 bis 5 Mark).
Kotesu war nicht der erste Haridschan, der von Kasten-Hindus gelyncht wurde. Seit fast 3000 Jahren ist die Geschichte seiner Gemeinschaft eine Geschichte blutiger Verfolgungen. Aber Kotesu war der erste Haridschan, dessen Tod in Indien zu erregten Debatten führte und zudem weltweite Aufmerksamkeit erregte.
Zuerst hatte man ihn im Triumphmarsch durch die Straßen geführt und dann an einen Pfahl gebunden. Wie ein Zeuge aussagte, schlugen sieben Männer über eine Stunde auf den jungen Mann ein. Obwohl er immer wieder seine Unschuld beteuerte, zündete schließlich einer seiner Peiniger ihm das Hemd an. Doch wegen des starken Windes erloschen die Flammen fast vollständig. Da goß ein 14 Jahre alter Junge aus der Khamma-Kaste eine Büchse mit Kerosin über Kotesus Kopf. Im nächsten Augenblick war Kotesu eine menschliche Fackel. Aufgrund offizieller Reporte kann man davon ausgehen, daß jedes Jahr etwa 200 Haridschans in verschiedenen Teilen Indiens von Kasten-Hindus ermordet werden.

(K. R. Sundar Radschan in: The Illustrated Weekly of Indien Sept. 30/1973; übersetzt aus dem Englischen)

1.3 Hare-Krischna-Anhänger in Berlin

1.4 Verehrung der Maschine

Die Hindus feiern seit Jahrhunderten ein Fest, das sie Go-Pudscha nennen – „Kuh-Ehrung". An diesem Festtag machen die Bauern Pudscha vor ihren Ochsen und Kühen. Diese sind es ja, die dem Bauern mit ihrem Dienst, ihrer Arbeitskraft bzw. Milch- und Dungleistung das Leben erleichtern und zu seinem Wohlergehen beitragen. Heute, im Zeitalter der Industrialisierung, machen manche Arbeiter an diesem Tag Pudscha vor ihren Maschinen, an denen sie im Betrieb arbeiten, Taxifahrer vor ihren Autos. Auch die Maschinen ernähren die Menschen.

1.5 Pilger beim Bad im Ganges (Benares)

1.6 Der Hinduismus – praktizierte Toleranz

Wir leben in der Morgenröte einer neuen Ära der universalen Menschheit. Hoffnung lodert auf, eine erwartungsvolle Unruhe, wie wenn der erste Schimmer der Morgendämmerung die Erde erweckt. Ob wir wollen oder nicht, wir leben in einer

einzigen Welt und müssen zu einem gemeinsamen Verständnis der Bestimmung des Menschengeschlechts erzogen werden. Die verschiedenen Nationen müssen miteinander leben, nicht als feindliche Größen, sondern als Partner beim Aufbau der Kultur. Der Starke muß dem Schwachen helfen, und alle sollten in einer Weltföderation freier Nationen zusammengeschlossen sein. Wenn wir den Gefahren entgehen, die auftreten können, wenn unverantwortliche Menschen mit einer bisher unvorstellbaren Verfügungsgewalt unser Geschick bestimmen, werden wir die Völker aller Rassen zu einer allumfassenden Gemeinschaft einigen, die sich auf Verständnis und Zusammenarbeit gründet. Wir werden erkennen, daß kein Volk und keine Völkergruppe ein Monopol darauf hat, die Entwicklung der Kultur zu bestimmen. Wir werden die Errungenschaften aller Nationen anerkennen und ehren und so die weltumspannende Brüderlichkeit fordern. Besonders auf dem Gebiet der Religion müssen wir das wertvolle Werk der Weisen anderer Länder und Zeitalter verstehen lernen!
Indien ist das einzige Land, in dem wir Tempel, Kirchen und Moscheen in friedlichem Nebeneinander finden. Ich selbst habe in Hindutempeln, jüdischen Synagogen, buddhistischen Klöstern, christlichen Kirchen und in Moscheen gesprochen, ohne mein intellektuelles Gewissen zu gefährden, ohne meine geistigen Überzeugungen zu vergewaltigen. Der Geist des allumfassenden Verständnisses gehört zur religiösen Tradition Indiens.

(Otto Wolff, Radhakrishnan, Vandenhoeck & Ruprecht, Göttingen 1962, S. 71–72)

1.7 Die Botschaft des Guru Maharadsch Dschi

Wir haben es geschafft: Trotz aller geistigen Erkenntnisse und technischen Errungenschaften stehen wir kurz davor, uns und unseren Lebensraum zu vernichten. Das Chaos ist also nahezu perfekt. Wie es dazu gekommen ist, wissen wir zu Genüge. Einseitiges Streben nach materiellem Besitz hat uns unsere wahren Lebensbedürfnisse und unsere menschliche Bestimmung vergessen lassen – nämlich Frieden in uns zu finden und unsere Mitmenschen lieben zu lernen. Unzählige Religionen, philosophische Lehren und Ideologien waren und sind nicht in der Lage, Einheit und Freiheit zu schaffen. Sie alle sind nur Wertsysteme, die zu Zersplitterung führen. So haben wir Meinungen, aber kein wirkliches Wissen, weil die wahre Basis, die Einheit, fehlt, nämlich die Erkenntnis unseres Ursprungs, den die Wissenschaftler reinste Energie und die Gläubigen Gott nennen. Wer kann uns die praktische Erfahrung dieser Kraft vermitteln, die uns erkennen läßt, wer wir wirklich sind?
Guru Maharadsch Dschi gibt die Antwort. Durch ihn nehmen wir das wahr, was in uns verborgen liegt und erkennen, daß wir nicht nur unser Körper sind. Wir erfahren unser wahres Selbst. Das Ziel ist die Einswerdung mit dieser Energie, und das ist nichts Neues, sondern das älteste Geheimnis.
Was ist nun dieses Wissen, das Guru Maharadsch Dschi gibt? Es ist die direkte, praktische Erfahrung der Kraft, die alles erschaffen hat und alles erhält. Sie ist Ursprung jeglicher Existenz. Wissenschaftler stellen fest, daß Energie weder geschaffen noch zerstört werden kann, sie *ist* immer und ändert nur ständig ihre

Form. Durch die direkte Erfahrung dieser Energie in uns erkennen wir Ursprung und Ziel des menschlichen Lebens. Der ständige Kontakt mit dieser Kraft, die die Religionen Gott nennen, führt uns zu höchster Erkenntnis, ewigem Glück, absoluter Freiheit und Unsterblichkeit. Das Wissen ist nicht theoretisch, sondern direktes Erleben.

Guru Maharadsch Dschi zeigt uns diese Kraft und die Möglichkeit, ständig in direktem Kontakt mit ihr zu sein.

'Es ist so einfach, auf das Wissen zu meditieren. Ihr könnt sitzen, essen, gehen oder irgendetwas machen und dennoch auf das Wissen meditieren. So einfach ist es.'

Jeder kann sich durch dieses Wissen von seinen Abhängigkeiten und Unfreiheiten lösen und zu immerwährender Freude gelangen. Jeder kann lernen, seine Gedanken und Wünsche zu kontrollieren und dadurch Ruhe und Kraft finden, um sich für den Frieden in der Welt einzusetzen.

(Einladung zu einer Veranstaltung der Divine Light Mission in Heidelberg 1973)

2 DIE ENTSTEHUNG DES HINDUISMUS

2.1 Der Subkontinent Indien

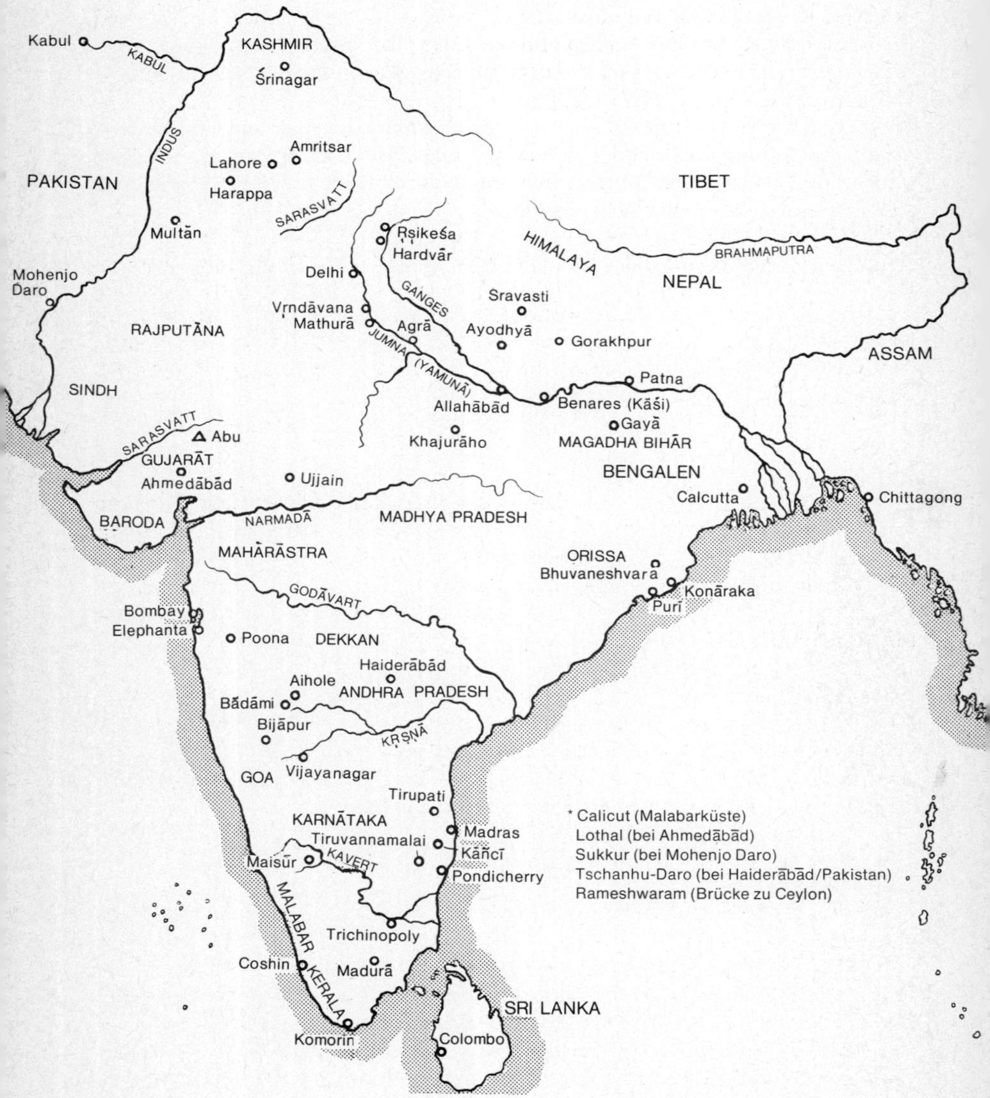

2.1.1 Geografie.

Drei Großräume bestimmen die Natur der vorderindischen Halbinsel: a) im Norden der Himalaja, der nur durch wenige Pässe überquert werden kann (Karakorumpaß/Industal und Khaiberpaß/Hindukusch), b) das dem Himalaja vorgelagerte Schwemmland der Ganges- und Brahmaputra-Tiefebene und c) das Hochland von Dekhan (500–1000 m ü. d. M.) mit den Randgebirgen der West-Ghats (1000–2600 m) und der Ost-Ghats (1000–1600 m), das südlich der Gangesebene liegt und den größten Teil der Halbinsel bildet. Die westliche Küstenebene ist schmal, die östliche von breiten Deltavorschüttungen der Flüsse geprägt. Die wichtigsten Flüsse Ganges, Brahmaputra und Indus liegen im Norden des Landes.

2.1.2 Klima

Indien hat ein typisches Monsunklima. Im Winter (Januar bis März) weht der trockene Nordostmonsun, der nur der südöstlichen Küste (Madras) Niederschläge bringt. Der Frühling (April bis Mai) ist trocken und heiß, der Sommer (Juni bis September) dagegen bringt im Gefolge des Südwestmonsuns Niederschläge, die jedoch kaum Nordwestindien erreichen, während in Bengalen, den Westghats und der Provinz Assam reichliche Regenfälle oft Überschwemmungen verursachen. Die Monate Oktober bis Dezember sind durch den Rückzug des Monsuns geprägt.

2.1.3 Ur- und Frühgeschichte

Ausgrabungen und Funde zeigen, daß in Indien eine einheimische Urbevölkerung seit der Altsteinzeit seßhaft war. Vom 4. bis 2. Jahrtausend trat im Industal in Nordwestindien eine hoch entwickelte städtische Kultur ins Licht der Geschichte, die in den übrigen Teilen Indiens nicht nachzuweisen ist. Wichtigste Städte der Induskultur, die mesopotamische Einflüsse aufweist, waren Mohendscho-Daro am Unterlauf des Indus (im heutigen Westpakistan in der Nähe von Sukkur), Harappa (an einem Nebenfluß des Indus, in der Nähe der westpakistanischen Stadt Multan), Tschanhu-Daro (zwischen Sukkur und Haiderabad) und die Hafenstadt Lothal (bei der nordwestindischen Stadt Ahmedabad). Die Induskultur stammt vielleicht von Einwanderern, die aber einheimische Kulturelemente aufgenommen hatten. Ihre Städte hatten vorbildliche Bewässerungsanlagen und Bäder sowie mehrgeschossige, aus Ziegelsteinen gebaute Häuser.

2.1.4 Die Religion der Induskultur

Da die Schrift der Induskultur immer noch nicht entziffert ist, sind wir in der Frage der Religion auf Ausgrabungen angewiesen. Tempel- oder andere Kultanlagen hat man bisher noch nicht eindeutig nachweisen können. Zahlreiche Kupferstatuetten, die eine Muttergöttin darstellen, sowie Figuren und Siegeldarstellungen von Stieren, Büffeln, Ziegen und Elefanten deuten auf einen Fruchtbarkeitskult und Tierkult hin. Wahrscheinlich verehrte man auch Bäume und Flüsse. Die Archäologen fanden auch Statuetten, die gehörnte Götter darstellen. Das Horn ist ein Pe-

Siegel mit
Büffeldarstellung

nissymbol. Aus diesen Hörnern entwickelte sich später im Hinduismus die Mondsichel der Schiwa-Bildnisse. Parallelen mit den Fruchtbarkeitskulten des Mittelmeerraumes (Kybelekult in Kleinasien, Baalskult in Syrien-Palästina) liegen nahe. Die Toten setzte man mit Grabbeigaben bei; selten fand eine Kremation statt.

2.1.5 Die Einwanderung der Arier

Im Zuge einer umfassenden Völkerwanderung drangen wohl um die Mitte des zweiten Jahrtausends v. Chr. die Indoarier nach Indien ein. Ihre Herkunft und ihre Wanderungswege sind bis heute noch unbekannt. Zuerst sind sie als herrschende Erobererschicht in Mesopotamien nachweisbar (um 1500 v. Chr). Es steht fest, daß sie über den Khaiberpaß in mehreren Wellen nach Nordwestindien wanderten und sich im Laufe von 1500 Jahren ostwärts über die mittlere Gangesebene hinaus in ganz Nordindien verbreiteten. Sie sogen die Kultur der Bevölkerung auf und prägten mit ihrer Sprache und Religion von nun an Nordindien. Nur in Südindien führten die Ureinwohner bis heute ihre Kultur fort. Die Religion der Arier ist uns in den heiligen Schriften der Weden überliefert. Freilich hatte sich schon zu dieser Zeit die wedisch-brahmanische Religion mit den früheren Religionen Indiens vermischt; das Ergebnis dieses jahrhundertelangen Ringens und Vermischens der arischen mit den einheimischen Religionen nennen wir Hinduismus (= Indertum).

2.2 Die wedisch-brahmanische Religion

2.2.1 Die Weden (Der Weda)

Die Religion der Arier ist in den Weden (= Wissen) überliefert. Diese entstanden vermutlich in der Zeit von etwa 1300 bis 500 v. Chr. Sie sind in einer alten Form des Sanskrit abgefaßt und wurden erst später schriftlich niedergelegt. Den Grundstock der Weden bilden die vier Sammlungen (Samhita), die den Funktionen der Priester beim Königsopfer zugeordnet sind. Diesen vier Sammlungen sind die Brahmanas, Aranjakas und Upanischaden zugeordnet. Die erste Sammlung ist der Rigweda. Sie ist zugleich die wichtigste und älteste. Theologisch und philosophisch sind dagegen die Upanischaden am interessantesten. Sie entwickeln die wesentlichen religiösen Gedanken Indiens: die Identität des menschlichen Selbst (Atman) mit dem Göttlichen (Brahman) und die Seelenwanderung und Erlösung.

2.2.2 Der Aufbau der Weden

Die Weden gelten als heilige Offenbarung (das Schruti = Gehörte), deren Verbindlichkeit in den Fragen der Religion, der Ethik und des gesellschaftlichen Lebens gefordert wird. Diese Literatur existiert nach hinduistischem Glauben seit Ewigkeit, ist übernatürlichen Ursprungs und durch inspirierte Weise der Vorzeit der Menschheit überliefert.

Name	Rigweda	Samaweda	Jadschurweda	Atharwaweda
Funktion beim Opfer	Der Rufer (Hotar) ruft die Götter an.	Der Sänger (Udgatar) stimmt die Lieder an.	Der Opferpriester (Adhwarju) murmelt während seines Opfers die Sprüche.	Der Oberpriester (Brahmane) wendet unheilvolle Mächte ab.
Etymologie	rik = Strophe	saman = Lied	jadschu = Spruch	atharwan = Zauber
Anzahl der Strophen	10.600	1.800	2.000	6.000
Inhalt	Hymnen, die die Götter anrufen und preisen (z. B. Indra, Agni, Soma, Wischnu).	Texte für priesterliche Gesänge. Bis auf 75 identisch mit dem Rigweda.	Opfersprüche und Ritualanweisungen.	Zaubertexte, Wettersegen, Besänftigung böser Dämonen, Abwehr von Feinden.

Name	Rigweda	Samaweda	Jadschurweda	Atharwaweda
Theologische Hauptgedanken	Kräfte und Elemente der Natur werden als Götter angesehen. In der Spätzeit entsteht die Frage: Liegt hinter der Vielzahl der Götter ein letzter Weltgrund verborgen?	Ausbildung und Entwicklung des Kastenwesens: a. Brahmanen (Priester), b. Kschatrija (Adel), c. Waischja (Kaufleute, Gewerbetreibende, freie Bauern), d. Schudra (Knechte, Sklaven). Außerhalb der Kastenordnung stehen die Paria, die Unberührbaren. – Die unbedingte Vorrangstellung der Priesterkaste entwickelt sich mit der Ausbildung von Opferwesen und Opferritual um 1000 v. Chr.		
	Brahmanas Texte zur Erklärung und Deutung des Opferrituals			
	Aranjakas Betrachtungen der Waldeinsiedler über das Opfer und das Zauberwort			
Wedanta	*Upanischaden* Betrachtungen und Gedanken von Weisen und Asketen (z. B. des berühmten Jadnjawalkja). Pessimistische Grundstimmung. Alles Dasein ist Leiden. Zwei wichtige Gedankenkreise: a. Identität von Atman und Brahman (Monismus) b. Seelenwanderung und Erlösung.			

2.2.3 Die Zeit der Hymnen (ca. 1500–1000 v. Chr.)

Diese älteste Periode der indischen Religion ist gekennzeichnet durch den Glauben an eine Fülle von Göttern, die oft Elemente und Kräfte der Natur darstellen. Ihnen hatte man mehr oder weniger umfangreiche Opfer darzubringen, zu denen man Priester brauchte. Es wurde zwischen kleinen Opfern (Hausopfern) und großen Opfern, die am Königshofe zum Wohl des gesamten Volkes dargebracht wurden, unterschieden. Doch schon in dieser Zeit wird die Existenz der Götter gelegentlich angezweifelt; deutlich taucht gegen Ende der Hymnenzeit die Frage auf, ob hinter der Vielzahl der Dinge und der Götter ein unveränderlicher Weltengrund liege.

2.2.4 Überblick über die wichtigsten wedischen Götter

Indra: Er ist der Nationalgott der Arier, der unermüdliche Verfechter ihrer Interessen, der große Streiter, Helfer und Sieger. Er wird meist als riesenhafte Gestalt abgebildet. Als vorzüglicher Wagenlenker zieht er, seine Wurfkeule in der Hand, gegen die Feinde aus. Er ist der König der Götter, ihr Führer und Beherrscher. Sein Widerpart ist Writra. Indra ist Herr der Natur und Wohltäter der ganzen Welt. In den Brahmanas ist er Beschützer des Adels- und Kriegerstandes. Er wird mit Donner, Wind und Atem gleichgesetzt. Im späteren Hinduismus wird er zum Regen- und Gewittergott.

Writra: Als Widersacher Indras wird er von jenem besiegt. Writra wurde ursprünglich als böser Dämon angesehen, dann als Schlange, die das bedeckende, hemmende, versperrende und widerstehende Prinzip verkörpert. Writra hält die Wasser und Flüsse eingeschlossen. Er ist Urbild der universellen Unordnung, in der sogar die Götter in Angst und Not geraten. Im Mythos erschlägt Indra – durch den Rauschtrank gestärkt – Writra mit seiner Wurfkeule und befreit damit die Wasser, die „wie brüllende Kühe straks zum Meere eilen".

Soma: Soma – der ausgepreßte Saft und Rauschtrank – bildet mit dem Feuergott Agni ein Paar. Soma ist Seele und Mittelpunkt des Opfers. Er ist Freund und Schützer der anderen Götter und verleiht den Brahmanen Macht und Kraft. Er zerstört alle Finsternis und wird oft „König" genannt, der König der Pflanzen und Kräuter, der Gewässer, der gesamten Welt überhaupt. Er ist Symbol alles Feuchten, das Leben spendet und erhält. Ihm ist die Kaste der Brahmanen zugeordnet. Soma ist mit dem Mond identisch.

Agni: Er ist das Feuer selbst, das als göttliche Macht erfaßte Phänomen. Er verkörpert das bergende, behütende Prinzip (Herdfeuer), zugleich aber auch das zerstörerische und bedrohende (Feuerbrunst). Er lenkt die roten Rosse, deren Banner Rauch heißt. Agni kann nicht aufgehalten werden, er ist unbesiegbar und prachtvoll. Agni zeigt sich auch als Sonne. Agni ist allwissend und aus der Urflut entstanden (Wasser – Pflanzen – Holz – Feuer). Seine wichtigste Funktion ist die des Opferfeuers; er ist der unermüdliche Bote, der die Spenden der Menschen zu den Göttern befördert. Auch ihm ist – wie Soma – die Kaste der Brahmanen zugeordnet.
Waruna: Er gilt ebenfalls als König der Götter. Er ist der Hüter des Rita, der Ordnung. Nach seinem Gesetz fließen die Ströme, scheint die Sonne. Er ist der Lenker der göttlichen und kosmischen Kräfte zum Besten der Menschheit. Er ist der Allwissende, der die Menschen beobachtet und ihre Verfehlungen entdeckt. Er nimmt die Sünder mit einer Schlinge gefangen. Er rächt die rituell falsch vollzogenen Opfer.

Mitra: Gott der Freundlichkeit und Friedfertigkeit, Symbol des Vertrages.
Aditi: Sie ist die „Große Mutter", die Göttin der Erde. Ihr heiliges Tier ist die Kuh. Aditi ist milde und wird häufig als Schutzheilige angerufen.

Rudra: Seine Gestalt ist unheimlich und schreckeinflößend. Er ist ein zorniger, furchtbarer Bogenschütze, der die Helden tötet. Sein Tier ist der Eber, seine Farbe ist das Rot, das als Farbe des Todes und des Schreckens gilt (Blut!). Er ist der wilde Jäger und der Herr über die Tiere. In seinem wohltuenden Aspekt wird er Schiwa genannt (der Freundliche, der Gütige, der Wohltuende). Als solcher steigt er zum Hauptgott des späteren Hinduismus auf.

Wischnu: In der frühen wedischen Literatur taucht sein Name nur selten auf. Als jüngerer Bruder Indras ist er dessen Freund und Helfer. Er schützt das Opfer; wer die Opfergaben darbringt, steht unter seiner Schirmherrschaft. Der Opferpfosten ist das Sinnbild der Weltenachse, ist Wischnus Eigentum. Wie Schiwa steigt er im späten Hinduismus zum Hauptgott auf.
Uschas: Sie ist die Göttin der Morgenröte. Sie fährt reich geschmückt auf einem Wagen, der von roten Pferden oder Kühen gezogen wird. Sie vertreibt die Finsternis, erglänzt im hellen Gewand und sendet ihre Strahlen wärmend und nährend durch das All. Sie spendet den Menschen Milde und Segen.

2.2.5 Die Zeit der Opfermystik

Um etwa 1000 v. Chr. begann sich in der wedischen Religion ein Wandel abzuzeichnen: Die Opfer wurden immer komplizierter und wichtiger, so daß die Brahmanen im Bewußtsein der Inder wichtiger wurden als die Könige und Fürsten. In diese Zeit fällt vermutlich auch die Ausbildung des klassischen Vier-Kasten-Wesens. Die Ursprünge reichen wohl in die Zeit der Einwanderung; der finnische Forscher Parpola vermutet sogar, daß die Kasten bereits in der Induskultur bestanden haben. Um 1000 v. Chr. wurde von den Brahmanen folgende Kastenordnung aufgestellt: Die oberste Kaste waren die Brahmanen; sie waren die Opferpriester, hatten die Weden zu studieren, die Weisheit zu lehren und die Opfer zu vollziehen. Noch zur Zeit des Rigweda kamen die Brahmanen erst hinter dem Adel an zweiter Stelle. Nun werden an die zweite Stelle die Könige und Fürsten (die Kschatrija) gesetzt. Sie hatten die Weden zu studieren und das Volk zu schützen. Die dritte Kaste bildeten die Waischja, das waren die Bauern und Kaufleute. Sie hatten Viehzucht zu betreiben, den Ackerboden zu bebauen, Handel zu treiben und dann erst die Weden zu studieren. Die vierte Kaste waren die Leibeigenen, die Schudra. Sie dienten den drei oberen Klassen; ihnen war es verboten, die Weden zu studieren.
Außerhalb des Kastensystems standen die Paria, die sich ursprünglich wohl aus den wilden Bergvölkern rekrutierten. Sie waren ausgestoßen.
Heute sind die vier Hauptkasten in über dreitausend Unterkasten aufgesplittert.

2.2.6 Die Zeit der Upanischaden

Zwischen 800 und 600 v. Chr. beginnt eine neue Epoche in der indischen Religion. Sie ist gekennzeichnet durch das intensive Nachdenken über den Träger der Lebenskraft und durch die Frage nach einem Leben nach dem Tod. Die Götter und ihre richtige Verehrung treten in den Hintergrund. Upanischaden bedeutet „sich zu den Füßen des Lehrers setzen". Die älteren Upanischaden (Wedanta) verstehen sich als geheime Lehren, die Schülern vertraulich weitergegeben werden. Der bedeutendste Name eines solchen Lehrers ist nach der Überlieferung Jadnjawalkja. Er ist jedoch nicht historisch faßbar.
Folgende Themen werden in den Upanischaden durchdacht und beeinflussen bis heute das indische Weltverständnis grundlegend: Die Frage nach dem Träger des Lebens, die mit der Gleichsetzung von Atman und Brahman beantwortet wird. Die Frage nach dem Schicksal der Lebewesen nach dem Tode; sie wird mit dem Gedanken der Wiedergeburt (Samsara) und des Karma, des Zusammenhanges mit den guten und schlechten Taten, beantwortet.

a) Die Frage nach dem Träger allen Lebens. Zunächst beantworteten die Weisen diese Frage so, man finde den Träger des Lebens in allen Elementen. Hier steht zunächst das Verschiedenartige im Vordergrund, wenn man auch schon sieht, daß die verschiedenen Dinge der Natur durch eine einheitliche Kraft bewegt werden, eben der Lebenskraft. Von hier aus denken die Weisen weiter und setzen diese Lebenskraft mit der Weltenseele, dem Urgrund der Welt, gleich. Die Weltenseele wird in Anlehnung an frühere Vorstellungen mit dem Ausdruck Brahman be-

Sanskrit-Text

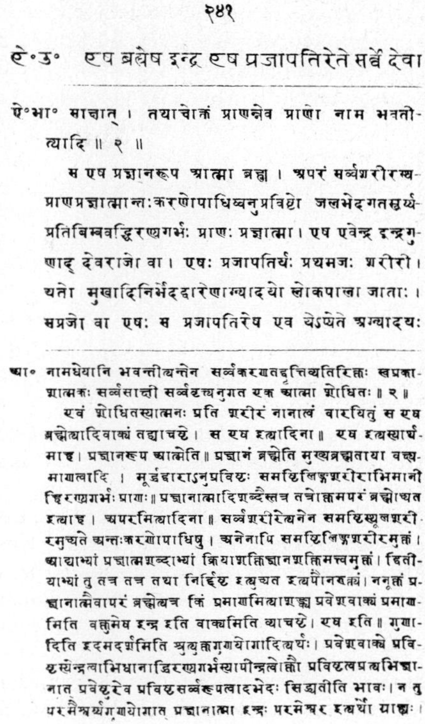

२४१

ऐ॰उ॰ एष ब्रह्मैष इन्द्र एष प्रजापतिरेते सर्वे देवा

ऐ॰भा॰ साक्षात् । तथाचोक्तं प्राणेनैव प्राणो नाम भवन्तीत्यादि ॥ २ ॥

स एष प्रज्ञानरूप आत्मा ब्रह्म । अपरं सर्व्वशरीरस्थप्राणप्रज्ञात्मान्तःकरणोपाधिष्वनुप्रविष्टो जलभेदगतसूर्य्यप्रतिबिम्बवद्धिरण्यगर्भः प्राणः प्रज्ञात्मा । एष एवेन्द्र इन्द्रगुणाद् देवराजो वा । एषः प्रजापतिर्यः प्रथमजः शरीरी । यतो मुखादिनिर्भेदद्वारेणाग्न्यादयो लोकपाला जाताः । सप्रजो वा एषः स प्रजापतिरेष एव येऽप्येते अग्न्यादयः

आ॰ नामधेयानि भवन्तीत्यन्तेन सर्व्वकरणतद्वृत्तिव्यतिरिक्तः स्वप्रकाशात्मकः सर्व्वसाक्षी सर्व्वहृत्यनुगत एक आत्मा शोधितः ॥ २ ॥

एवं शोधितस्यात्मनः प्रति शरीरं नानात्वं वारयितुं स एष ब्रह्मेत्यादिवाक्यं तद्व्याचष्टे । स एष इत्यादिना ॥ एष इत्यस्यार्थमाह । प्रज्ञानरूप आत्मेति ॥ प्रज्ञानं ब्रह्मेति मुख्यब्रह्मताया वक्ष्यमाणत्वादि । मूर्द्धद्वाराऽनुप्रविष्टः समष्टिलिङ्गशरीराभिमानी हिरण्यगर्भः प्राणः ॥ प्रज्ञानात्मादिशब्दैस्तत्र तत्रोक्तमपरं ब्रह्मोच्यत इत्याह । अपरमित्यादिना ॥ सर्व्वशरीरेत्यनेन समष्टिस्थूलशरीरमुच्यते अन्तःकरणोपाधिषु । अनेनापि समष्टिलिङ्गशरीरमुक्तं । आद्याभ्यां प्रज्ञात्मशब्दाभ्यां क्रियाशक्तिज्ञानशक्तिमत्त्वमुक्तं । द्वितीयाभ्यां तु तत्र तत्र तथा निर्दिष्ट इत्युच्यत इत्यपौनरुक्त्यं । ननूक्तं प्रज्ञानात्मैवापरं ब्रह्मेत्यत्र किं प्रमाणमित्याशङ्क्य प्रवेशवाक्यं प्रमाणमिति वक्तुमेष इन्द्र इति वाक्यमिति व्याचष्टे । एष इति ॥ गुणादिति इदमदर्शमिति श्रुत्युक्तगुणयोगादित्यर्थः । प्रवेशवाक्ये प्रविष्टस्येन्द्रत्वाभिधानाद्धिरण्यगर्भस्यापीन्द्रत्वोक्तौ प्रविष्टत्वप्रत्यभिज्ञानात् प्रवेष्टुरेव प्रविष्टसर्व्वरूपत्वादभेदः सिद्ध्यतीति भावः । न तु परमैश्वर्य्यगुणयोगात् प्रज्ञानात्मा इन्द्रः परमेश्वर इत्यर्थो ग्राह्यः ।

zeichnet. Brahman, das Zauberwort (machtgeladenes Wort) bedeutete, wird zum Grundprinzip der gesamten Natur: Überall, in Pflanzen, Tieren und Menschen, verkörpert sich Brahman, freilich in jeweils anderer Gestalt. Diese Verkörperung im Einzelding nennen die Upanischaden meist Atman. So gilt, daß letztlich Atman und Brahman identisch sind.

b) Die Lehre von der Seelenwanderung (Samsara). Schon im Rigweda war es überlieferter Glaube, daß die Seelen der Menschen und Tiere nach dem Tode weiterleben. Diesen Gedanken verband man mit den Vorstellungen eines Paradieses, das sehr weltlich ausgemalt wurde. Das Weiterleben im Paradies war nichts anderes als ein vollkommenes immerwährendes irdisches Dasein.

Wenn aber das Leben im Jenseits dem irdischen Leben gleicht, muß es wohl auch wie dieses ein Ende haben. Hier zeigt sich deutlich eine tiefe Angst vor dem vollständigen Erlöschen. Man kommt so zu der Auffassung, daß auch das jenseitige Leben ein Ende haben wird. Was aber geschieht dann? Die Antwort lautet: Man muß wieder in diese Welt zurück. Dieser Vorgang geschieht nicht nur einmal, sondern unendlich oft.

Vermutlich steckt hinter dieser Lehre von der Seelenwanderung auch die Beobachtung der Natur, die sich bereits in der wedischen Wasserlehre ankündigt: Man

knüpft an die Beobachtung der verschiedenen Mondphasen an. Die Inder erklärten sie sich so: der Mond sei eine Schale, die mit Soma angefüllt sei. Soma ist hier nicht nur der beim Opfer verwendete Rauschtrank, sondern zugleich auch das lebensspendende Wasser. Wenn es regnet, entleert der Mond sein Soma auf die Erde. Deshalb nimmt er ab, bis er ganz geleert ist (Neumond). Das Wasser aber bleibt nicht auf der Erde, es kehrt vielmehr wieder zum Monde zurück, bis dieser wieder ganz angefüllt ist (Vollmond). Wie auch das Feuer, so wird das Wasser mit Lebenskraft identifiziert. Mit diesem Gedanken haben wir zugleich die Lehre vom Kreislauf alles Lebendigen (Samsara).
Für den Inder ist es ein bedrückender Gedanke, immer wieder in diesen Kreislauf des Sterbens und Geborenwerdens verstrickt zu sein. Denn diese Welt ist eine Welt voller Leid. Diesen Gedanken des Leides und des Leidvollen betonen die Upanischaden stark. Eine Frage ist dabei aber noch offen: Wir wird die Identität der Lebewesen in ihren verschiedenen Wiederverkörperungen (Reinkarnationen) gewahrt?

c) Der Gedanke des Karma. Man stellte sich vor, daß nach dem Tode eine Art feinstofflicher, unsichtbarer Körper der Träger der neuen Existenz wird. Wie diese neue Existenz aussehen wird, wird einzig und allein durch die guten und bösen Taten des jetzigen, bzw. vorhergehenden Lebens bestimmt. Wer böse Taten begangen hat, also gegen die Pflichten seiner Kaste verstoßen hat, wird in einer niedrigeren Existenzform wiedergeboren. So wird in der indischen Literatur gesagt, ein geldgieriger Brahmane, dem das Geld mehr als das Studium der Weden am Herzen liegt, würde als Schwein wiederverkörpert. Wer aber die Pflichten seiner Kaste erfüllt hat und gute Taten geübt hat, wird in einer höheren Existenzform wiedergeboren, zum Beispiel als Lehrer oder Brahmane oder gar als einer der unzähligen Götter. Aber dadurch ist er nicht erlöst. Er bleibt dem Samsara verhaftet und damit in dieser Welt des Leidens.

d) Die Erlösung (Mokscha). Dem Samsara kann nur entrinnen, wer erlöst ist. Nur wer sein Karma in diesem Leben abgearbeitet hat, sich das Wissen erworben hat, daß sein Atman identisch sei mit dem Brahman, wer sich daher auch kein neues Karma (gutes oder schlechtes) angehäuft hat, der kann in die ewige Seligkeit eingehen. Sein Atman verschmilzt nach dem Tode mit dem Brahman. Spätere Denker haben verschiedene Wege zur Erlösung aufgezeigt: einmal das tief betroffene existenzielle Wissen um die Identität von Atman und Brahman (Upanischaden), zum anderen der Rückzug aus der Welt und Askese (Waldeinsiedler, Wandermönche), zum dritten Konzentrations- und Erkenntnisübungen (Joga), zum vierten die Erfüllung der Pflichten der jeweiligen Kaste (Bhagawadgita, Gesetze des Manu), zum fünften die treue Erfüllung der Opferpflichten und der Gebetspflichten (Rigweda). Selbstverständlich sind alle Kombinationen möglich.

2.2.7 Die Heiligen Schriften außerhalb der Weden (Smriti)

Im Gegensatz zum Weda (= Schruti) bezeichnet der Begriff Smriti uralte heilige Überlieferungen, die als Werk von Menschen gelten und inspirierten Weisen der Urzeit zugeschrieben werden. Verbreitet ist auch die Ansicht, die erzählenden

Teile dieser Literatur seien Bestandteile eines verlorengegangenen fünften Weda, des sogenannten Itihasa-Weda (Weda der Erzählungen). Obwohl theoretisch die Weden als höchste Autorität gelten, haben im heutigen Hinduismus die Werke der Smriti viel größere Bedeutung. Wir beschränken uns hier auf die vier wichtigsten Werke.

2.2.7.1 *Das Mahabharata*

Das Mahabharata ist das bedeutendste indische Nationalepos. Es besteht aus über 100 000 Doppelversen und berichtet von den Schicksalen und dem Kampf zweier verwandter, aber verfeindeter Geschlechter, der Pandawas und der Kurus. Sie streiten sich um die Herrschaft über das einst von dem Weltenherrscher Bharata regierte Reich, das sein Zentrum in der Gegend von Delhi gehabt haben soll. Das Werk ist vermutlich in der Zeit zwischen 400 v. Chr. und 400 n. Chr. entstanden. Eine der wichtigsten Episoden, die in die Rahmenerzählung eingeschoben sind, ist die *Bhagawadgita,* der Gesang des Erhabenen. Sie ist ein Gedicht von 700 Versen. Ardschuna, einer der Pandawas, wird vor einer in der Rahmenhandlung des Mahabharata geschilderten Entscheidungsschlacht unschlüssig, weil er nicht zum Mörder der ihm nahe verwandten Kurus werden will. Da belehrt ihn der als Wagenlenker dienende Gott Krischna (eine Verkörperung Wischnus) über die Pflicht zum Kampfe.

2.2.7.2 *Das Ramajana*

Das Ramajana ist das zweite große Nationalepos der Inder. Als Entstehungszeit nimmt man die Zeit vom 3. vorchristlichen bis zum 2. nachchristlichen Jahrhundert an. Das Epos erzählt, wie der Königssohn Rama seine Gattin Sita, die ihm der riesige Dämon Rawana geraubt hat und nach der Insel Lanka (Ceylon) jenseits des Ozeans entführt hat, mit Hilfe Hanumans, des Königs der Affen, wiedergewinnt. Nachträglich wurde Rama als irdische Erscheinungsform Wischnus angesehen und verehrt.

2.2.7.3 *Die Gesetzbücher des Manu*

Hierbei handelt es sich um eine Sammlung von Gesetzen und Regeln für alle Fälle des täglichen Lebens, die um die Zeitenwende entstanden ist. In dieser Sammlung wird die Kastenordnung als göttliche Setzung verschiedener moralischer Verpflichtungen verstanden.

2.2.7.4 *Die achtzehn Puranas*

Sie enthalten in erster Linie die Mythen der Hindus. Man ordnet sie in der Überlieferung meist folgenden fünf Themenkreisen zu: Schöpfung der Welt, Schöpfung der Menschen und Tiere, Genealogie der Götter und Helden, Beschreibungen des Lebens der Ahnen der Menschheit und die Geschichte der Königsgeschlechter. Das Bhagawat-Purana ist das heilige Buch der Wischnu-Anhänger.

2.2.8 Die Zeit der Systeme

In der Blütezeit Indiens (zwischen dem 5. vorchristlichen und dem 5. nachchristlichen Jahrhundert) entstanden die großen religionsphilosophischen Entwürfe des Hinduismus. Soweit sie sich auf dem Boden des Weda bewegen, nennen wir diese insgesamt sechs Schulen „orthodoxe" Systeme. Das Wort System weist darauf hin, daß es sich um systematische, in Jahrhunderten durchdachte und immer wieder überprüfte Richtungen handelt, die ihre eigene exakte Begrifflichkeit entwikkelt haben. Bei der folgenden Darstellung muß berücksichtigt werden, daß sich diese Schulen aus verschiedenen, bereits in den Weden vorhandenen Gedankengängen herleiten. Gerade die Gedankenwelt der Upanischaden wurde im Laufe der Jahrhunderte umgewandelt, neu gedeutet, zum Teil aber auch beiseitegeschoben oder in Auseinandersetzung mit anderen Richtungen weiterentwickelt. Im folgenden wird nur das Endergebnis der einzelnen Schulen wiedergegeben, nicht aber auf ihr Entstehen und Werden näher eingegangen. Auch kann das Problem der vielschichtigen Überlieferung nicht weiterverfolgt werden.

2.2.8.1 Das Samkhja-System

Von seinem religionsphilosophischen Gehalt her ist das Samkhja das bedeutendste der sechs Systeme. Samkhja heißt wörtlich „Aufzählung"; gemeint ist die Aufzählung alles Seienden und der in ihm enthaltenen Begriffe. Recht schematisch wird die Gesamtheit aller Erscheinungen auf fünfundzwanzig Begriffe zurückgeführt. Von diesen fünfundzwanzig Begriffen werden vierundzwanzig der Materie zugeordnet, der fünfundzwanzigste Begriff ist der reine Geist, der Puruscha. Geist und Materie stehen sich von Ewigkeit an, also unerschaffen und unvergänglich,

Das Rad der Wiedergeburten (Rad am Sonnentempel von Konarak) Konarak

aber unversöhnlich gegenüber. Das monistische (alles auf ein einziges Urprinzip zurückführende) Weltbild der Upanischaden, die die Einheit von Atman und Brahman verkünden, ist in ein streng dualistisches (Dwaita-) System aufgelöst. Der Begründer des Samkhja soll ein uns sonst unbekannter Gelehrter namens Kapila gewesen sein; die klassische Ausformung seiner Gedanken ist wahrscheinlich durch einen ebenfalls unbekannten Mann namens Pantschaschikha erfolgt.

Aus der ehemals reichen Literatur und Überlieferung des Samkhja sind uns nur 72 Lehrstrophen (Karika) erhalten, die sogenannten Samkhja-Karika des Ischwara-Krischna, die wohl in das fünfte nachchristliche Jahrhundert zurückgehen und schon um 560 n. Chr. ins Chinesische übersetzt worden sind.

Der reine Geist ist der Puruscha. Er entfaltet sich in unendlich vielen Individuationen, den einzelnen Puruschas. Entwicklungsgeschichtlich wird hier der Gedanke der Upanischaden wieder aufgenommen, daß Atman als Individuation des Brahman den inneren Kern, das Selbst bilde. Der Puruscha ist vollkommen untätig, ewig und allgegenwärtig. Er ist mit Bewußtsein ausgestattet. Gäbe es aber nur den Puruscha, bestände keine Welt. Denn der Geist ist untätig, er kann nichts erschaffen. Er bedarf seines Gegenspielers, der Materie, die Prakriti genannt wird. Die Prakriti ist ebenfalls ewig, unerschaffen und allgegenwärtig. Diese Eigenschaft ist jedoch die einzige, die sie mit dem Puruscha gemeinsam hat. Sonst stehen beide in dem denkbar schärfsten Gegensatz zueinander.

Die Materie ist eins, sie ist in ständiger Bewegung, der Ursprung allen Wirkens und aller Dinge. Da sie aber ohne Bewußtsein ihrer selbst und damit ohne jegliches Ziel ist, bedarf sie des Puruscha. Erst jetzt kann das Weltgeschehen zustandekommen. Wie ist es aber möglich, daß aus dem einen Prinzip Prakriti unter Beteiligung des Puruscha so unendlich viele Dinge und Objekte der Außenwelt entstehen? Das wird dadurch ermöglicht, daß in der Prakriti drei Entwicklungskräfte oder Eigenschaften, Guna genannt, wirken. Je nachdem, welche dieser Kräfte überwiegt oder gehemmt ist, entsteht die Vielzahl der Dinge. Die erste Eigenschaft wird Sattwa genannt; das ist die Güte, die mit Licht, Leichtigkeit und Freude beschrieben wird. Die zweite Eigenschaft ist Radschas; das ist die Leidenschaft, die mit Bewegung und Anregung gleichgesetzt wird. Die dritte Eigenschaft ist Tamas, die Finsternis; sie ist schwer und hemmend. Sie läßt die Dinge fallen und sich gegenseitig verdekken. Sie verhindert das Erkennen der Objekte. So ermöglicht das Zusammen- und Gegeneinanderspiel der Gunas die Vielfalt der Erscheinungen.

Nur bei der reinen Urmaterie sind alle drei Gunas im Gleichgewicht. Deshalb bewegt sich nichts; die Urmaterie besteht aus feiner Form. Es gibt keine Verschiedenheit. Zu Beginn der Schöpfung geraten jedoch die drei Eigenschaften in Bewegung und gestalten die Prakriti um. Der erste Zustand ist der Zustand des reinen Seins. Aus ihm entstehen die vierundzwanzig Wesenheiten der Welt in folgender Reihenfolge: Glied 1 Prakriti; Glied 2 Vernunft als Organ der Unterscheidung; Glied 3 die Buddhi, das Ichbewußtsein, das zwischen Ich und Außenwelt unterscheidet; aus ihm gehen die Sinneskräfte und Sinnesorgane hervor: Glied 4 Sehen; Glied 5 Hören; Glied 6 Riechen; Glied 7 Schmecken; Glied 8 Fühlen; Glied 9 der Geist (Verstand, Begriffsvermögen, Denken); Glied 10 die Augen; Glied 11 das Ohr; Glied 12 die Nase; Glied 13 die Zunge; Glied 14 die Haut. Daraus entstehen

wiederum die Organe des Handelns: Glied 15 der Kehlkopf; Glied 16 die Hände; Glied 17 die Füße; Glied 18 die Ausscheidungsorgane; Glied 19 die Zeugungsorgane. Die fünf Elemente der äußeren Welt bilden die Glieder 20 der Äther; 21 die Luft; 22 Feuer und Licht; 23 das Wasser und 24 die Erde.
Es fällt auf, daß mit fortschreitender Entfernung vom Ursprung die Feinstofflichkeit mehr und mehr der Grobstofflichkeit weicht. Die Prakriti wird zunehmend roher und dichter. Am stofflichsten ist die Erde.
Wenn aber Puruscha und Prakriti völlig voneinander geschieden sind, wie erlebt der Mensch sie dann aber in sich selbst als Einheit? Hier liegt zweifellos die große theoretische Schwierigkeit des Samkhja. Die Sinneskräfte und Sinnesorgane bieten ihr Material dem Erkennenden dar. Die Vernunft sammelt und verarbeitet diese Eindrücke und zeigt sie dem Puruscha; der Puruscha erschaut in der Vernunft alles und meint (irrtümlicherweise!), es selbst zu erleben. Seele und Materie stehen sich einander gegenüber wie Betrachter und Betrachtetes. Sie bedingen sich somit gegenseitig, ohne daß eines der beiden Prinzipien sich dadurch veränderte.
Wie ist es aber möglich, daß die karmagestaltenden Kräfte erlöschen? Nur dann, wenn der Mensch erkennt, daß die Seele irrtümlicherweise sich in der Prakriti erlebt. Wenn diese Erkenntnis gewonnen ist, erlischt das Interesse der Seele am Treiben der Prakriti, damit erlöschen auch die karmagestaltenden Kräfte; der Mensch scheidet aus dem Samsara aus und ist erlöst. Die Verbindung des einzelnen Puruscha mit der Prakriti ist gelöst, der Mensch ist frei. Das klassische Samkhja lehrte, die Erlösung würde durch logisches Denken erreicht. Nur durch scharfe Schlußfolgerung, wir würden heute sagen, durch wissenschaftliches Arbeiten, ist diese Erlösung möglich. Aber dieser logische Ansatz trat zugunsten eines Erlösungsweges zurück, der den einzelnen stufenweise zur Befreiung aus dem Samsara anleiten wollte, dem Joga.

2.2.8.2 Das Joga-System

Ursprünglich faßt man unter dem Begriff Joga eine Fülle verschiedener Richtungen des Hinduismus zusammen, die alle asketische Übungen und Meditationen zur Grundlage haben. Joga heißt Joch, in welches der Körper zum Zwecke der Erlösung eingespannt wird. Erst ein Mann namens Patandschali, der vermutlich im 5. nachchristlichen Jahrhundert (manche nehmen auch das 2. vorchristliche Jahrhundert an) lebte, sichtete und prüfte die vielen verschiedenen Richtungen und erstellte ein einheitliches System, das er in dem nach ihm benannten Joga-Sutra schriftlich niederlegte. Von nun an wurde der Begriff Joga auf diese Schule des Patandschali angewandt.
Patandschali übernahm bis auf zwei Punkte die philosophischen Grundlagen des Samkhja: 1. Der Glaube an den Puruscha wird bei ihm zum Glauben an einen persönlichen Gott, Ischwara. 2. Im Samkhja wird die Erlösung durch metaphysische Erkenntnis, durch zwingend logisches Denken erreicht. Patandschali setzt an deren Stelle ein achtstufiges System der Meditation und Mystik, das etwas abgewandelt auch von den Reformbewegungen des Buddhismus und Dschainismus übernommen wurde.

Bevor man mit den Jogaübungen beginnen kann, müssen alle Hindernisse beseitigt werden: Krankheit, Müßiggang, Zweifel, Mangel an Konzentration, Egoismus und übermäßige Bindung an die Welt. Dies wird erreicht durch das Studium der Weden, das Einüben von Demut und körperliche Reinigung, die durch Diät und andere freiwillige Einschränkungen gefördert wird. Dann erst ist man fähig, die erste Stufe zu erreichen.

Stufe 1: Die Zügelung (Jama). Sie besteht in der Einhaltung der fünf Gebote Gewaltlosigkeit, Wahrheit, Keuschheit, Gleichgültigkeit gegenüber Besitz, Ehrlichkeit.

Stufe 2: Die Zucht (Nijama). Sie führt die erste Stufe weiter, indem der Übende Reinheit, Genügsamkeit, Askese, Rezitation heiliger Texte und Hingabe an den höchsten Herrn, Ischwara, übt. Diese beiden Stufen wollen dem Übenden innere Ruhe und Ausgeglichenheit geben.

Stufe 3: Der richtige Sitz (Asana). Hier ist nicht nur das Sitzen als solches gemeint, sondern die richtige Körperhaltung. Sie dient der Konzentration, die den eigenen Leib vergessen läßt.

Stufe 4: Das richtige Ein- und Ausatmen (Pranajama). Indem der Jogin seine Aufmerksamkeit auf das Atmen lenkt, konzentriert er sich auf das Bindeglied zwischen Körper und Geist. Damit verläßt man die Sphäre des Körperlichen und nähert sich dem Geistigen. In diesem Stadium sind bereits Gefühle und Affekte verschwunden.

Stufe 5: Das Zurückziehen der Sinnesorgane von ihren Objekten (Pratjahara). Hierbei schränkt man die Wahrnehmung der Außenwelt so weit wie möglich ein, um damit alle Hindernisse auf dem Weg zur Erlösung zu beseitigen. Auf dieser fünften Stufe kann der Jogin bereits so weit kommen, daß er ihm zugefügte Schmerzen nicht mehr empfindet, ein Phänomen, das wir Europäer von der Hypnose her kennen.

Stufe 6: Das Festhalten (Dharana). Hierbei handelt es sich um die Entsprechung von Stufe 5: Man konzentriert sich nunmehr auf seinen eigenen Körper (z.B. die Stirn oder einen beliebigen anderen Punkt). Nun bedarf man keiner äußeren Hilfe eines Gurus mehr.

Stufe 7: Die Meditation (Dhjana). In der ununterbrochenen Konzentration auf einen Körperpunkt erfährt man das eigene Bewußtsein. Zugleich schwindet die Aufmerksamkeit auf den einen Punkt. Die Meditation wird „leer in sich selbst".

Stufe 8: Die Versenkung (Samadhi). Der Jogin hat jetzt seine natürliche Existenz und das ihrer Bewußtwerden hinter sich gelassen. Er ist der Erlösung nahegekommen. Der Vereinigung mit dem Göttlichen steht nichts mehr entgegen. Er ist erlöst. Dies freilich nur auf Zeit, denn sein Karma macht es ihm unmöglich, in die letzte Erlösung einzugehen. Das ist dann der nächsten Existenz vorbehalten.

Gelegentlich bezeichnet man die Einsicht, die mit der Erlösung gleichgesetzt wird, auch als neunte Stufe.

In der strengen Samkhja-Joga-Lehre bedeutet die Erlösung lediglich, daß die Seele ihrer selbst innewird, daß sie erkennt, wie sie die Darbietungen der Prakriti als bare Münze nimmt, und daß sie erkennt, wie sie letztlich – geistig und frei von Materie – Ischwara ist. Erst später ist in das populäre Joga der Erlösungsbegriff der

Upanischaden eingedrungen. Danach hat Joga dazu zu dienen, dem Puruscha die Identität mit Ischwara zu verdeutlichen und den eigenen Puruscha mit Ischwara zu verschmelzen.

2.2.8.3 *Njaja und Waischeschika*

Njaja bedeutet „Regel, Beweis". Der Name weist darauf hin, daß das Njaja-System – ähnlich wie das Samkhja – den Weg zur Erlösung mit den Mitteln der rational-logischen Erkenntnis sucht. Vermutlich ist der Njaja im 2. nachchristlichen Jahrhundert durch Gotama Akschapada in den Njaja-Sutras klassifiziert worden. Seinen Höhepunkt erreichte des System im 10. nachchristlichen Jahrhundert unter Udajana.
Durch logische Schlußfolgerungen wird die Erlösung erreicht. Die Phänomene der äußeren Welt sind die Grundlagen der rationalen Beweisführung. Der Njaja teilt diese Phänomene verschiedenen Kategorien zu. Mit welchem Recht aber ist dies durchführbar? Dies wird erst durch den Vorgang des Erkennens ermöglicht, der sich aus sechzehn verschiedenen Elementen zusammensetzt. Durch logische Schlußfolgerungen, die dem griechischen Syllogismus ähneln, wird das Entrinnen aus dem Samsara erreicht. Wie das Joga anerkennt auch der Njaja einen höchsten Gott, Ischwara.
Etwa im neunten Jahrhundert wurde der Njaja mit dem Waischeschika-System vereinigt. Das Waischeschika will (im Gegensatz zum Njaja) metaphysische und naturphilosophische Fragen klären. Nach Kanada, dem Begründer des Systems, erreicht man klare Erkenntnis nur, indem man die Unterschiede der Objekte der Außenwelt und der intrapsychischen Erscheinungen erforscht. Das Sein wird durch eine Atomlehre erklärt, die später zu einer Kategorienlehre erweitert wird; die Atomlehre besagt: Alles besteht aus unteilbaren kleinsten Teilchen, die „von der Größenordnung des sechsten Teiles eines Staubkörnchens, das in einem Sonnenstrahl sichtbar ist, sind". Diese Atome werden von einer unsichtbaren Kraft bewegt und verbinden sich nach bestimmten Gesetzen zu Molekülen, diese wiederum zu materiellen Körpern.
Die später eingeführte Kategorienlehre lehrt: Alle Körper lassen sich in sechs Kategorien unterteilen: Substanz, Qualität, Bewegung, Gemeinsamkeit, Besonderheit und Inhärenz. Später fügte man als siebte Kategorie die Kategorie des Nichtseins hinzu. Die Objekte bestehen aus der verschiedenen Zusammenfügung dieser Kategorien, die Guna genannt werden. Das ganze Universum ist aus neun Substanzen zusammengesetzt: Erde, Wasser, Feuer, Luft, Äther, Zeit, Raum, Seele und Denkorgan. Der Atman („Seele)" ist in allen Phänomenen vorhanden, während das Denkorgan dem Menschen eigen ist. Den Weg zur Erlösung übernimmt das Waischeschika von Njaja.

2.2.8.4 *Die Mimamsa („Erforschung, tiefe Betrachtung")*

Die Mimamsa ist eine Schule, die von Brahmanen geschaffen wurde und seit dem sechsten nachchristlichen Jahrhundert bedeutend geworden war. Ihr Ziel ist, die Opfertexte und Opfervorschriften des Weda zu erklären. Die Mimamsa beschränkt sich auf die Brahmanas. Um die Autorität der göttlichen Schriften zu be-

weisen, beschäftigte sich die späte Mimamsa auch mit erkenntnistheoretischen und religiösen Grundsatzfragen, z. B. der Frage nach dem Brahman.
Zusätzlich stützt man die Autorität des Weda, indem man die Theorie von der Ewigkeit des Lautes und des Wortes aufstellt. Laut und Wort sind wie der Raum ewig und unvergänglich. Aus diesem Grunde betont die Mimamsa immer wieder, daß die genaue Schreibweise und Aussprache für das Textverständnis und die Wirkung des Mantra unerläßlich sind.

2.2.8.5 Der Wedanta („Ende des Weda")

Im Gegensatz zur Mimamsa ist der Wedanta die eigentliche Auslegung der Upanischaden. Ursprünglich bezeichnete der Ausdruck nur die Upanischaden selbst. Der Wedanta spaltete sich bald in fünf verschiedene Schulen auf. Allen Systemen ist gemeinsam, daß sich ihre Lehre auf die upanischadische Identität von Atman und Brahman stützt und sie in verschiedener Richtung entfaltet. Als letzte Wahrheit gilt die Formel: „Atman ist Brahman. Ich bin dieser. Du selbst bist dies." Es geht dabei um die Erkenntnis: Mein Atman ist letztlich mit dem Brahman identisch.
Schankara (um 800 n. Chr.) gilt als bedeutendster Kommentator des Wedanta. Er vertritt die Adwaita-Lehre (Monismus) am reinsten. Wie die Upanischaden führt auch Schankara alle Objekte auf ein Prinzip, das Brahman, zurück. Er lehrte: „Weil alles von Selbst ausgeht – weil alles sich im Selbst auflöst und weil in der Zwischenphase alles vom Selbst durchwaltet ist, deswegen kann das Selbst nur wahrgenommen werden von ihm Selbst, und folglich ist alles das Selbst." Das Selbst ist der Ursprung des Seins, aber nicht identisch mit dem individuellen Ich. Das Ich ist vergängliche Individualität, das Selbst (Atman) dagegen ewiges, unwandelbares Prinzip, das sich als Atman zwar in unzähligen Möglichkeiten (= Wesen) entwickelt, ohne jedoch auch nur im geringsten verwandelt zu werden. Die individuelle Seele wird dann erlöst, wenn die Scheinwelt als solche erkannt wird und die Seele sich von ihr befreit (z. B. durch Meditation). Die Welt wird als Maja, als Illusion bezeichnet. Die einzige Wirklichkeit ist Brahman, die Weltenseele, der schöpferische Weltengrund, der zugleich das Göttliche oder Gott ist.

2.3 Quellen

2.3.1 Lied an alle Götter (Rigweda)

Gute Gedanken sollen uns von allen Seiten kommen, unbeirrte, unerreichte, durchschlagende, auf daß die Götter uns immerdar zum Segen seien und sorgsame Beschützer Tag für Tag (1).
Der Götter Wohlwollen bringt den recht Wandelnden Glück, der Götter Gunst soll bei uns einkehren. Um der Götter Freundschaft haben wir geworben, die Götter sollen unsere Lebensfrist verlängern (2).
Lasset uns Gutes mit den Ohren hören, Gutes mit den Augen sehen, o ehrwürdige Götter! Die wir euer Lob gesungen haben, wir wollen mit starken Gliedern und Leibern das volle gottgesetzte Lebensalter erreichen (8).

Hundert Jahre liegen vor uns, ihr Götter, in denen ihr uns das Alter der Leiber bestimmt habt, in denen die Söhne zu Vätern werden. Bringet uns nicht mitten auf dem Lebensweg am Leben zu Schaden (9)!

(Bertholet, Religionsgeschichtl. Lesebuch 9, Mohr (Paul Siebeck), Tübingen 1928, 2. Aufl., S. 3)

2.3.2 *Hymne an Indra (Rigweda)*

Verherrlichung des Sieges des Gottes Indra über die Riesenschlange, die am Anfang der Welt um das Wasser lagerte. Durch das Erschlagen der Schlange befreit Indra das Wasser, aber auch das Licht (Vers 4), und gewinnt die Kühe und den Kraft und Leben spendenden Somatrank (Vers 12). Damit sind die Voraussetzungen allen Lebens geschaffen. – Das Gedicht ist im Stil eines Preisliedes beim Opfermahl, an dem der Gott als Gast teilnimmt. Mehrfach wird er vom Dichter angeredet (Vers 4, 12, 14). Der letzte Vers verherrlicht ihn als den König alles Lebendigen, insbesondere der Menschen.

1 Des Indra Heldentaten verkünde ich jetzt, die er getan hat als die ersten, mit seiner Keule bewehrt: er erschlug die Schlange – er hat die Wasser aufgebohrt: er spaltete die Weichen der Berge.
2 Er erschlug die Schlange, ihn[1], der sich an den Berg geschmiegt hatte – (Gott) Gestalter hatte ihm die Keule vom Glanz der Sonne geschnitzt –: wie brüllende Milchkühe mit Glanz (mit Glätte) strömend sind (darauf) die Wasser zum Meer herabgestiegen[2].
3 Wie ein Stier (geradeaus rasend) wählte er sich den Soma[3], trank er in Kufen aus dreifachem Holz von dem gepreßten, ergriff der Herr der Gaben[4] die Wurfkeule, erschlug er ihn, den Erstgeborenen der Schlangen.
4 Als du, Indra! den Erstgeborenen der Schlangen erschlugst, da täuschtest (vereiteltest) du sogar die Täuschungen der Täuschungsreichen[5]: dann brachtest du die Sonne, den Himmel, die Morgenröte zur Entstehung und hast dir wahrlich seitdem keinen Feind mehr gefunden:
5 Es erschlug Indra den Writra (‚Wall') [6], den Überwall (der die Wasser einschloß), der seine Haube gespreizt hatte, mit der Keule, der gewaltigen Schlagwaffe. Wie Baumstämme, die mit der Axt zerhauen sind, liegt die Schlange da als Begatter der Erde[7].
6 Als ob er nicht (ernstlich) zu kämpfen brauchte, in übler (prahlerischer) Trunkenheit hatte er (der Erstgeborene der Schlangen) den großen Helden, den mächtig bedrängenden, vorwärtsstürmenden herausgefordert. Er (die Schlange) hat den Zusammenprall mit seinen (des Indra) Waffen nicht überstanden. Zermalmt durch Zerschmetterung, gesichtslos[8], ist er, dessen Feind Indra war.
7 Handlos, fußlos versuchte er Indra zu bekämpfen: da hat dieser ihm die Keule auf den Rücken geschlagen. Der Ochse, der sich mit dem Stier messen wollte, der Writra lag da, vielfach auseinandergesprengt.
8 Wie er so daliegt, ein zerborstenes Rohr, gehen die Wasser über ihn hin, indem sie sich zum Menschen bekennen[9]. Die der Writra mit seiner Größe umringte, zu deren Füßen liegt jetzt die Schlange.
9 Gering wurde die Lebenskraft der Mutter des Writra: Indra hat die Keule auf sie geschlagen. Oben lag die Gebärerin, unten der Sohn[10], die Danu[11] liegt da wie eine Kuh mit ihrem Kalb.

10 Der Körper des Writra stak in der Mitte der Baumstämme, die nicht zum Stillstand kamen, nicht zur Ruhe[12]. Um die Scham des Writra spülen die Wasser: in langes Dunkel legte er sich nieder, dessen Feind Indra war.
11 Die Wasser standen still – eingeschlossen als Frauen des Fremdstämmigen, bewacht von der Schlange, wie die Kühe vom Pani[13]. Die Öffnung der Wasser, die zugedeckt war, hat er (Indra) aufgedeckt, nachdem er den Writra erschlug (zerschlug).
12 Du, Indra! der einzelne Himmlische, wurdest zum Pferdeschweif[14] da, als er (die Schlange) die beiden Spitzen (seiner Giftzähne) gegen dich schlug. Du ersiegtest die Kühe, du ersiegtest, Held! den Preßtrank, herab sandtest du die sieben Ströme, so daß sie lossprangen.
13 Nicht der Blitz, nicht der Donner, nicht der Nebel und der Hagel, die er (die Schlange) streute, hat ihm (dem Writra) (den Indra) abgewehrt: als Indra und die Schlange gekämpft hatten, ist der Herr der Gaben Sieger geblieben auch für alle Zukunft.
14 Wen sahst du, Indra! als Rächer der Schlange, daß dir, der ihn erschlagen hatte, Furcht ins Herz kam! Daß du die neunundneunzig Flüsse überquertest wie ein in Furcht geratener Falke die Räume[15]?!
15 Indra ist der König des Gehenden und des Ruhenden, des Ungehörnten und des Gehörnten, er, der die Keule im Arm trägt. Er ist es auch, der als König über die Länder (der Menschen) herrscht. Wie der Radkranz die Speichen, so hält er sie umschlossen.

Erläuterungen

1. Die Schlange ist männlichen Geschlechts. Das indische Wort ist Maskulinum. – Ungeeignet wäre eine Übersetzung ‚der Drache', da der Dämon, ‚fußlos' und ‚handlos' gedacht ist (Vers 7), oder ‚der Python', da er als Kobra, nicht als Würgeschlange – die im nordwestlichen Indien, der Heimat des Rigweda nicht vorkommt – vorgestellt wird (Vers 5 u. 12). Das Zerschmettern des Rückgrats (Vers 7) ist die gewöhnliche Methode, eine Kobra zu töten.
2. Vergleichspunkte sind das Brüllen, der Glanz und das Strömen der Milch und des Wassers und das Herabsteigen zu einem Wasserbecken.
3. Wörtlich: ‚Pressung'. Bezeichnung des Rauschtrankes, der – oft selbst als Gottheit verehrt – vor allem Stärkungsmittel der Götter ist, aber z. B. auch dem Dichter Begeisterung verleiht, und Bezeichnung der Pflanze, aus deren Stengeln er gepreßt wird (vermutlich das Muscarin, ein Alkaloid des Fliegenpilzes).
4. Oder einfach ‚der Freigebige', im Sinn von ‚(milder) Herr'.
5. Das heißt: der Dämonen. Die eigentliche Waffe der Dämonen ist Lüge, Trug, Täuschung, während die Kraft der Himmlischen in der Wahrheit liegt.
6. Das Neutrum writra ‚Einschließung' vereinigt die Bedeutungen ‚die Wehr' und ‚das Wehr'. Als Maskulinum wird es Name des die Wasser einschließenden, wehrhaften Schlangendämons. Die Übersetzung ‚Wall' empfiehlt sich wegen des männlichen Geschlechts des deutschen Ausdrucks und weil sie die zwei Bedeutungen einigermaßen erkennen läßt.
7. Das heißt: ‚wie der Mann auf der Frau': blutige Ironisierung der Bäuchlingslage des erschlagenen Feindes. Auch Hektors Leichnam wird von Achilles mit dem Gesicht zur Erde in den Staub gelegt (Ilias 24, 18).
8. Die Verstümmelung der Leiche bis zur Unkenntlichkeit (vgl. auch das Schleifen der Lei-

che Hektors durch Achilles, Ilias 24, 14 ff.) beraubt den Toten der Möglichkeit eines Weiterlebens des Seelenbildes in der Schattenwelt und einer allfälligen Wiederkunft. Vgl. auch Vers 7. 8. 10.

9. Das heißt: sie gehören jetzt dem Menschen, dem sie Vegetation und damit Nahrung schaffen, ‚Wasser und Pflanzen' ist eine stehende Wortverbindung.
10. Ein Bild mit erotisch-obszönen Assoziationen.
11. Wörtlich: ‚Feuchtigkeit', hier Name der Mutter des Writra, sonst auch einfach ‚Dämon'. Der Ausdruck knüpft vielleicht an die verbreitete Vorstellung an, daß Dämonen aus Blut entstehen.
12. Die auf dem Wasser treibenden Baumstämme, die ständig vorwärtsdrängen (‚nicht zum Stillstand kommen') und sich rastlos um ihre Achse drehen (‚nicht zur Ruhe kommen'), zermalmen und zerfetzen den Körper vollständig.
13. Die Pani, ein mythischer Dämonenstamm, hielten die Kühe in einem Felsverschluß eingesperrt, bis sie – ebenfalls von Indra – befreit wurden.
14. Möglicherweise wörtlich gemeint: Indra verwandelt sich durch Zauberkraft in einen Pferdeschweif, dem die Giftzähne der Kobra nichts anhaben können. Vielleicht aber auch ‚Pferdeschweif' im Sinne von ‚unzählbare Vielheit'; Indra vervielfältigt sich in Trugbildern, so daß die Schlange den wirklichen Indra nicht herausfinden kann. Hierfür spricht der Ausdruck: ‚Du, der *einzelne* Himmlische'.
15. Die Fragen sind wohl ironisch-rhetorisch: es kann keinen Rächer geben (vgl. auch Vers 4 u. 13); ein ‚in Furcht geratener Falke' ist ein Unding. Die spätere Mythologie scheint allerdings die Fragen ernst genommen zu haben.

(Rigweda I. 32. Zitiert nach Paul Thieme, Gedichte aus dem Rigveda, Reclam 8930, Stuttgart 1964, S. 26–29; von dort auch Übernahme der Einleitung und des Kommentars.)

2.3.3 Der Ursprung der Welt (Rigweda)

Der Hymnus besteht aus drei Teilen. Der erste (Vers 1 u. 2) schildert die nur negativen Aussagen zugängliche, früheste Periode absoluten Nichtseins, das andauert, bis ein erstes Einziges zum Leben erwacht. Der zweite Teil (Vers 3 u. 4) gibt eine Art Entwicklungsgeschichte dieses ersten, einzelnen Lebendigen: es muß zum Leben gekommen sein aus einem Keim, der als das Innere eines Eies gedacht scheint. Damit der Keim des Eies sich zu einem atmenden Wesen entwickeln kann, bedarf es der Bruthitze. Die Bruthitze selbst muß aus Begehren, das Begehren aus Denken entstanden sein. Das Denken ist etwas Seiendes, das aus dem Nichtseienden bervorbricht (das seinerseits erst dadurch zur ‚Existenz' kommt (vgl. Vers 1), daß ihm ein Seiendes, dem es gegenübergestellt werden kann, zur Seite tritt). Die Reihenfolge in genealogischer Ordnung – die der Schilderung, die vom Späteren zum Früheren schreitet, entgegengesetzt ist – wäre also: Nichtseiendes – Seiendes – Denken – Begehren – Hitze – Keim – atmendes Wesen. Der dritte Teil (Vers 5–7) stellt die Frage nach dem Wie dieser Entstehung, die niemand, vielleicht nicht einmal ein persönlicher Höchstgott, beantworten kann.
Die eingestandene Unsicherheit über die Modalitäten der Entstehung spiegelt sich wider in ihren Benennungen: bald ist die Rede von einem ‚Geborenwerden' (Vers 3 u. 6), bald von einen ‚Sichbilden' (Vers 4), bald von einem ‚Keimen' (Vers 3. 6. 7), bald von einer ‚Emanation' (Vers 6 u. 7). Charakteristisch ist es, daß die Entstehung des ersten konkreten Lebendigen aus abstrakten Prinzipien hergeleitet wird: Denken, Begehren, Hitze ohne – notwendige – Mitwirkung einer persönlichen Gottheit. Der Hymnus ist einer der ältesten Versuche altindischer naturphilosophischer Weltentstehungsspekulation, wie sie in den Upanischaden einen Höhepunkt erreicht. In der theistischen wedischen Kosmogonie existiert als Einziger zunächst ein Gott, Pradschapati, ‚der Herr der Zeugung', der nachdenkend (‚Denken') be-

gehrte (‚Begehren‘): ‚Ich möchte mich vermehren‘, sich darauf erhitzte (wie man z. B. durch heftiges Liebesverlangen heiß wird) und aus dessen ‚Hitze‘ dann zunächst das Wasser (sein Schweiß) entsteht (‚Emanation‘), oder der durch seine Hitze ein Ei bebrütet (Vorstellung des ‚Keimes‘), oder der sich in der Hitze seiner Brunst mit einer aus ihm hervortretenden Frau (Vorstellung des ‚Sichbildens‘) begattet und mit ihr zeugt (Vorstellung des ‚Geborenwerdens‘). Entwicklungsgeschichtlich dürfte dies Schema die ältere Vorstellung gegenüber der unpersönlich-abstrakten unseres Hymnus sein.
Widersprüchlichkeiten im einzelnen (z. B. daß nach den starken Negationen von Vers 1 u. 2 in Vers 3 nun doch eine Salzflut vorausgesetzt wird) ergeben sich natürlicherweise aus den Denkunmöglichkeiten, die das konsequente Festhalten an der Vorstellung absoluten Nichtseins – die sogar das Nichtsein negiert – schafft. Die Frage nach der Entstehung des Seienden wird mit Vers 3 fast unmerklich umgebogen in die Frage nach der Entstehung des ersten Lebendigen, von dem man sich ja dann leichter vorstellen kann, daß es sich vermehrt oder Dinge aus sich emanieren läßt oder sie schafft.

1 Nicht existierte Nichtseiendes, noch auch existierte Seiendes damals – nicht existierte der Raum, noch auch der Himmel jenseits davon. Was umschloß? Wo? Im Schutz wovor[1]? Existierte das (Süß-)Wasser? – (Nein, nur) ein tiefer Abgrund!
2 Nicht existierte der Tod, also auch nicht das Leben. Nicht existierte das Kennzeichen der Nacht (Mond und Sterne), des Tages (die Sonne). – Es atmete (begann zu atmen) windlos, durch eigene Kraft da ein Einziges. Nicht irgend etwas anderes hat jenseits von diesem (= früher als dieses) existiert.
3 Finsternis war verborgen durch Finsternis im Anfang. Kennzeichenlose Salzflut war dieses All. Der Keim, der von Leere bedeckt war[2], wurde geboren (kam zum Leben) als Einziges durch die Macht einer (Brut-)Hitze.
4 Ein Begehren (nach Entstehung) bildete sich da im Anfang, das als Same des Denkens als erstes existierte. Die Nabelschnur (den Ursprung) des Seienden im Nichtseienden fanden die Dichter[3] heraus, in ihrem Herzen forschend, durch Nachdenken.
5 Quer aufgespannt war ein Seil (auf) ihrem (Wege)[4]: Existierte denn ein Unten? Existierte denn ein Oben? Existierten Besamer? Existierten Schwangerschaften?[5] Waren Eigenkräfte (männliche Prinzipien) später, Hingabe (das weibliche Prinzip) früher (oder umgekehrt)?
6 Wer weiß es gewiß, wer wird es hier verkünden, woher geboren (zum Leben gekommen), woher diese Emanation (der Welt) ist? Diesseits sind die Himmlischen von der Emanation dieser (Welt). Also wer weiß es, woher sie geworden (‚gekeimt‘) ist?
7 Woher diese Emanation geworden (‚gekeimt‘) ist, ob sie getätigt worden ist (von einem Agens) oder ob nicht – wenn ein Wächter dieser (Welt) ist im höchsten Himmel, der weiß es wohl: oder ob er es nicht weiß?

1. Das Universum, nach altertümlicher Anschauung begrenzt durch die Erde, das Meer und das Himmelsgewölbe, wird umschlossen von einer Süßwassermasse, die von oben als Regen, von unten als Quellwasser lebensspendend eindringt. Der Sinn der Fragen ist, daß, solange ein Universum nicht existiert, auch diese Umhüllung, die wie die Schale schützend um das Ei liegt, nicht vorhanden sein kann. Mit dieser Auffassung ergibt sich der Anschluß an das Vorhergehende und die folgende Frage. – Möglich wäre allerdings auch eine Übersetzung: ‚Was drehte sich? Wo? im Schutze wessen? Man könnte daran denken, daß die großen kosmischen Bewegungen Drehbewegungen zu sein scheinen.

Tag- und Nachthimmel rollen ‚wie Wagenräder' von Osten nach Westen, indem sie Sonne und Mond bei ihrer Bewegung mitführen; der Nachthimmel mit den Gestirnen rotiert um seinen Pol. Statt ‚im Schutz wovor' müßten wir dann interpretieren: ‚unter dem Schutze wessen?'

2. Wie das Dotter von Eiweiß und Schale.
3. Die Dichter sind für die alte Zeit Weltweise. Sie haben nicht nur die Gabe, Gedanken in schöner, gefälliger und eindrucksvoller Form auszudrücken, sondern auch die, die Wahrheiten, die sie in ihren Gedichten formulieren, durch Versenkung, in der eine Inspiration erfolgt, selbst zu erkennen.
4. Die Deutung des Wortlauts ist nicht sicher. Gemeint ist jedenfalls, daß sie mit ihrem Nachdenken nicht über einen gewissen Punkt hinauskommen: sie wissen nur in abstracto, aber nicht in concreto.
5. Wörtlich: ‚Größen, Großheiten'. Vgl. frz. grossesse ‚Schwangerschaft'.

(Paul Thieme, Gedichte aus dem Rigveda, Reclam 8930, Stuttgart 1964, S. 65–68; von dort auch Übernahme der Einleitung und des Kommentars)

2.3.4 Der geheime innere Lenker (Upanischaden)

Da fragte ihn Uddalaka Aruni: ‚Jadnjawalkja', sprach er. Wir hielten uns im Lande der Madrer, im Hause des Patantschala Kapja auf zum Studium des Opfers. Dessen Gattin war vom Dämon gepackt. Wir fragten ihn: ‚Wer bist du?' Er sprach: ‚Kabandha Atharwana'.
„Der sagte zu Atharwana und den Opferpriestern: ‚Kennst du den Faden, durch den diese und jene Welt und alle Wesen miteinander verknüpft sind?' Atharwana sagte: ‚Den weiß ich nicht, Ehrwürdiger."
Der sprach zu Atharwana und den Opferpriestern: ‚Kennst du, Kapja, den geheimen Lenker, der diese und jene Welt und alle Wesen innerlich lenkt?' Atharwana antwortete: ‚Den weiß ich nicht, Ehrwürdiger.'"
„Der sprach zu Atharwana und den Opferpriestern: ‚Wer diesen Faden kennt und den geheimen Lenker, der ist kundig des Brahman, kundig der Welt, kundig der Götter, kundig des Weda, kundig des Opfers, kundig der Wesen, kundig des Atman, kundig des Alls.' Er erklärte es ihnen, und ich weiß es. Wenn du, Jadnjawalkja, des Fadens und des geheimen Lenkers unkundig, die für den (gelehrtesten) Brahmanen ausgesetzten Kühe eintreibst, dann wird dein Haupt zerspringen."
‚Ich weiß, Gautama, diesen Faden und den geheimen Lenker.' „Jeder kann sagen, ‚ich weiß, ich weiß.' Sage uns nur, wie."
‚Dieser Faden, Gautama, ist der Wind; durch den Wind als Faden, Gautama, ist diese und jene Welt, sind alle Wesen verknüpft. Von einem toten Menschen sagt man darum, daß seine Glieder sich lösen. Denn durch den Wind (= Hauch) als Faden sind sie zusammengeknüpft.' „So ist es, Jadnjawalkja. Beschreibe den geheimen Lenker."
‚Der, welcher in der *Erde* wohnend von der Erde verschieden ist, den die Erde nicht kennt, dessen Leib die Erde ist, der die Erde von innen lenkt, das ist dein Atman, der heimliche Lenker, der unsterbliche.
Der, welcher in den *Gewässern* wohnend von den Gewässern verschieden ist, den die Gewässer nicht kennen, dessen Leib die Gewässer sind, der die Gewässer von innen lenkt, das ist dein Atman, der heimliche Lenker, der unsterbliche.

Der, welcher im *Feuer* befindlich vom Feuer verschieden ist, den das Feuer nicht kennt, dessen Leib das Feuer ist, der das Feuer von innen lenkt, das ist dein Atman, der heimliche Lenker, der unsterbliche.
Der, welcher im *Äther* wohnend vom Äther verschieden ist, den der Äther nicht kennt, dessen Leib der Äther ist, der den Äther von innen lenkt, das ist dein Atman, der heimliche Lenker, der unsterbliche.
Der, welcher im *Winde* wohnend vom Wind verschieden ist, den der Wind nicht kennt, dessen Leib der Wind ist, der den Wind von innen lenkt, das ist dein Atman, der heimliche Lenker, der unsterbliche.
Der, welcher in der *Sonne* wohnend von der Sonne verschieden ist, den die Sonne nicht kennt, dessen Leib die Sonne ist, der die Sonne von innen lenkt, das ist dein Atman, der heimliche Lenker, der unsterbliche.
Der, welcher im *Monde und den Sternen* wohnend von Mond und Sternen verschieden ist, den Mond und Sterne nicht kennen, dessen Leib Mond und Sterne sind, der Mond und Sterne von innen lenkt, das ist dein Atman, der heimliche Lenker, der unsterbliche.
Der, welcher in den *Himmelsgegenden* wohnend von den Himmelsgegenden verschieden ist, den die Himmelsgegenden nicht kennen, dessen Leib die Himmelsgegenden sind, der die Himmelsgegenden von innen lenkt, das ist dein Atman, der heimliche Lenker, der unsterbliche.
Der, welcher im *Blitz* wohnend vom Blitz verschieden ist, den der Blitz nicht kennt, dessen Leib der Blitz ist, der den Blitz von innen lenkt, das ist dein Atman, der heimliche Lenker, der unsterbliche.
Der, welcher im *Donner* wohnend vom Donner verschieden ist, den der Donner nicht kennt, dessen Leib der Donner ist, der den Donner von innen lenkt, das ist dein Atman, der heimliche Lenker, der unsterbliche. Das in bezug auf die *Götter*.
In bezug auf die *Welten* aber gilt:
Der, welcher in *allen Welten* wohnend von allen Welten verschieden ist, den die Welten nicht kennen, dessen Leib alle Welten sind, der alle Welten von innen lenkt, das ist dein Atman, der heimliche Lenker, der unsterbliche.
Soviel in bezug auf die *Welten*. In bezug auf die *Weden* aber gilt:
Der, welcher in allen *Weden* wohnend von allen Weden verschieden ist, den die Weden alle nicht kennen, dessen Leib alle Weden sind, der alle Weden von innen lenkt, das ist dein Atman, der heimliche Lenker, der unsterbliche.
Soviel in bezug auf die *Weden*. In bezug auf die *Opfer* aber gilt:
Der, welcher in allen *Opfern* wohnend von allen Opfern verschieden ist, den die Opfer alle nicht kennen, dessen Leib alle Opfer sind, der alle Opfer von innen lenkt, das ist dein Atman, der heimliche Lenker, der unsterbliche.
Soviel in bezug auf die *Opfer*. In bezug auf die *Wesen* aber gilt:
Der, welcher in allen *Wesen* wohnend von allen Wesen verschieden ist, den die Wesen alle nicht kennen, dessen Leib alle Wesen sind, der alle Wesen von innen lenkt, das ist dein Atman, der heimliche Lenker, der unsterbliche.
Soviel in bezug auf die *Wesen*. In bezug auf die *Person* (Atman) aber gilt:
Der, welcher im *Hauch* wohnend vom Hauch verschieden ist, den der Hauch nicht kennt, dessen Leib der Hauch ist, der den Hauch von innen lenkt, das ist dein Atman, der heimliche Lenker, der unsterbliche.

Der, welcher in der *Stimme* wohnend von der Stimme verschieden ist, den die Stimme nicht kennt, dessen Leib die Stimme ist, der die Stimme von innen lenkt, das ist dein Atman, der heimliche Lenker, der unsterbliche.
Der, welcher im *Auge* wohnend vom Auge verschieden ist, den das Auge nicht kennt, dessen Leib das Auge ist, der das Auge von innen lenkt, das ist dein Atman, der heimliche Lenker, der unsterbliche.
Der, welcher im *Ohr* wohnend von dem Ohr verschieden ist, den das Ohr nicht kennt, dessen Leib das Ohr ist, der das Ohr von innen lenkt, das ist dein Atman, der heimliche Lenker, der unsterbliche.
Der, welcher im *Verstande* wohnend vom Verstande verschieden ist, den der Verstand nicht kennt, dessen Leib der Verstand ist, der den Verstand von innen lenkt, das ist dein Atman, der heimliche Lenker, der unsterbliche.
Der, welcher im *Gefühl* (in der ,Haut') wohnend vom Gefühl verschieden ist, den das Gefühl nicht kennt, dessen Leib das Gefühl ist, der das Gefühl von innen lenkt, das ist dein Atman, der heimliche Lenker, der unsterbliche.
Der, welcher in der *Wärme* („Glut") wohnend von der Wärme verschieden ist, den die Wärme nicht kennt, dessen Leib die Wärme ist, der die Wärme von innen lenkt, das ist dein Atman, der heimliche Lenker, der unsterbliche.
Der, welcher im *Dunkel* wohnend von dem Dunkel verschieden ist, den das Dunkel nicht kennt, dessen Leib das Dunkel ist, der das Dunkel von innen lenkt, das ist dein Atman, der heimliche Lenker, der unsterbliche.
Der, welcher im *Samen* wohnend vom Samen verschieden ist, den der Same nicht kennt, dessen Leib der Same ist, der den Samen von innen lenkt, das ist dein Atman, der heimliche Lenker, der unsterbliche.
Der im (individuellen) *Selbst* wohnend vom Selbst verschieden ist, den das Selbst nicht kennt, dessen Leib das Selbst ist, der das Selbst von innen lenkt, das ist dein Atman, der heimliche Lenker, der unsterbliche.
Er ist der Seher, den man nicht sieht, der Hörer, den man nicht hört, der Denker, den man nicht denkt, der Erkenner, den man nicht erkennt; es gibt keinen anderen Seher, es gibt keinen anderen Hörer, es gibt keinen anderen Denker, es gibt keinen anderen Erkenner, das ist dein Atman, der heimliche Lenker, der unsterbliche. Leidvoll ist alles andere.' Darauf schwieg Uddalaka Aruni.

(Brihad-Aranjaka-Upanischad III, 7, zitiert nach Alfred Hillebrandt, Upanischaden. Diederichs Verlag, Düsseldorf 1958, S. 64–69)

2.3.5 Aruni belehrt seinen Sohn Swetaketu (Tschandogja Upanischad)

11. „Wenn man, mein Lieber, diesen großen Baum an der Wurzel anhiebe, so würde er bluten, aber leben; wenn man ihn in der Mitte anhiebe, so würde er bluten, aber leben; wenn man ihn an der Krone anhiebe, so würde er bluten, aber leben. Er ist vom Leben, von der Seele erfüllt und steht (mit den Wurzeln) sich vollsaugend fröhlich da. Wenn das Leben seiner Zweige einen verläßt, so verdorrt dieser; wenn es den zweiten verläßt, so verdorrt dieser; wenn es den dritten verläßt, so verdorrt dieser. Verläßt es den ganzen Baum, so verdorrt er ganz. Ebenso, mein Lieber, wisse", so sprach jener: „Vom Leben verlassen stirbt allerdings dieser

(Leib), aber nicht stirbt das Leben". Was dieses feine Ding ist, derartig ist die ganze Welt, das ist das Reale, das ist der Atman, *das bist du*, Swetaketu." „Der Hochwürdige soll mich noch weiter belehren." „Ja, mein Lieber", gab jener zur Antwort.

12. „Bringe mir von dort eine Frucht des Banianbaumes!" „Hier ist sie, Hochwürdiger!" „Spalte sie!" „Sie ist gespalten, Hochwürdiger." „Was erblickst du darin?" „Diese beinah winzigen Kerne, Hochwürdiger." „Spalte doch von diesen einen!" „Er ist gespalten, Hochwürdiger." „Was erblickst du darin?" „Nichts, Hochwürdiger". Zu ihm sprach er weiter: „Das feine Ding nämlich, das du gar nicht mehr siehst, mein Lieber, aus diesem feinen Ding besteht nämlich so der große Banianbaum. Glaub mir, mein Lieber, was dieses feine Ding ist, derartig ist diese ganze Welt, das ist das Reale, das ist der Atman, *das bist du*, Swetaketu." „Der Hochwürdige soll mich noch weiter belehren." „Ja, mein Lieber", gab jener zur Antwort.

13. „Lege dieses Salz in Wasser und setze dich am nächsten Moren zu mir!" Jener tat so. Da sprach (der Vater): „Hole doch das Salz, das du am Abend in Wasser gelegt hast." Er langte danach, aber fand es nicht; es war wie verschwunden. „Koste doch einmal davon vom Rande her! Wie ist es?" „Salzig." „Koste von der Mitte! Wie ist es?" „Salzig." „Koste vom anderen Rande! Wie ist es?" „Salzig." „Stell es weg und setze dich dann zu mir!" Er tat so. Zu ihm sprach (der Vater): „Obwohl es darin ist, siehst du es nicht mehr, mein Lieber, und es ist doch darin. Was dieses feine Ding ist, derartig ist diese ganze Welt, das ist das Reale, das ist der Atman, *das bist du* Swetaketu." „Der Hochwürdige soll mich noch weiter belehren." „Ja, mein Lieber", gab jener zur Antwort.

(aus: Bertholet, Religionsgeschichtl. Lesebuch 9, Mohr (Paul Siebeck) Tübingen 1928, 2. Aufl.) S. 114/115)

2.3.6 Jadnjawalkjas Gesetzbuch: Lohn der Taten

133. Das Reifen der Handlungen entsteht für einige nach dem Tode, für einige in diesem Leben, für einige hier und jenseits: ihr Zustand ist es, der dies bestimmt.
134. Wer auf die Güter anderer sinnt, wer auf schlechte Taten denkt, und wer der Unwahrheit nachhängt, der wird von einer Mutter der niedrigsten Kaste geboren.
135. Ein Mann, welcher Unwahres redet, andere verklagt oder beleidigt oder unsinnig schwatzt, wird von einem wilden Tiere oder Vogel geboren.
136. Wer gerne nimmt, was ihm nicht gegeben wird, wer fremden Frauen nachgeht, wer tötet, wo es nicht vorgeschrieben ist, der wird von unbeweglichen Wesen geboren.
137. Wer den Geist kennt, rein, bezähmt ist, Buße übt, die Sinne zügelt, Tugend ausübt, die Kenntnis des Weda besitzt, dieser mit der Qualität der Wahrheit Begabte wird als Gott geboren.
138. Wer an nicht guter Tätigkeit Freude hat, unbeständig ist, vieles beginnt, an den sinnlichen Gegenständen hängt, dieser mit der Qualität der Leidenschaft Begabte wird, wenn er gestorben ist, als Mensch wiedergeboren.
139. Der schläfrige, grausam handelnde, gierige, Gott leugnende, bettelnde, unbe-

sonnene, verbotenem Wandel Ergebene, dieser mit der Qualität der Finsternis begabte (Mensch) wird als Tier wiedergeboren.

140. Wer so von Leidenschaft und Finsternis durchdrungen hier umherirrt, gelangt mit widerwärtigen Zuständen behaftet in den Kreislauf des Lebens.

206. Menschen, welche eine große Sünde begangen haben, gelangen in die durch die großen Sünden erzeugten fürchterlichen Höllen und werden, wenn ihre Taten geschwunden sind, hier geboren.

215. Wer Honig gestohlen, wird eine Stechfliege; wer Fleisch, ein Geier; wer eine Kuh, ein Alligator; wer Feuer, ein Kranich; ein Aussätziger, wer Kleider; ein Hund, wer Süßigkeiten; ein Heimchen, wer Salz gestohlen.

216. Des Beispiels wegen ist dies von mir erwähnt in bezug auf den Diebstahl. Denn wie die verschiedenen Gegenstände sind, so sind auch die Gattungen der lebenden Wesen.

217. Nachdem sie als einen ihren Taten angemessenen Lohn den Zustand eines Tieres erlangt, werden sie im Laufe der Zeit geboren als unglückliche, gefallene, arme, niedrige Menschen.

218. Dann, frei von Sünde geworden, werden sie geboren in hoher Familie, reich an Genüssen, begabt mit Wissenschaft und versehen mit Reichtum und Getreide.

161. Wessen Geist bei dem Untergange des Körpers vollkommen in der Wahrheit fest steht in bezug auf den Herrn, und wessen Überzeugung durchaus unerschüttert bleibt, der gelangt zur Erinnerung seiner Geburten.

162. Denn wie der Schauspieler seinen Körper mit Farben bemalt und verschiedene Gestalten annimmt, so nimmt der Geist die aus seinen Taten entstehenden Körper an.

(aus: Helmuth Glasenapp, Indische Geisteswelt I, Glaube und Weisheit der Hindus, Holle-Verlag, Baden-Baden 1958, S. 156-158)

2.3.7 Der Weg

Es gibt einen Weg durch den Ozean des weltlichen Lebens, und ich werde euch die richtige Methode zeigen, mit der die Weisen das andere Ufer erreicht haben. Eine klare Sicht der Wirklichkeit erhält man nur durch die eigenen Augen, und zwar, wenn sie durch die spirituelle Einsicht geöffnet wurden – niemals jedoch durch die Augen irgendwelcher anderer Seher. Die Bande, die uns binden aufgrund unserer Unwissenheit, unserer Begierden und unseres Karmas – wie könnte sie ein anderer als wir selbst lösen? Weder durch die Praxis von Joga, noch durch Philosophie, gute Werke oder Studieren kommt die Befreiung – nur durch die Erkenntnis, daß Atman und Brahman eins sind. Eine Krankheit heilt man nicht, indem man das Wort „Medizin" aufsagt. Man muß die Medizin nehmen. Befreiung kommt so auch nicht dadurch, daß man nur das Wort „Brahman" aufsagt. Brahman muß erfahren werden. Bevor ein Mann nicht seine Feinde vernichtet und den Reichtum eines Königreiches in Besitz genommen hat, wird er nicht König, schon gar nicht, wenn er nur sagt: „Ich bin ein König!" Ein vergrabener Schatz wird nicht gehoben, wenn man nur murmelt „Komm hervor!". Man muß die richtige Richtung einschlagen, graben, Steine und Erde von ihm entfernen und ihn sich

nehmen. Ebenso kann die reine Wahrheit des Atman, die unter Nichtwissen vergraben ist, nur durch Meditation, Kontemplation und andere spirituelle Disziplinen erreicht werden, nie jedoch durch einfaches Argumentieren.
Die Stufen zur Befreiung sind: vollkommene Gleichgültigkeit gegenüber allen vergänglichen Dingen, Ausübung von Stille und Selbstkontrolle, Hören der Lehre vom Atman, Reflektion über sie, Meditation. So erreicht der Weise den höchsten Zustand, in dem das Bewußtsein von Subjekt und Objekt sich auflöst und allein das unendliche Einheitsbewußtsein bleibt. Und dann kennt man die Seligkeit des Nirwana, auch wenn man noch auf der Erde lebt.
Denkt daran, der Atman ist das wahre Ich des Menschen. Aufgrund von Unwissenheit identifiziert man das Ich mit dem Körper und nimmt das Vergängliche für wirklich. Der Dumme denkt: „Ich bin der Körper." Der Intelligente denkt: „Ich bin eine individuelle Seele, die mit dem Körper vereint ist." Der Weise aber sieht den Atman als das Wirkliche und denkt: „Ich bin Brahman." Man identifiziert sich doch auch nicht mit dem Schatten, den der Körper wirft oder mit seiner Spiegelung. Der Dumme sieht die Reflektion der Sonne in einem Wassereimer und denkt, das sei die Sonne. Der Unwissende sieht so die Reflektion des reinen Bewußtseins auf seiner Hülle und hält das für das wahre Ich. Der Körper, die Hülle des Intellekts, und die Spiegelung des Bewußtseins auf diesem – keines ist der Atman. Der Atman ist das unendliche Bewußtsein, die ewige Wirklichkeit, das wahre Ich, verborgen im Herzen.
Erkennt den Atman, ihr durchschreitet alles Leid und erreicht den Brunnen der Freude! Laßt euch erleuchten durch dieses Wissen und ihr habt nichts mehr zu fürchten. Erfahrt Brahman – und es gibt keine Rückkehr mehr in diese Welt, die Heimat aller Leiden.

(Shankara's Crest Jewel of Discrimination, New York 1970, S. 40 ff; in Auszügen, aus dem Englischen übersetzt)

3 DIE SPÄTERE ZEIT DES HINDUISMUS (UM 500 N. CHR. BIS 1800)

3.1 Überblick

Der spätere, oder wie er auch oft genannt wird, nachepische oder klassische Hinduismus ist dadurch gekennzeichnet, daß verschiedene Richtungen entstanden sind, die alle den Weda anerkennen, auch wenn dessen tatsächlicher Einfluß gering sein mag. Diese Richtungen könnten wir auch Konfessionen nennen. Auch hier sei wieder daran erinnert, daß Hinduismus nicht Name einer einheitlichen Religion (wie z. B. Islam oder Christentum) ist, sondern eine Sammelbezeichnung der Religionen Indiens, die sich wechselseitig beeinflußt und durchdrungen haben. Nur zwei Reformbewegungen, die die Weden und das Kastensystem verworfen haben, sind ausgeschieden: Der Buddhismus und der Dschainismus.
Nach abendländischer Methodik können wir fünf wichtige Richtungen unterscheiden und möchten sie der Reihe nach darstellen. Aber keine dieser fünf verschiedenen Richtungen existiert rein und für sich selbständig. Es gibt zum Beispiel Wischnu-Anhänger, die vom Bhaktismus beeinflußt sind, Wischnu-Anhänger, die den Schaktismus übernehmen, Wischnu-Gelehrte, die sich dem Wedanta anschließen. Gerade die Vermischung ist für den Hinduismus typisch.

3.2 Der Wischnuismus

3.2.1 Wischnu

Wischnu auf der Weltenschlange

Bereits in den Weden wird Wischnu als Erhalter und Schöpfer der Welt bezeichnet. Seine Herrschaft über die Welt wird durch die mythische Aussage verdeutlicht, daß er die ganze Welt mit drei Riesenschritten durchmessen habe. Als Himmelskönig nimmt er die Stelle Indras ein. Er gilt als kosmisches Urprinzip. So wird er z. B. als auf der Schlange Ananta (= Glückseligkeit) im Welten-Ozean dargestellt. Aus seinem Nabel kommt der Gott Brahma, der die Welt erschafft. Aber erst nach der Zeitenwende wird Wischnu zu einer der beiden zentralen Gottheiten des Hinduismus.
Die Anhänger Wischnus nehmen an, Wischnu habe sich unzählige Male in verschiedenen Erscheinungen auf Erden offenbart. Diese Wiederverkörperungen (Awatara) geschehen in Menschen- oder Tiergestalt. Sie dienen dazu, die gestörte Ordnung des Kosmos wiederherzustellen, diese Welt zu retten und ihren Dharma zu stützen. Folgende zehn Wiederverkörperungen werden als besonders wichtig angesehen:

I. Zeitalter
1. Inkarnation: *Fisch* (Matsja). Als Fisch holte Wischnu die verlorengegangenen Weden vom Boden des Meeres, wohin sie während einer großen Flut von einem Dämon gebracht worden waren.
2. Inkarnation: *Schildkröte* (Kurma). Sie trägt die Erde und sichert ihre Ordnung. Als sie den Milchozean durcheinanderquirlte, diente sie dem Weltenberg Mandara (= Quirlstab) als Stütze.
3. Inkarnation: *Rieseneber* (Waraha). Als Eber hat Wischnu die von einem Dämon in den Ozean versenkte Erde emporgehoben. Der Eber versinnbildlicht außerdem die befruchtende, pflügende Macht.
4. Inkarnation: *Mannlöwe* (Narasimha). Hier gilt Wischnu als der schreckliche Dämonenbezwinger.

II. Zeitalter
5. Inkarnation: *Zwerg* (Wamana). Wischnu ringt als Zwerg dem Dämonen Bali die Oberherrschaft über die Erde ab. Er verbannt Bali in die Unterwelt.
6. Inkarnation: *Rama I.* (= „Rama mit der Axt"). Als Rama rottet Wischnu mit seinem Beil die Kschatrija aus, die seinen Vater, einen Brahmanen, getötet hatten. Ursprünglich handelt es sich bei diesem Awatara um eine selbständige Göttergestalt.
7. Inkarnation: *Rama II.* (= „Rama mit dem Bogen"). Er ist der Held des Ramajana, der die Herrschaft des Dämonenfürsten Rawana bricht und die Welt von dessen Schandtaten befreit. Ursprünglich war Rama wohl ein Heros, ein idealer Kschatrija, der mystifiziert wurde.

III. Zeitalter
8. Inkarnation: *Krischna.* a) in den Puranas: Mythische, märchenhafte Gestalt, die als Hirtengott allerlei Wunder vollbringt. b) im Mahabharata: Vasall seines Königs, aber kein Vorbild, dem der Mensch nacheifern könnte, da Krischna als göttliches Wesen weit über allen menschlichen Idealen steht. Er lehrt religiös-ethische Weisheit. Sein Leben endet damit, daß er irrtümlich von einem Jäger auf der Jagd an seiner einzig verwundbaren Stelle, der Fußsohle, getroffen wird und dann in

den Himmel aufgenommen wird, um dort wieder seine göttliche Gestalt anzunehmen. c) in der Bhagawadgita: Krischna ist hier der Wagenlenker des Fürsten Ardschuna und verkündet in diesem Lehrgedicht wischnuitische Heilslehren über das rechte Handeln, den Dharma. Nur dadurch kann dem Karma sein unheilvoller Charakter genommen werden.

9. Inkarnation: Der *Buddha*. Er erscheint, um die blutigen Opfer abzuschaffen und verführt die Bösen zum Abfall von den Brahmanen und dem Weda. Er bezeugt damit die Rivalität von Wischnuiten und Buddhisten und den Wunsch der ersteren, die Verehrung Buddhas in den Wischnuismus zu integrieren.

10. Inkarnation: *Kalkin*. In dieser, noch nicht auf der Erde erschienenen Gestalt kehrt Wischnu in der Zukunft auf die Erde zurück, um die Bösen zu bestrafen, die Guten zu belohnen und als Heilsbringer eine neue Ära zu beginnen. Nach jüngerer, südindischer Tradition ist er ein Pferd, nach nordindischer Tradition reitet er ein weißes Roß. Vermutlich handelt es sich bei Kalkin um eine alte tiergestaltige Gottheit.

Die siebte Inkarnation Wischnus als Rama II. und die achte Inkarnation als Krischna (8 c) wurden zum Mittelpunkt eigener Verehrung und damit eigenständiger religiöser Traditionen.

Schon früh verband sich der Wischnuismus unlöslich mit dem Bhaktismus. Der Bhaktismus ist eine mystische Richtung, die die Liebe Gottes zu den Menschen (Bhakti = Liebe) und die Liebe des Menschen zu Gott betont. Die Erlösung findet durch die Liebe Gottes statt, der sich der Mensch ganz hingeben soll. Der Bhaktismus ist somit der dritte Erlösungsweg neben dem Karmamarga (dem Weg der Tat, der Erfüllung des Dharma in der Kaste) und dem Dnjanamarga (dem Weg der reinen Erkenntnis). Bhaktimarga ist der neue Weg des Herzens, des Liebesgefühles, der Hingabe. Die Erlösung wird entweder aufgrund der Liebe Gottes allein erreicht oder im Zusammenwirken mit der Gnade Gottes.

Wischnu nimmt die Gestalt eines Fisches an, um den Seedämon zu töten.

3.2.2 *Die Pantscharatras*

Die Pantscharatras sind eine der ältesten wischnuitischen Gruppen. Ihre Blütezeit fiel in das 7. bis 9. Jahrhundert. Sie sind aber auch heute noch bedeutend. Sie lehren, die Schöpfung der Welt habe sich in drei Stufen entwickelt: Auf der ersten Stufe der reinen Schöpfung sei Wischnu als transzendentes und absolutes Prinzip entstanden. Wischnu tritt nun mit der Materie in Beziehung, das heißt: er erschafft die Welt. Diese aktive, schöpferische Seite wird durch seine Gattin Lakschmi verkörpert. Sie ist die höchste Schakti (= Kraft). Wischnu erzeugt eine Reihe weiterer Götter, die Wjuha. Aus dem letzten Wjuha gehen die verschiedenen Inkarnationen Wischnus (die Awatara) hervor. Auf der zweiten Stufe der Schöpfung entsteht die Weltenseele, die zum Ausgangspunkt der individuellen Seelen wird. Der Weltenseele (männliches Prinzip) wird – wiederum vom Schaktismus beeinflußt – eine weibliche Potenz zugeordnet, die Maja-Schakti, die als Ursprung der Zeit und der Materie angesehen wird. Auf der dritten Schöpfungsstufe entstehen die Sinnesorgane und die Elemente. Hier wird das Samkhja-System zugrundegelegt.
Bereits zur Blütezeit der Pantscharatras gab es Menschen, denen diese mythischen Erörterungen unnütz erschienen. Sie zogen sich als Waldeinsiedler zurück; sie trachteten danach, die Erlösung durch mystisches Schauen zu finden. Von ihnen sind besonders die zwölf tamulischen Wischnu-Dichter, die man die Alwar nennt, bekannt geworden. Sie dichteten, inspiriert durch ihren verinnerlichten Glauben, innige religiöse Lieder. Viele dieser viertausend Lieder werden noch heute von den Hindus gesungen. In ihnen findet sich eine Brautmystik, die für den Krischna-Kult bezeichnend wurde. Die Dichter gaben so ihrer Hoffnung Ausdruck, mit Gott einst völlig eins zu werden.

3.2.3 *Die Bhagawata*

Zur selben Zeit wie die Pantscharatra treten die Bhagawata auf. Auf sie geht die Bhagawadgita zurück. Sie verehren Wischnu in seiner achten Verkörperung als Krischna. Die Bhagawata sind reine Bhaktiverehrer. Sie weihen ihr Leben Krischna, den sie Bhagawan (daher ihr Name) nannten, und bringen allein ihm ihre ganze Liebe entgegen. Ihre Beziehung zu Gott sehen sie als eine ganz persönliche Beziehung an. Sie ist am ehesten der Liebesbeziehung von Mann und Frau zu vergleichen. Das Ziel ist die Einswerdung mit Gott, die Unio mystica. Dann ist der Mensch wieder mit seinem Ursprung, dem Göttlichen verbunden; er häuft kein neues Karma an und kann somit nach seinem Tode, wenn sein altes Karma aufgebraucht ist, mit Gott vereint sein.
Ihre Blütezeit erlebten die Bhagawata im 4. bis 6. Jahrhundert. Die Kaiser der Gupta-Dynastie (um 320 bis ca. 500), dem kulturellen und historischen Höhepunkt des alten Indien, förderten die Bhagawata, so daß sich damals ihr Einfluß über ganz Indien ausbreitete.

3.2.4 *Die Schri-Waischnawa*

Ihre Anhänger berufen sich auf die Lehren des südindischen Philosophen Ramanudscha (um 1050 bis 1137). Ramanudscha war ursprünglich ein Anhänger

Schankara's und wurde von der wischnuitischen Bhaktilehre ergriffen. Sein System wird Wischischta-Adwaita (qualifizierter Monismus) genannt. Er betrachtet die individuellen Seelen und die sichtbare Welt als verschiedene Seiten Gottes. Deshalb können das Universum und die materielle Welt keine Illusion sein, wie Schankara behauptete. Gott hat sein Wesen so verwandelt, daß aus ihm die Welt und die Einzelseelen hervorgegangen sind. Materie und Seele waren schon in Gott vor der Schöpfung vorhanden. Sie sind – obwohl sozusagen Teil Gottes – jedoch nicht mit ihm identisch, sondern unterscheiden sich von ihm. Durch die Gnade Gottes wird der Mensch erlöst.

3.2.5 Die Sekte der Madhwa

Der wischnuitische Theologe Madhwa lehrte im 13. Jahrhundert, Gott sei seinem Wesen nach von den Einzelseelen und der Materie verschieden. Wischnu sei allgegenwärtig; er lenke den Lauf der Welt. Er bestimme in freier Wahl, welche Seele er zur Erlösung führen wolle. Der Einzelne müsse ein frommes und rechtschaffenes Leben führen, um die Chance zu erhalten, von Wischnu auserwählt zu werden. Die Madhwa betonen Askese und Mystik und zeigen sich vom Bhaktismus beeinflußt. Sie sind heute noch im karnatakischen Sprachgebiet bei gebildeten Ständen heimisch. Karnataka nennt sich das Gebiet um die Stadt Maisur, das südwestlich von Haiderabad liegt.
Madhwa ist ein typischer Vertreter des Dwaita (Dualismus).

3.2.6 Die Krischna-Anhänger

Die Krischna-Anhänger verehren Wischnu in seiner achten Verkörperung als Krischna. Auch seine Geliebte Radha wird verehrt. Tschaitanja (1485–1533) betont, daß die Liebe zu Gott das einzig mögliche Mittel der Erlösung sei. Er sieht diese Liebe durchaus erotisch-leidenschaftlich; sie wird durch die Liebe Radhas zu Krischna abgebildet. Ursprünglich war diese Liebe nur Symbol der ekstatischen Kraft der Gottesliebe; in Verbindung mit einer extremen Guru-Verehrung kam es auch zu einem stark sexualisierten Krischna-Kult.

Krischna umarmt Radha

Heute wird Krischna vor allem in den heiligen Städten Mathura (Provinz Uttar Pradesch, 150 km südlich von Neu Delhi), Dwarka (Halbinsel Kathjawar, 350 km östlich von Ahmedabad) und Puri (Provinz Orissa, 300 km südwestlich von Kalkutta am Golf von Bengalen gelegen) verehrt.

3.2.7 Die Rama-Verehrer

Der Theologe Ramananda (15. Jhdt.) huldigt der siebten Verkörperung Wischnus, Rama, dem Helden des Ramajana; dieses Epos ist das heilige Buch der Ramaiten. Ramananda nahm jeden Willigen in seine Gemeinschaft auf, ohne auf Kaste oder Geschlecht zu achten. Er betonte die Liebe zu Rama als einzig möglichen Weg zur Erlösung. Die Rama-Anhänger breiteten sich über Zentral- und Nordindien aus.
Das schönste literarische Beispiel ihrer Verehrung stammt von dem Dichter Tulsidas (1532–1623). Er hat das Ramajana nachgedichtet; diese Dichtung heißt Ramtscharit-Manas. Das Buch ist bei Millionen von Hindus auch heute noch beliebt und ein hervorragendes Beispiel hinduistischer Bhakti-Dichtung.

3.3 Der Schiwaismus

3.3.1 Schiwa

Religionsgeschichtlich gesehen handelt es sich bei Schiwa nicht um eine einheitliche Gottesgestalt. Vielmehr verschmelzen in ihm die Eigenschaften vorarischer Götter mit denen des wedischen Rudra. Deshalb ist es verständlich, daß Schiwa in sehr gegensätzlichen Formen verehrt wird.
Für die einen ist er eine alte, konkret zu fassende Gottheit, die unheimliche Züge trägt und deren Zorn es zu besänftigen gilt. Für die anderen ist er der abstrakte Bezugspunkt und Inhalt

Schiwa Nataradscha. Schiwa tanzt seinen kosmischen Schöpfungs- und Vernichtungstanz auf dem Rücken eines Dämons. Der Flammenkreis zeigt seine göttliche Energie an.

ihres religiösen und philosophischen Denkens. Für wieder andere ist er der Ischwara, der höchste Gott und Herr, zu dem sie die Sehnsucht nach mystischer Nähe treibt. In breiten Volksschichten wird Schiwa als der Gott geliebt, der die Welt erschaffen hat und sie zusammen mit allen Lebewesen hegt und pflegt, und zugleich als der gefürchtet, der Zerstörung und Tod bringt.
Symbole Schiwas sind: das Linga (Phallus), der heilige Berg Kailas im Himalaja (tib. Kangrinpotsche, im Süden des Transhimalaja gelegen, 6714 m hoch, viel besuchtes Pilgerziel); das Reittier Schiwas ist der Stier Nandi (Symbol der Fruchtbarkeit), seine Gattin ist Parwati, die von den Schiwaiten ebenfalls verehrt wird. In der indischen Kunst wird Schiwa oft als Tänzer dargestellt. Der Tanz Schiwas soll seine fünf Haupttätigkeiten darstellen: Schöpfung, Erhaltung, Zerstörung, Fleischwerdung der Seelen und Erlösung vom Samsara. Seine Kraft zeigt Schiwa auch als Jogi, wenn er mit Leichenasche bemalt, einen Kranz von Totenschädeln umgehängt, in starrer Meditationshaltung sitzt und Energie (Tapas) ansammelt, um mit seinem dritten Auge auf der Stirn alles Widergöttliche zu verbrennen. Als Erhalter des Weltalls zeigen ihn Abbildungen, auf denen dargestellt wird, wie er als Herr des Universums auf dem Kailas thront. Seine Überlegenheit über Wischnu soll die Legende vom Feuer-Linga dartun: „Wischnu und Brahma hatten eines Tages eine riesige Feuersäule entdeckt, deren Anfang und Ende nicht abzusehen war. Obwohl Wischnu in der Gestalt des Ebers die Tiefe und Brahma in der Gestalt der Gans die Höhe zu ermessen suchten, gelang es ihnen nicht, die seltsame Erscheinung zu ergründen, bis Schiwa plötzlich aus dem Feuer-Linga heraustrat und sich damit als der ihnen Überlegene zu erkennen gab."
Von den schiwatischen Theologen wird der Tanz Schiwas auch symbolisch gedeutet: er findet letztlich in unserem Herzen statt. Der Herr der Welt ist in uns, und nicht außerhalb von uns.
Der Schiwaismus stützt sich sowohl auf das Samkhja als auch auf die Wedanta-Schule. Er ist vorwiegend in Südindien verbreitet, drang aber im Laufe des neunten und zehnten Jahrhunderts auch nach Südostasien, Java, Sumatra und Bali. In diesen Ländern vermischte er sich mit einheimischen Religionen und bildet dadurch bis heute Sonderformen.

3.3.2 Die Paschupata

Vermutlich im 6. Jahrhundert n. Chr. hat Lakulin das System der Paschupata (= Herr der Tiere und damit Herr der Seelen) begründet. Lakulin erklärt das Wesen Schiwas mit seiner unbedingten Herrschaft über die Welt und die Seelen, die von der Materie beschmutzt sind. Schiwa ist persönlicher Gott, körperlos, reiner Geist; jedoch kann er menschliche Gestalt annehmen, um die Wesen der Erlösung näher zu bringen. Die Seelen, die der allmächtige Gott aus den Fesseln ihrer Existenz erlöst hat, werden mit den Tieren verglichen, die der Hirte von ihren Fesseln befreit hat. Über die erlösten Seelen herrscht Schiwa nicht mehr.
Die Paschupata empfehlen als Weg zum Heil das Joga, das Rezitieren von Mantras (Tantrismus), Tanzen und Lachen. Die körperliche Reinigung besteht in dem Bestreuen mit Asche, die wahre Reinigung dagegen in einem tugendhaften Leben. Früher bestand ihr frommer Wandel, der religiöse Verdienste einbringen sollte, in

merkwürdigen Handlungen: Schnarchen, Zucken, Hinken, Unsinnmachen, Unsinnreden, Verliebttun. Meist ging man auch nackt. Alle diese Maßnahmen sollten die Sympathie Schiwas auslösen, der sich im Kreis der Götter ja selbst so unmöglich benahm. Durch scharfe Askese sollte der Gläubige Wundermacht erreichen, auf die er sich aber nichts einbilden durfte. Die Paschupata waren nie in irgendeiner Form organisiert. Der Name ist vielmehr eine Sammelbezeichnung für indische Asketen, die diese spezielle Richtung der Askese betreiben.

3.3.3 Die Kapalika

Mit den Paschupata haben die Kapalika (= Schädelverehrer) sehr vieles gemeinsam. Auch sie sind Asketen, die sich in ihrer Lehre kaum von den Paschupata unterscheiden, die aber den Weg zum Heil in noch viel schärferen asketischen Übungen suchen. Nach den uns bekannten indischen Quellen betrieben sie magische Praktiken und haben sogar Menschenfleisch geopfert. Sie haben sich mit der Asche von Leichen bestreut, hatten als Meditationsgegenstand das Selbst, das sie sich auf der weiblichen Scham sitzend vorstellten. Zu ihren Kulten betranken sie sich und vollzogen die Pudscha über einem mit Alkohol gefüllten Topf, in dem sie sich Schiwa gegenwärtig vorstellten. Noch heute soll es von ihnen einige Tausende geben, die als Asketen umherziehen und Tieropfer vollziehen. Im 19. Jahrhundert war ihr Zentrum auf den Bergen Abu und Girnar in Nordindien. Dort aßen die Asketen Unrat und Menschenfleisch und tranken aus Menschenschädeln.
Hinter diesem Kult steckt der Gedanke, daß derjenige, der erlöst ist oder der sich zumindest auf dem letzten Stück des Erlösungsweges befindet, die Nichtigkeit alles Irdischen erkennt und sich von aller bürgerlichen Wohlanständigkeit befreit, um sich ganz allein Gott zuzuwenden. Das Tun ekelerregender Dinge zeigt seine Trennung von der Welt an. Alles ist grundsätzlich gleich. Deswegen kann der Asket die Güte Gottes gewinnen, wenn er besonders ekelerregende Dinge tut. Das ist eine Leistung, die höher zu veranschlagen ist als nur meditieren oder fasten oder sich selbst kasteien.

3.3.4 Der kaschmirische Schiwaismus

Um den Einfluß des Buddhismus zu verdrängen, der im 10. Jahrhundert in Kaschmir sehr stark war und mit dem sich der Schiwaismus zu vermischen drohte, hatte Schankara Kaschmir besucht und mit seiner wedantischen Lehre die Grundlage für das Trika-System (= Dreizahl-System) gelegt.
Diese Lehre ist monistisch: Gott und die Seelen sind letztlich identisch. Die Welt ist der Bewußtseinsinhalt Schiwas. Alle Objekte der Außenwelt sind durch Emanation aus Schiwa (= Ausfließen) entstanden. Deshalb sind sie auch verschieden weit von Schiwa entfernt. Erlösung heißt, durch bestimmte Methoden blitzartig (intuitiv) zu erkennen, daß mein Selbst letztlich identisch mit Schiwa ist.
In Bezug auf die Erlösung ist aber menschliches Bemühen wichtiger als die Gnade Gottes. Die Unreinheit, das Böse in der Welt, hindert die Seele daran, ihre Identität mit Schiwa zu erkennen. Der Weg zum Ziel der Erlösung ist viergliedrig: Durch die Gnade Gottes kann ein Mensch mit Hilfe eines Guru diese Erkenntnis realisie-

ren. Der zweite Weg besteht darin, sein beschränktes Ich mit dem unendlichen Ich seines Selbstes zu vereinen, sich selbst zu transzendieren. Wer das nicht kann, wählt einen dritten Weg, die Unterweisung in den Agama, den heiligen Schriften des Schiwaismus, dem Darbringen von Opfern und dem Murmeln des Namens Gottes sowie Jogaübungen. Der vierte Weg erheischt die größte persönliche Anstrengung: die letzte Versenkung durch die Methoden des Joga.

3.3.5 Die Natha-Jogin

Auch heute gibt es in Indien noch viele Anhänger der Natha-Jogin. ‚Natha' heißt Schutzherr. Diese Sekte befolgt im wesentlichen das System des gewaltsamen Joga, des Hatha-Joga. Das Bestreben ihrer Anhänger ist, den Tod zu überwinden. Erlösung wird durch völlige Entmaterialisierung und Vergeistigung erreicht. Zum Teil gibt es auch Strömungen, die sich alchemistischen Richtungen anschließen. Durch chemische Prozesse soll die Erlösung in Gang gesetzt werden und damit Unsterblichkeit wachsen. Besonders sollte unreine Materie in Gold, dem Symbol der Sonne und Unsterblichkeit, verwandelt werden. Andere Natha dagegen verwenden statt chemischer Methoden den psychophysischen Weg des Hatha-Joga: Schwierige Atemübungen und extreme Körperhaltungen sollen die Kanäle des Leibes reinigen und damit Unsterblichkeit bewirken.
Die Bewegung breitete sich vom 13. Jahrhundert an von Bengalen nach Sindh und Gudscharat aus. Ihre Bedeutung liegt im Einfluß auf die Literatur Bengalens, Nepals und Tibets.

3.3.6 Die Lehre des Schaiwasiddhanta

Auch der Schiwaismus hat die Bhakti-Bewegung in sich integriert. Wieder waren es tamilische Dichter, die Najanmars, die in ihren Liedern, die das Herz schmelzen lassen und den Körper von allen Sünden reinigen sollen, dem mystischen Geist der Hingabe an Gott Ausdruck verliehen. Der bekannteste unter ihnen war Appar, der im 7. Jhdt. lebte. Auf den Najanmars fußt das „endgültig bewiesene Lehrsystem" der Schiwaiten, die philosophisch geprägte Lehre des Schaiwasiddhanta.
Diese Lehre entwickelte sich im 12./13. Jahrhundert in Südindien. Auch sie erkennt die schiwaitischen Agama, die durch die Tamil-Literatur erweitert worden sind, an. Als ihr bedeutendster Vertreter gilt Mejkananda (13. Jhdt.)
Schaiwasiddhanta verwirft den Monismus Schankaras. Er geht von drei ewigen Substanzen aus: Gott, den Seelen und der Verstrickung, die die Seelen an das Karma und an die Materie bindet. Die Seele kann einzig und allein durch Gottes Liebe erlöst werden. Die Einzelseelen sind nicht mit Schiwa identisch, so daß ihre Individualität auch nach der Erlösung gewahrt bleibt. Die erlöste Seele lebt in seliger Gottesschau, bleibt aber von Gott substantiell getrennt.

3.3.7 Die Lingajat (Die Wiraschaiwa)

Die Wiraschaiwa (= eingeweihte Schiwaiten) oder Lingajat (= die, die den Linga tragen) sind eine Richtung, die wahrscheinlich vom Dschainismus beeinflußt ist (um 500 v. Chr.), für uns aber erst in ihrem Organisator/Reformator Basawa im 12. Jahrhundert in das Licht der Geschichte tritt. Sie zählen heute etwa sechs Millionen Anhänger, die fast alle in der Provinz Karnataka wohnen (im Gebiet um die Stadt Maisur, 400 km südwestlich von Haiderabad in Südwestindien).

Die Lingajat verwerfen von Anfang an vor allem die Abbildung und Verehrung eines Gottesbildes. Sie erhalten von ihrem Guru anstelle eines Gottesbildes einen kleinen Gegenstand (z. B. eine kleine Steinkugel), der Schiwa als Linga symbolisieren soll. Diesem persönlichen Gottessymbol wird hauptsächlich die Pudscha dargebracht. Ihre Gottesverehrung ist streng monotheistisch (Wischnu und Brahma gelten nur als Seelen) und dabei abstrakt, da Gottes Wesen an sich nicht beschreibbar sei. Die Lingajat lehnen auch das Kastenwesen ab, sowie Tempeldienst und Opfer. Sie sind von der Gleichwertigkeit der Geschlechter überzeugt und verurteilen die in Indien üblichen Kinderheiraten. Die Gemeinde sammelt sich um Klöster, wo auch ihre hauptsächlichen Riten vollzogen werden: Belehrung und Weihe von Erwachsenen, aber auch von Neugeborenen.

Parwati verehrt das von einer Schlange beschützte Schiwa-Linga.

Anders als alle anderen Hindus legen die Lingajat auf eine Verbrennung der Toten keinen Wert, sondern führen die Erdbestattung durch. Auf ihren Grabsteinen ist das Symbol ihres Gottes, der Linga, eingemeißelt.

In ihrer Theologie folgen die Lingajat im wesentlichen dem Schaiwasiddhanta. Zur Realisierung der Gottesschau leiten die Gurus, die jeder haben muß, durch Meditationsübungen an.

3.4 Schaktismus und Tantrismus

3.4.1 Der Schaktismus

Unter dem Begriff Schaktismus versteht man die Verehrung einer weiblichen Gottheit, insofern sie mit der Verehrung Wischnus oder Schiwas in Verbindung steht. Der Schaktismus ist vorarischen Ursprungs und bereits in der Induskultur nachweisbar. Die Verehrung dieser Muttergottheit wurde dann später in den Wischnuismus und den Schiwaismus integriert. Die Göttin wird als Kraft (Schakti) angesehen und verehrt, durch die Schiwa bzw. Wischnu in der Welt wirkt. Die wichtigste Schakti ist die Göttin Kali; sie wird häufig dargestellt, wie sie mit einem Kranz von Totenschädeln um den Hals auf dem unter ihr liegenden Schiwa tanzt. Charakteristisch für die Schakti-Anhänger sind geheime Riten, die nachts stattfinden. Während dieses Zeremoniells sitzen Frauen und Männer im Kreis. Sie genießen Wein und Fleisch. Der Höhepunkt des Ritus besteht im rituellen Beischlaf. Dadurch soll die Unio mystica erreicht werden. Der Schaktismus hat sich am stärksten mit dem Schiwaismus verbunden. Es gibt auch schaktistische Wischnuiten. Meist hat der Schaktismus tantristische Züge in sich aufgesogen.

3.4.2 Der Tantrismus

Der Tantrismus kommt – im Gegensatz zum Schaktismus – nicht mehr in seiner reinen Form vor. Er hat sich früh mit den verschiedensten hinduistischen Systemen sowie dem Buddhismus verbunden. Es gibt tantristische Einflüsse im Buddhismus des Großen Fahrzeuges wie bei den Wischnuiten, Schiwaiten und Schakta-Verehrern. Jede tantristische Richtung hat ihre eigenen Geheimtexte.
Das Grundprinzip des Tantrismus besteht in dem Lehrsatz, daß der Makrokosmos (Götter und Weltall) dem Mikrokosmos (dem irdischen Leben) entspricht. Durch Ausübung verschiedener magischer und mystischer Praktiken wird diese Übereinstimmung hergestellt. Auf diese Art und Weise kann man die Erlösung erreichen. Solche magischen Praktiken sind Riten, Zauber, Gesten, Symbole, sexuelle Handlungen. Durchgehendes Prinzip ist: Ähnliches ist Ähnlichem gleich. Wenn man das auch heute noch in Indien weitverbreitete Butterschmalzopfer darbringt, kann man den Sonnengott beeinflussen (Butter = goldgelb = Sonne = Fruchtbarkeit).

3.4.3 Die Sikhs

Unter Kaiser Babur (1526-1530) wurde im Jahre 1526 das islamische Reich der Großmoguln auf dem indischen Subkontinent begründet. Damit hatte der Islam in Indien seine größte Ausdehnung erreicht. Islamische Einflüsse spielen jedoch schon seit etwa 1000 n. Chr. in Indien eine Rolle. Seither hat es auch nie an Versuchen gefehlt, die beiden Religionen Islam und Hinduismus miteinander zu vereinen. Der wichtigste Versuch, der wohl überwiegend politische Gründe hatte, wurde von Großmogul Akbar (1556-1605) unternommen. Er konnte diesen Versuch jedoch nicht durchsetzen. Bereits Ramanudscha hatte im 15. Jahrhundert aus rein religiösen Gründen Ähnliches versucht. Aber erst sein Schüler Kabir (1440-1518) hatte mehr Erfolg.
Kabir hatte die Welt verlassen und war Bettelmönch geworden. Er lehrte die Erschaffung der Welt durch das Wort Gottes; diesen Gedanken übernahm er vom Islam. Auch die Gedanken der Gleichheit aller vor Gott, der die Ablehnung der Kasten zur Folge hatte, stammen aus dem Islam. Zugleich verfocht Kabir im Sinne

Sikh beim Studium der Heiligen Schriften

des Islam die bildlose Verehrung Gottes. Die hinduistische Volksreligion lehnte er ab.

Aber erst Kabirs Schüler Nanak (1469-1538) bildete eine organisierte Mischgemeinschaft von Hindus und Moslems. Nanak gilt als Begründer der Sikhs. Der Name Sikh bedeutet „Schüler, der sich dem Guru unterordnet". Nanak lehrte die Gedanken seines Lehrers Kabir. Besonders betonte er jedoch die Unteilbarkeit des einen Gottes: „Ich verwerfe alle Sekten und weiß nur von dem einen Gott, den ich auf Erden verehre, im Himmel und in allen Richtungen."

Guru Ramdas (1574-1581) baute der Gemeinschaft ein Zentralheiligtum, den Goldenen Tempel in Amritsar. Bis zum heutigen Tage ist Amritsar im Pandschab die heilige Stadt der Sikhs. Seit 1581 wurde die Guruwürde erblich. Damit hatten die Sikhs eine stetige geistliche Leitung.

Der fünfte Guru Ardschun (1581-1606) schuf die Heilige Schrift der Sikhs, den Adi-Granth („Ur-Buch"). Der Adi-Granth umfaßt die Schriften des Nanak, Lieder Kabirs sowie Ardschuns eigene Dichtungen. Ardschun wurde von fanatischen Moslems getötet. Sein Sohn Har Gowind (1606-1638) änderte deshalb den Moslems gegenüber seine Religionspolitik: Er nahm den bewaffneten Kampf gegen die Moslems auf. Der zehnte und letzte Guru Gowind Singh (1675–1708) schloß alle Sikhs zu einer eigenen Kaste zusammen; jeder mußte von nun an den Beinamen Singh (= Löwe) tragen. Damit war ausgedrückt, daß es das Ziel der Sikhs war, die muslimische Herrschaft in Indien um jeden Preis zu beenden. Die Sikhs trennten sich nun völlig vom Hinduismus wie vom Islam. Das Lesen des Korans und der

Weden wurde untersagt. Hindutempel und Moscheen durften nicht mehr betreten werden. Trotzdem gelang es nicht, hinduistische Bräuche zu beseitigen.
Theologisch lehren die Sikhs heute: Gott wird sowohl mit hinduistischen Namen wie Rama und Hari und als Großer Guru angerufen. Er wird auch als Vater, Mutter, Bruder und Vetter bezeichnet. Hinduistischer Bhaktismus und islamischer Sufismus (Mystik) fließen in die Gottesverehrung ein. Vom Hinduismus wird die Lehre von der Scheinwelt übernommen, vom Islam die Vorherbestimmung des persönlichen Schicksals, das mit dem hinduistischen Karma gleichgesetzt wird. Die Erlösung von der Wiedergeburt ist ebenfalls hinduistisches Gedankengut, die Vergebung der Sünden dagegen islamisches. Die Jenseitsvorstellung besteht aus einer Mischung des upanischadischen Einsseins der Seele mit Gott und der farbenprächtigen Paradiesesvorstellung des Korans. Askese, wie sie der Hindu üben soll, wird abgelehnt. Im Gottesnamen ist Gott selbst gegenwärtig (Einfluß des Tantrismus?).
Im Tempel zu Amritsar werden Abschriften des Granth aufbewahrt, die ähnlich wie die Hindus ihre Götter anbeten, verehrt werden. Außer dem Zentraltempel gibt es im Einflußgebiet der Sikhs Hallen der Lehre, wo der Granth verlesen wird. Vom Islam wiederum stammt die Sitte des täglichen Morgen- und Abendgebetes mit vorausgehender ritueller Waschung. Die Sikhs kennen neben der Verlesung und Auslegung des Granth (Wortgottesdienst) noch zwei heilige Handlungen: die Taufe, die im heiligen Teich von Amritsar vorgenommen wird; über Kopf und Körper wird dabei eine Mischung von Wasser, Zucker und Honig ausgegossen. Die andere Handlung ist das heilige Mahl, in welchem Kuchen, der aus Butter, Mehl und Zucker hergestellt wird, an die Gläubigen verteilt wird.
Heute zählen die Sikhs etwa acht Millionen Mitglieder, hauptsächlich im Pandschab.

3.5 Quellen

3.5.1 Der wahre Friede (Bhagawadgita)

Wer ohne Leidenschaft und Haß sich durch die Welt der Sinne schlägt,
Gelangt, im Einklang mit sich selbst, zum Frieden, den kein Sturm bewegt.
Und diesen Seelenfrieden stört ihm keine Not und Pein der Welt.
Denn wer sein Herz beruhigt hat, der fühlt sich auf sich selbst gestellt.
Wem Andacht mangelt, bleibt an Geist und Selbstvertiefung auch zurück.
Wem aber Selbstvertiefung fehlt, dem fehlt auch wahres Seelenglück.
Wess' Geist einmal der Allgewalt des losen Sinnentrugs erlag,
Gleicht einem Schiffe, das dem Sturm nicht mehr zu widerstehn vermag.
Darum, wer vor der Außenwelt abschloß, o Freund, der Sinne Tor,
Nur der gelangt mit Sicherheit zu höh'rer Weisheit auch empor.
Wann alle Wesen schlummern, kommt die Zeit, in der der Denker wacht.
Doch wann für alle Wesen Tag, ist's für den Selbstbeherrscher Nacht.
Gleichwie das Meer, in welches alle Wasser einmünden, anschwillt,
aber nie tritt über,

Gelangt zum Frieden nur, wer seine Lüste zu bänd'gen weiß,
doch nicht der Lust Verüber.
Nur wer der Selbstsucht und dem Neid entsagungsfähig sich verschließt,
Erwirbt die Seelenheiterkeit, in welcher Frieden man genießt.
Wer also lebt, der lebt in Gott, erhaben über Trug und Schein.
Und wenn sein Licht im Tod erlischt, so geht er in die Gottheit ein.

(Aus der Bhagawadgita. Zitiert nach H. v. Glasenapp, Indische Geisteswelt, Vollmer Verlag, Wiesbaden o.J., S. 63)

3.5.2 Vergänglichkeit

1. Hier steigt der Mond, der Pflanzen Fürst, hinauf
Am Abendberge zu den höchsten Spitzen,
Und dort beginnt die Sonne ihren Lauf,
Verkündigt durch des Morgenrotes Blitzen.
So lenkt der Auf- und Niedergang der beiden
Die Welt im Wechsel stets von Lust und Leiden.

2. Mit dem Auf- und Niedergang der Sonne geht das Leben hin von Tag zu Tag.
Bei dem Treiben der Geschäfte niemand des Verlaufs der Zeit gedenken mag.
Und wir sehn Geburt, Leid, Tod und Alter, ohne doch in Furcht je zu versinken.
Denn die Welt ist trunken von dem Tranke der Sorglosigkeit, den stets wir trinken.

3. Vögel werden eingefangen, welche froh die Luft durchflogen.
Fische werden an der Angel aus dem tiefen Meer gezogen.
Ob wir Gutes tun, ob Böses, was wir sind, was wir beginnen.
Alle greift die Zeit auf Erden, niemand kann der Zeit entrinnen.

4. Keinen schont der Gott des Todes, sei er noch so schriftgelehrt.
Nicht den Büßer, nicht den Reichen, nicht den faustgewaltigen König.
Nicht den, der im Glück geboren, den nicht, der dem Unglück frönig.
Wie das Feuer in dem Walde, alle, alle er verzehrt.

(Zitiert nach H. v. Glasenapp, Indische Geisteswelt, Vollmer Verlag, Wiesbaden o.J., S. 172)

3.5.3 Erfüllung der Pflichten oder Meditieren? (Bhagawadgita)

Ardschuna sprach:

1 Du lobst Entsagen jeder Tat und lobst doch ihre Übung auch –
Was ist das Bess're von den zwei'n? Das sage klar entschieden mir.

Der Erhabene sprach:

2 Entsagen sowie Übung auch der Tat, sie bringen beide Heil,
Doch höher als Entsagung noch wird die Übung der Tat geschätzt.
3 Das ist der stets Entsagende, der nichts hasset und nichts sich wünscht,
Denn von den Gegensätzen frei[1], kommt leicht er von der Fessel los.

4 Denken und Andacht[2] scheiden nur die Toren, doch die Weisen nicht;
Wer ganz sich nur dem einen weiht, erlanget aller beider Frucht.
5 Durch Denken und durch Andacht wird derselbe Standpunkt doch erreicht;
Denken und Andacht sind nur eins, – wer das erkennt, hat recht erkannt.
6 Doch Entsagung, Großarmiger, wird ohne Andacht[3] schwer erreicht;
Der Weise, der in Andacht lebt, erreichet auch die Gottheit[4] bald.
7 Der Andacht lebend, reingesinnt, bezähmend Geist und Sinne ganz,
Mit aller Wesen Seele eins – wird er, auch handelnd, nicht befleckt.
8 „Ich tu doch nichts!" so denken darf der fromme, wahrheitskund'ge Mann,
Ob er auch sieht, hört, fühlt und riecht, ob er auch ißt, geht, atmet, schläft;
9 Ob er auch spricht, entleert, ergreift, die Augen öffnet oder schließt,
Er weiß: die Sinne müssen sich bewegen in der Sinnenwelt.
10 Wer handelt ohne jeden Hang und all sein Tun der Gottheit weiht,
Wird durch das Böse nicht befleckt, wie's Lotusblatt durchs Wasser nicht.
11 Mit ihrem Leib, Sinn und Verstand, und mit den Sinnen ganz allein,
Tun die Andächt'gen jede Tat, ganz ohne Hang – um rein zu sein.
12 Wer fromm aufgibt die Frucht der Tat, erlangt die höchste Seelenruh,
Wer unfromm hängt an dem Erfolg, wird durch begehrlich Tun verstrickt.
13 Bewußt aufgebend alles Tun, sein selber Herr, sitzt glücklich da
In der neuntor'gen Stadt[5] der Geist, nichts tuend, nichts veranlassend.
14 Nicht Täterschaft, noch Taten auch schafft Er, der Herrscher dieser Welt,
Noch den Kontakt von Tat und Frucht, – da waltet vielmehr die Natur.
15 Nicht irgend jemands böse noch auch gute Tat nimmt an der Herr[6], –
Das Wissen liegt in Finsternis, und dadurch wird der Mensch betört.
16 Doch wem Unwissenheit zerstört durch Erkenntnis des Atman ist,
Des Wissen läßt der Sonne gleich helleuchtend schaun das höchste Heil.
17 Dies kennend, mit ihm wesensgleich, ruhend auf ihm, ergeben ihm,
Geht man und kommt nicht wieder her, durch Wissen frei von aller Schuld.
18 Ein Priester, welcher weis' und fromm, ein Elephant und eine Kuh,
Ein Hund, ein Hundeesser selbst – dem Weisen sind sie alle gleich.
19 Die haben hier den Himmel schon, die ganz gleichmütig sind gestimmt;
Sündlos, gleichmütig Brahman ist, darum in Brahman ruhen sie.
20 Nicht freut er über Liebes sich, erschricket vor Unliebem nicht,
Wer starken Geistes, unbetört, das Brahman kennt und ruht in ihm.
21 Nicht hängend an der Außenwelt, findet er in sich selbst das Glück;
Wer andachtsvoll nach Brahman strebt, erlangt ein unvergänglich Glück.
22 Denn der Genuß der Außenwelt trägt schon in sich des Schmerzes Keim,
Wie er entsteht, vergeht er auch – der Weise freut daran sich nicht.
23 Wer, eh er sich vom Körper löst, den Gier-und Zorngebornen Drang
Zu bezwingen imstande ist, der Mann ist fromm und glücklich der.
24 Wer in sich selbst beglückt, selig, von innerem Licht erleuchtet ist,
Der Fromme wird zum Brahman selbst und wird im Brahman ganz verwehn.
25 Im Brahman ganz verwehen sie, die Weisen, die, von Sünden rein,
Sich zügelnd, frei von allem Streit, an aller Wesen Heil sich freun.
26 Asketen, die den Sinn bezähmt, von Gier und Zorn sich ganz befreit,
Des Atman Wesen kennen, die sind dem Verwehn in Brahman nah.

27 Sich lösend von der Außenwelt, starr auf die Nasenwurzel schau'nd,
Den Hauch und Aushauch regelnd gleich, die durch der Nase Innres gehn;
28 Zügelnd die Sinne, Herz und Geist, ganz der Erlösung zugewandt,
Befreit von Wünschen, Furcht und Zorn, – so ist für immer er erlöst.
29 Mich kennend als den Herrn der Welt, dem Opfer und Askese gilt,
Der aller Wesen wahrer Freund, gelangt zum Seelenfrieden er.

[1]nirdvanda „ohne Gegensätze, frei von den Gegensätzen",
[2]Denken und Andacht – der Text sagt hier wie auch im folgenden Verse Samkhya und Joga, es handelt sich aber nicht um die so benannten späteren Systeme der Philosophie, sondern um einen doppelten Weg zu dem gleichen Ziele der Gotteserkenntnis und allendlichen Vereinigung mit der Gottheit, und zwar 1) den Weg der Reflexion, des reflektierenden Denkens, Samkhja, den ich kurzweg durch „Denken" wiedergebe, und 2) den Weg der andächtigen Verinnerlichung, der Konzentration, Kontemplation, der energisch auf das Höchste gerichteten Andachtsstimmung, Joga, welche ich ebenso kurzweg als „Andacht" bezeichne. Der gottsuchende Philosoph wie der gottergebene Fromme, der sich in Gott versenkt und alles in Gott tut – sie streben demselben Ziele zu, und in diesem Sinne darf Denken und Andacht für eins gelten.
[3]Unsere Sprache versagt hier, wie auch sonst bisweilen bei der Übersetzung und macht eine wirklich genau entsprechende Wiedergabe des Originals unmöglich. Im Sanskrit des Urtextes ist es ein und dasselbe Wort – Joga, eig. die Anspannung –, welches die energische Übung (der Tat), in Vers 1 und 2, und die Andacht, hier und im Folgenden, bezeichnet. Es ist im Grundbegriff eine energische Bemühung, exercitatio, exercitium – etwa wie bei uns Exerzieren, Exerzitien von der Arbeit der Soldaten und Schüler gebraucht wird, aber auch von angestrengten Andachtsübungen, wenigstens bei den Katholiken.
[4]Hier, wie auch in Vers 10, habe ich das im Text befindliche Wort Brahman durch „die Gottheit" wiedergegeben.
[5]D. h. in dem Leibe.
[6]D. h. der Herr der Welt, Gott, Brahman, mit dem im Grunde unser Geist identisch ist. Den ewigen Geist, die Weltseele, berühren weder gute noch böse Taten, die dringen gar nicht bis zu ihm hin, er nimmt sie nicht an oder auf, oder erkennt sie nicht als sein an.

(Bhagawadgita V. Gesang. Zitiert nach L. v. Schroeder, Bhagawadgita. Diederichs Verlag, Düsseldorf 1965, S. 45–47; von dort ist auch der Kommentar übernommen)

3.5.4 Die Lehren des Nimbarka (Wischnuismus)

Nimbarka, ein Brahmane aus dem Telugu-Gebiet, der aber an Krischnas heiligen Stätten in Brindaban lebte, stiftete eine Sekte, welche Krischna als das Brahma verehrte und der Radha als Gemahlin Krischnas besondere Verehrung zollte. Seine Zeit ist unsicher, wahrscheinlich lebte er im 14. Jahrhundert. Sein philosophischer Standpunkt wird als „Sonderung-Unsonderungs-Lehre" oder „Zweiheits-Nichtzweiheits-Lehre" charakterisiert, weil sie Monismus und Pluralismus ausgleichen sollte. Für ihn ist Gott zwar die materielle und die bewirkende Ursache von Materie und Seele; beide sind aber andererseits nicht mit ihm identisch, weil er sie als ein Wesen besonderer Art überragt und sie von ihm abhängig sind. Die Grundzüge seiner Lehre sind in einem Gedicht von zehn Strophen (Dascha-Schloki) zusammengefaßt. In diesem heißt es:

Die Weisen sagen:
1. Die individuelle Seele ist ihrem Wesen nach Erkenntnis, von Krischna abhängig, fähig, mit einem Leibe verbunden oder von einem solchen getrennt zu sein, atom-

groß, je entsprechend ihrem Körper (von anderen Seelen) verschieden, erkenntnishaft und in unendlich vielen (Exemplaren) vorhanden.
2. Die Seele ist mit der anfangslosen Maja verbunden. Ihre wahre Natur erkennt man durch Gottes Gnade. Sie ist entweder erlöst oder an den Samsara gebunden. Die Erlösten sind dies entweder von Ewigkeit her, oder sie haben das Heil erst erlangt, nachdem sie von der Weltwanderung frei wurden.
3. Das Ungeistige (Leblose) ist von drei Arten: erstens aus der Urmaterie (Prakriti oder Maja) entstanden und deshalb von weißer, roter oder schwarzer Farbe (d. h. aus den drei Gunas bestehend); zweitens nicht aus der Urmaterie entstanden, wie der „unstoffliche" Körper Gottes und die Paläste, Gärten usw. seiner himmlischen Welt; drittens die Zeit.
4. Laßt uns meditieren über Krischna, den lotusäugigen Hari. Er ist von Natur aus frei von allen Fehlern und eine einzige Fülle von restlos schönen Eigenschaften; als seine Glieder läßt er seine Machtentfaltungen (Wjuhas, Inkarnationen usw.) aus sich hervorgehen; er ist das höchste Brahma, nach dem gestrebt wird.
5. Laßt uns immer denken an Radha, die alle gehegten Wünsche erfüllt. Sie strahlt in Freude in vollendeter Schönheit an der linken Seite (Krischnas) und ist von Tausenden von Gefährtinnen umgeben.
6. (Dieses Brahma) ist beständig von den Menschen zu verehren, damit sie frei werden von der Fortdauer des Dunkels des Nichtwissens. So wurde von Sanandana und anderen Weisen zu Narada gesagt, der (dann) die vollständige Wahrheit unmittelbar erfaßte.
7. Alle Erkenntnis von jewedem Ding ist nach der Offenbarung und der Überlieferung real (also keine Illusion), weil das Brahma ihr Selbst (ihre wahre Substanz) ist. Dieses ist die Lehre der Weda-Kenner. Aus der Offenbarung und den (Brahma-) Sutras ergibt sich (aber auch) mit Gewißheit, daß es drei Weltprinzipien (Gott, Materie, Seelen) gibt.
8. Es läßt sich kein anderes Heil absehen außer (durch die Verehrung des) Fußlotus Krischna, welcher von Brahma und Schiwa und anderen (Göttern) angebetet wird. Auf den Wunsch des Frommen offenbart sich (Wischnu), der unausdenkbare Kräfte hat und dessen Wesen unbegreiflich ist, aus Gnade in einer leicht meditierbaren Gestalt (d. h. als Fischawatara usw.).
9. Gottes Gnade entsteht bei dem, der sich seiner Erbärmlichkeit bewußt ist. Dank dieser Gnade erwächst die Gottergebenheit (Bhakti), d. h. eine besondere Art von Liebe zu der großen Seele (des Alls), zu (Wischnu), der keinen Herrn über sich hat. Diese Bhakti ist entweder eine solche höchsten Grades oder eine Bhakti niederer Form, die ein Hilfsmittel (zur Erlangung) der höchsten (Bhakti) bildet.
10. Die folgenden fünf Dinge müssen die echten Gottesgläubigen kennen: erstens das Wesen des zu verehrenden Gottes, zweitens das Verhältnis, in dem der Verehrer zu Gott steht, drittens die Wirkungen (Frucht) der Gnade, viertens die aus der Bhakti entspringende Gemütsstimmung und fünftens die Natur des Hemmenden (das der Entwicklung der Bhakti entgegensteht wie Materialismus, Gleichgültigkeit gegen religiöse Ideen, Verehrung anderer Götter usw.).

(Zitiert nach H. v. Glasenapp, Indische Weisheit. Vollmer Verlag, Wiesbaden o.J., S. 205–207; von dort ist auch die Einleitung übernommen.)

3.5.5 Das Wesen der Gottesliebe (Wischnuismus)

Bhakti besteht in der intensiven Liebe zu Gott.
Wenn der Mensch sie erreicht hat, begehrt er nach nichts, grämt sich nicht, findet an nichts (Irdischem mehr) sein Vergnügen und wendet seine Tatkraft nicht mehr weltlichen Dingen zu. Wenn er sie an sich erfahren hat, wird er (gottes) trunken, unbewegt (durch äußere Verhältnisse) und findet seinen Frieden in sich selbst.
Bhakti ist mehr als Werk, Wissen und Joga, weil sie ihren Lohn in sich selbst trägt (und nicht wie diese anderen einen Lohn erstrebt), denn Gott haßt die Selbstsüchtigen und liebt die Demütigen.
Das Wesen der Gottesliebe läßt sich nicht beschreiben, so wenig wie ein Stummer seine Geschmacksempfindungen beschreiben kann. Sie leuchtet von selbst in einer geeigneten Person auf, wächst von Augenblick zu Augenblick an Intensität, ohne Unterbrechung und zu immer verfeinerter Empfindung.
Wer einmal die Bhakti erlangt hat, interessiert sich nur noch für Gott, will von ihm hören und denkt nur an ihn.
Mit stammelnder Stimme, gesträubten Haaren und unter Tränen sich unterhaltend, reinigen die Frommen ihre Familie und die ganze Erde (durch ihre Anwesenheit), sie heiligen geweihte Stätten und verleihen all ihrem Tun den Charakter von frommen Werken. Unter ihnen gibt es keinen Unterschied nach Geburt, Wissen, Körperschönheit, Familie, Reichtum und Beruf, sie gehören alle zu Gott.
Wenn Gott angerufen wird, offenbart er sich bald und läßt die Gläubigen ihn in sich erfahren. Denn vor dem dreimal Wahren hat die Bhakti das größte Gewicht.

(Aus den Bhakti-Sutras des Narada und Schandilja. Zitiert nach H. v. Glasenapp, Indische Weisheit. Vollmer Verlag, Wiesbaden o. J., S. 201)

3.5.6 Eine Hymne der Ergebung an Wischnu

Manche sagen, daß Schiwa allein würdig sei, daß man über ihn meditiere. Andere sagen, es sei die Göttin, andere: Ganescha, wieder andere: die Sonne. Aber da Du allein, Träger der Muschel, Dich in allen diesen Formen verkörperst, nehme ich meine Zuflucht zu Dir.
Ich habe weder Bruder, Vater, Mutter, Frau oder Sohn, weder adlige Geburt oder große Kraft, noch sehe ich jemand, der mir helfen würde. Darum nehme ich meine Zuflucht zu Dir.
Ich habe den Großen nie gedient ohne Hochmut. Ich bin an den Pilgerstätten nie gewesen mit Glauben. Ich habe die Götter nie verehrt, wie es die Schriften vorschreiben. Deshalb nehme ich meine Zuflucht zu Dir.
Die Erinnerung an meine Missetaten läßt mich vor Furcht erzittern. Da Du aber bekannt bist als der Retter der Gefallenen, nehme ich meine Zuflucht zu Dir.
Das Leid des Alters, der Geburt und der Krankheiten, das Elend, als Kuh, Hund oder Schwein wiedergeboren zu werden und schließlich in die Hölle geworfen zu werden, all das ist das Ergebnis, wenn man Dich in dieser Welt vergißt. Darum nehme ich meine Zuflucht zu Dir.

Obwohl von niedriger Geburt, ein Sünder, und von allen verachtet, wenn einer nur einmal sagt „Ich bin Dein", Du bietest ihm einen Platz in Deinem Heim an. Deshalb nehme ich meine Zuflucht zu Dir.
Du allein wirst beschrieben in den Weden, in den Dharma-Schastras und den Agamas, im Ramajana und in den Puranas, überall und in allen Vorschriften. Darum nehme ich meine Zuflucht zu Dir.

(in: Altar Flowers, ed. by Advaita Ashrama, Calcutta 1968, S. 57–59; übersetzt aus dem Englischen)

3.5.7 Wischnu

Eine Legende: Indra, der Götterkönig, wollte sich einen neuen Palast im Himmel bauen lassen. Sein Baumeister Wischwakarma begann also mit den Planungen für eine wundervolle, strahlende Residenz. Doch je näher das Werk seinem Abschluß kam, um so anspruchsvoller und unerfüllbarer wurden Indras Wünsche. Wischwakarma wandte sich schließlich völlig verzweifelt an Brahma, den Erschaffer der Welt, um bei ihm Hilfe zu suchen. Brahma tröstete ihn: „Du wirst bald von deiner Last erlöst werden!" und trat seinerseits vor Wischnu, das allerhöchste Wesen, um ihm die Klagen Wischwakarmas vorzutragen. Am nächsten Morgen nun erschien ein Brahmanenjunge vor dem Palast Indras und bat, zum Götterkönig vorgelassen zu werden. Indra empfing ihn auch und wunderte sich, daß dieser Junge ein wunderbares Licht auszustrahlen schien. Noch mehr erstaunte er aber, als der Junge ihn zu seinem Palast beglückwünschte und bemerkte: „Keinem Indra vor Dir ist es je gelungen, solch einen Palast zu bauen." Indra meinte ironisch: „Sag mir, Kind, sind sie denn so zahlreich, die Indras, die Du gesehen oder von denen Du wenigstens gehört hast." Der Junge nickte ruhig und ernsthaft: „Ja, viele von ihnen habe ich gesehen. Ich kannte auch Deinen Vater, Kindchen, und Deinen Großvater. Viele Indras habe ich gekannt, die einander in unzähligen Welten folgten, jeder zum Götterkönig aufsteigend und jeder wieder vergehend. Selbst Brahmas folgen einander in endlosen Reihen." Während der Rede des Jungen war ein Zug Ameisen in der Halle erschienen. Der Junge bemerkte sie und lachte. „Warum lachst Du?" stammelte Indra. „Wer bist Du?" Der Junge antwortete: „Ich lachte wegen der Ameisen. Siehe, jede war einst ein Indra. So wie Du erhoben sie sich einmal durch das Verdienst frommer Handlungen zum Rang eines Götterkönigs. Doch, durch viele Wiedergeburten ist jeder wieder eine Ameise geworden. In endlosen Umläufen wechseln Gut und Böse. Darum hängt der Weise sein Herz weder an Gutes noch Böses." Der König war vor Entsetzen bleich geworden und wollte gerade eine Frage stellen, da war auch schon die Gestalt des Jungen plötzlich verschwunden. Der König grübelte lange. Es mußte Wischnu gewesen sein, der in verhüllter Gestalt vor ihm erschienen war. Indra fühlte bald keinen Wunsch mehr, seinen Palast zu vollenden. Er verlangte nach Erlösung. Er überließ seinem Sohn die Herrschaft und zog als Mönch in die Einsamkeit.

(nach Zimmer, Indische Mythen und Symbole, Diederichs Verlag, Düsseldorf 1972, S. 8 ff; [Zusammenfassung])

4 NEO – HINDUISMUS

4.1 Reformbewegungen

Mit der Landung Vasco da Gamas in Calicut (heute: Koschikode) an der Malabarküste im Jahre 1498 begann ein neuer Abschnitt in der Geschichte Indiens – eine Zeit stetig wachsender Einflußnahme durch die Europäer. Allerdings, der Einfluß des Westens blieb lange Zeit auf Politik und Wirtschaft beschränkt. Das indische Geistesleben und die indischen Religionen konnten sich noch jahrhundertelang allen europäischen Einflüssen entziehen. Erst mit der Umwandlung der Ostindischen Kompanie in eine britische Verwaltungsbehörde (1773) und der Errichtung des britischen Vizekönigtums von Indien (1858) begann sich eine neue Situation anzubahnen. Vor allem die Erhebung des Englischen zur offiziellen Sprache und die Eröffnung zahlreicher englischer Schulen und Universitäten hatten zur Folge, daß sich westliche politische und religiöse Ideen unter der Oberschicht auszubreiten begannen. Den historisch und naturwissenschaftlich „aufgeklärten" Hindus mußten viele ihrer religiösen Praktiken als anachronistische Rückstände einer primitiven Zeit und Gesellschaft erscheinen, die es zu beseitigen oder zu verbessern galt. So wurde schließlich unter den Gebildeten – neben einem weitverbreiteten Skeptizismus – der Ruf nach einer Reform des Hinduismus laut.

4.1.1 Brahmo Samadsch

1811 hatte der im britischen Dienst stehende bengalische Brahmane Ram Mohan Roy erlebt, wie seine Schwägerin sich bei der Einäscherung seines verstorbenen Bruders, der damaligen Sitte folgend, mitverbrennen ließ. Erschüttert begann er die Smritis und die ganze theologische Tradition zu durchforschen und kam zu der Überzeugung, daß Witwenverbrennung, Polygamie, blutige Opfer, Polytheismus und Bilderverehrung spätere Zusätze zur ursprünglich reinen Gottesverehrung seien, wie sie sich in den Upanischaden zeige. 1828 gründete er den Brahmo Samadsch, eine „theistische Gesellschaft", in der er die ursprüngliche monotheistische Form der Gottesverehrung wiederherzustellen suchte. Der sonntägliche Gottesdienst mit der Verlesung upanischadischer Texte, einer Predigt und selbstgedichteten Liedern schien vielen stark von protestantischen Vorbildern geprägt zu sein, für Ram Mohan Roy galt er als wedantisch begründet. Zwar war Ram Mohan Roy ein ausgezeichneter Kenner des Christentums – er hatte 1820 schon ein Buch „The Precepts of Jesus" veröffentlicht –, doch spricht die Tatsache, daß er für den Priesterdienst im Brahmo Samadsch nur Brahmanen zuließ, eindeutig dafür, daß er nicht eine Verchristlichung, sondern eine „vernünftige" Reinigung des Hinduismus von seinen späteren Auswüchsen anstrebte.
Als 1842 Debendranath Tagore die Leitung des Brahmo Samadsch übernahm, schickte er vier Studenten nach Benares mit dem Auftrag, die Weden und Upanischaden zu studieren und ihre richtige Interpretation festzustellen. Als sie nach einigen Jahren zurückkehrten und verschiedene Deutungen vortrugen, war für den

Brahmo Samadsch die Autorität auch der Upanischaden in Frage gestellt. Man einigte sich darauf, daß ihnen nur soweit Autorität zukomme, wie sie mit dem „uns innewohnenden Licht“ übereinstimmten, hielt aber am Gebrauch der Hindu-Tradition im Gottesdienst fest. Demgegenüber forderte Keschab Tschandra Sen einen radikalen Bruch mit den alten Traditionen. Kein Mitglied des Brahmo Samadsch dürfe an Hindu-Riten teilnehmen. Ehen bei verschiedener Kastenzugehörigkeit sollten möglich sein. Die Brahmanen des Samadsch sollten ihr Kastenzeichen, die Schnur, ablegen. Als er schließlich noch die Anerkennung Jesu als Propheten und des Kreuzes als heiligem Symbol der Selbstverleugnung verlangte und die Taufe einführen wollte, spaltete sich der Brahmo Samadsch (1864). Tagore und seine Anhänger bildeten den Adi (Ursprünglichen) Brahmo Samadsch und hielten an den hinduistischen Riten fest.
Keschab Tschandra Sen gründete mit seinen Anhängern den Nawa Widhan, die „Neue Ordnung“, eine tatsächlich neuartige Gemeinschaft, insofern Texte aller Religionen in ihrem Gottesdienst Aufnahme fanden. Keschab war – vielleicht unter dem Einfluß Ramakrischnas – zu der Auffassung gelangt, daß die Überlieferung aller großen religiösen Lehrer wie Buddha, Christus, Mohammed, Tschaitanja Offenbarungen Gottes seien und studiert und praktiziert werden müßten. Er sah sich selbst zunehmend als einen solchen Offenbarungsmittler an. Zuletzt schwebte ihm die Schaffung einer ganz neuen Religion vor, einer universalen Religion der ganzen Menschheit, die über den bisherigen Religionen stünde. Als ihm von einigen Anhängern göttliche Verehrung entgegengebracht wurde, die ganze Bewegung immer mehr Züge der Bhakti-Frömmigkeit annahm und Keschab entgegen seinen früheren Grundsätzen der Heirat seiner Tochter nach Hindu-Ritual zustimmte, kam es zu einer erneuten Spaltung.
1878 formierte sich der dritte Samadsch, der Sadharan (Allgemeine) Brahmo Samadsch mit dem Grundsatz, daß man keines Offenbarungsmittlers bedürfe, da es ein unmittelbares Verhältnis des Einzelnen zu Gott gebe, durch Vernunft und Moral. Der Sadharan Brahmo Samadsch hat auch heute noch gewissen Einfluß, besonders durch seine soziale Tätigkeit (Sonntagsschulen, Waisenhäuser, Witwenasyle, Arbeit unter den „Primitiven“), doch ist von ihm wie der ganzen Brahmo Samadsch Bewegung zu sagen, daß sie stets nur eine Sache weniger Intellektueller geblieben sind, die unter der breiten Masse des Volkes keinen Anklang fand. Dennoch urteilt man heute in Indien über die Bedeutung des Samadsch positiv: der Samadsch habe die Sozialreform im Volke verbreitet, habe Bekehrungen zum Christentum verhindert, indem er ein Haus auf halbem Wege errichtet habe; er habe außerdem die orthodoxen Hindus aufgerüttelt, sich neu zu organisieren und für eine Wiederbelebung der Religion zu arbeiten.

4.1.2 Arja Samadsch

Der „modernistische“ Brahmo Samadsch fand 1875 sein „traditonalistisches“ Gegenstück in der Gründung des Arja Samadsch, der „Gemeinde der Arier“, durch Swami Dajanand. Swami Dajanand war Mönch und Sanskrit-Gelehrter; die Weden besaßen für ihn höchste Autorität. Doch auch er kämpfte gegen die sozialen und religiösen Mißstände seiner Zeit, gegen Kinderheirat, Witwenmißachtung, Ritualismus, Bilderverehrung und Tempeldienst, da er all dies als eine Entartung des ursprünglichen arischen Glaubens ansah. Gott müsse man vielmehr ohne Symbole durch Gebet, Meditation und mit guten Taten dienen; dies könne man durch Wedastudium erlernen. Dajanand betonte stark das alte Ideal des Brahmanenschülers, forderte eine vegetarische Lebensweise und lehrte „wedische" Riten zu beachten wie die Samskaras („Sakramente"), das Feueropfer und eine Schuddi genannte Reinigungszeremonie, durch die die „Unreinen" in die Hindugesellschaft aufgenommen werden konnten. Im Gegensatz zum Brahmo Samadsch predigte Dajanand auch einen fanatischen, militanten Geist, mit dem neben dem entarteten puranischen Hinduismus besonders Islam und Christentum zu bekämpfen seien. Mit diesem Programm, den Hinduismus gegen alles von außen Kommende abzuschirmen und mit dem Ruf „Zurück zu den Weden, zurück zu den Anfängen" konnte der Arja Samadsch leichter zu einer Volksbewegung werden als der Brahmo Samadsch. Wenn auch dem Arja Samadsch, der sein Hauptquartier in Lahore (heute Pakistan) hatte, durch die Teilung Indiens die organisatorische Grundlage fast völlig entzogen wurde, so lebt sein Geist dennoch in konservativen Hindu-Organisationen fort, vor allem in der nationalistischen Dschana-Sangh-Partei.

4.1.3 Ramakrischna Mission

War der Arja Samadsch in der Weise traditionalistisch, daß er sich auf die ältesten religiösen Schriften – die Weden – zu stützen suchte, wobei man sagen muß, daß dies erst durch die wissenschaftliche Textforschung europäischer Orientalisten wie z. B. Max Müller ermöglicht worden war, so beruht eine andere ebenfalls traditionalistische Reformbewegung auf einem ganz anderen hinduistischen Prinzip: dem Wirken eines Heiligen, eines Mystikers, des Ramakrischna Paramhamsa. Ramakrischna (1836–1886) hatte als Priester der Göttin Kali in einem Tempel bei Kalkutta in der Meditation ekstatische Gotteserfahrungen gemacht. Stets von einem unbändigen Verlangen erfüllt, Gott zu erfahren, hatte er in oft tage-, ja monatelangen Trancezuständen Visionen, in denen das Göttliche sich ihm in der Gestalt von Kali, Rama und Krischna offenbarte. Er fühlte sich mit dem Göttlichen in der Form des Brahman eins, es erschienen ihm sogar Mohammed und Jesus. Da wurde ihm klar, daß alle Religionen Wege zu ein und demselben Ziel seien. Alle Religionen seien wahr. Wie man mittels einer Leiter, einer Treppe oder eines Seiles auf das Dach eines Hauses gelangen könne, ebenso verschieden seien auch die Mittel und Wege, Gott zu erreichen. Obwohl Ramakrischna nicht gebildet war und seine Erfahrungen nur in einfachen, zum teil traditionell puranischen Formulierungen weitergeben konnte, gewann er bald großen Einfluß auch auf die gebildete Oberschicht, da diese in ihm das religiöse Ideal verkörpert sah. „Es waren keine

Ramakrischna
(1836–1886)

neuen Wahrheiten, die Ramakrischna predigte", meint sein Schüler Wiwekananda, „vielmehr brachte er die alten Wahrheiten wieder ans Licht. Er war die Verkörperung der gesamten religiösen Tradition Indiens." Ramakrischna betonte, Gott in sich selbst zu erfahren, sei das Wesentliche der Religion. Bei dieser Erfahrung könne Gott alle Formen annehmen (Wedanta). Zu dieser Erfahrung gelange man nur durch innige Hingabe an Gott (Bhakti). Diese Gottesliebe setze gute Taten und Nächstenliebe voraus (Karma-Joga).

Nach dem Tode Ramakrischnas bildeten seine Schüler einen Mönchsorden. 1897 gründete Swami Wiwekananda, der hervorstechendste und gebildetste Schüler Ramakrischnas, die Ramakrischna-Mission, eine Missionsgesellschaft, der er zum Ziel setzte, die wedantische Lehre Ramakrischnas auf der ganzen Welt zu verbreiten. Wiwekananda war davon überzeugt, diese Lehre sei die Krönung aller bisherigen Religionen, zumal sie sich als einzige harmonisch mit der modernen Wissenschaft in Einklang bringen lasse.

Gerade die Ramakrischna-Mission hat den Hindus ein neues Selbstvertrauen in ihre Religion geschenkt. Vor allem der überzeugende Eindruck, den Wiwekananda 1893 auf dem Weltkongreß der Religionen in Chicago auf die westliche Welt gemacht hatte, führte zu Beginn unseres Jahrhunderts eine regelrechte Hindu-Rennaissance herauf, die die Hindus zunehmend daran denken ließ, nun ihrerseits den Westen zu missionieren. Seit etwa 1920 haben die Ramakrischna-Mission und andere Hinduorganisationen Zweigstellen in den USA, England und Frankreich errichtet. In allen größeren Städten Indiens finden sich heute Zentren der Ramakrischna-Mission, in denen unter der verantwortlichen Leitung von Mönchen Gottesdienste gehalten, Bildungs- und Erziehungsprogramme durchgeführt werden. Vor allem Sozialarbeit für Waisenkinder, Jugendliche, Kranke und Arme soll auch in ihnen geleistet werden. „Es hat ja keinen Sinn, die Menschen über Religion zu belehren, ehe nicht Armut und Leiden behoben sind." (Wiwekananda)

4.1.4 Aurobindo-Aschram

Ist das organisierte Sozialprogramm der Ramakrischna-Mission sicherlich von westlichen Ideen mitbeeinflußt – Wiwekanandas Reisen nach Amerika und Europa dürften hier eine Rolle gespielt haben –, so ist das soziale Programm des Aurobindo-Aschrams in Pondicherry (Südostindien, ca. 100 km südlich von Madras) ganz eindeutig aus dieser Quelle abzuleiten. Pondicherry war ehemals französische Kolonie, viele der Aschram-Mitglieder sind Europäer. Von der traditionellen Wedanta-Lehre der Ramakrischna-Mission unterscheidet sich die Lehre der Aurobindo-Gesellschaft bezeichnenderweise auch dadurch, daß sie ihr Begründer Schri Aurobindo Ghose von vornherein auf einen Ausgleich von westlichem und östlichem Denken angelegt hatte.

Aurobindo (1872–1950) hatte seine Erziehung in England erhalten, wirkte dann in Indien als Sprachlehrer an englischen Schulen, schloß sich der Freiheitsbewegung gegen die Engländer an, wurde verhaftet und erlebte im Gefängnis eine religiöse Erleuchtung, die ihn vom Revolutionär zum Mystiker werden ließ. In seinen Gedanken ging Aurobindo zwar von der wedantischen Gottesvorstellung des einen Brahman aus, das man in sich realisieren müsse. Durch die Aufnahme westlicher Ideen wie der Evolutionstheorie Darwins und Nietzsches Vorstellung vom Übermenschen ergab sich in seinem „Integralen Yoga" jedoch eine eigentümliche Synthese indischer und europäischer Philosophie und Theologie. „Eine göttliche Vollendung des menschlichen Seins ist unser Ziel", sagte Aurobindo und meinte den ganzen Menschen, nicht nur die Seele, den Geist. Auch das Körperliche werde, wenn der Mensch sich ganz Gott öffne, auf eine höhere Ebene gehoben werden. Die Vollendung werde umfassend sein, integral Körper und Geist umfassen. Seherisch verkündete Aurobindo die Möglichkeit eines „Übermenschen" (superman) mit „Über-Bewußtsein" (supermind), der sich zwangsläufig evolutionieren müsse. Selbstvollendung sei ja das Prinzip der Evolution, wie der Entwicklungsprozeß von der unbelebten Materie über die belebte, aber sich selbst nicht bewußte Pflanzenwelt zum intelligenten Lebenwesen, dem Menschen, mit seiner Möglichkeit zur geistigen Erleuchtung zeige.

Sri Aurobindo (1872–1950)

Aus englischer Haft entflohen, entkam Aurobindo in das damalige französische Pondicherry, wo er einen Aschram gründete. Mira Richard, eine durch die Anthroposophie geprägte Französin, wurde seine Lebensgefährtin. Während Aurobindo sich seinen Schriften und der Meditation widmete, begann „die Mutter" den Aschram zu organisieren. Der Aschram entwickelte sich unter ihrer Leitung zu einer Anstalt der „Selbstfindung", in der sich jeder Aschram-Angehörige in dem ihm eigenen und zusprechenden Beruf geistig und körperlich verwirklichen sollte. Neben den religiösen Gebäuden, den Bildungseinrichtungen (College und Universität), den Wirtschaftsbetrieben (Gärtnerei, Weberei, Druckerei, Bäckerei, Molkerei) und anderen Kleinfabriken sind die auffälligsten Einrichtungen die großen Sportanlagen, die die Bedeutung des Körpers sinnenfällig werden lassen. Ein neuer Geist sollte nach Vorstellung der „Mutter" schon jetzt nicht nur Indien heilen, sondern die ganze Welt erfüllen. Nach ihrer Konzeption wurde deshalb bei Pondicherry der Grundstein für „Auroville" gelegt, einer „Weltstadt" in der jeder Staat der Welt sich mit seiner kulturellen Eigenart in einem Gebäude darstellen sollte, um so seinen Beitrag zur Evolution des neuen Menschengeistes und zu einer harmonischen Welteinheitsgesellschaft zu liefern. Diese Pläne werden wohl nicht nur wegen des Todes der „Mutter" (1973) Utopie bleiben. Die Aurobindo-Bewegung hatte zwar in der ganzen Welt, besonders in anthroposophischen Kreisen, Anklang gefunden, war in Indien selbst aber nur von wenigen, wenn auch vermögenden Intellektuellen getragen worden. Eine zukunftsträchtige Volksbewegung konnte sie nicht werden, da sie zu philosophisch orientiert war und auch ein zu westliches Aussehen angenommen hatte.

4.2 Volksreligion

Die Reformbewegungen des 19. und 20. Jahrhunderts haben dem „degenerierten", in Orthodoxie erstarrten Hinduismus wieder zu einer erstaunlichen Lebendigkeit und einem neuen Selbstbewußtsein verholfen. Man spricht von einer Hindu-Renaissance. Indem sie die traditionelle Wedanta-Philosophie als den eigentlichen Kern der Hindu-Religion ausgaben, der unabhängig sei von zeitbedingten Erscheinungen wie Sozialordnung, Mythologie, Riten und Zeremonien, haben sie einer modernen zeitgemäßen Interpretation der alten Glaubenswahrheiten den Weg geebnet. Im Kampf gegen entwürdigende Praktiken wie Witwenverbrennung, Kinderopfer, Kinderheirat, Polygamie, Tempelprostitution, Kastenschranken und Unberührbarkeit erhoben sie die Forderung nach einer neuen Spiritualität, die das Göttliche nicht nur für die jenseitige Welt erstrebt, sondern danach trachtet, das Göttliche auch schon in dieser Welt aufleuchten zu lassen, besonders durch soziale Bemühungen. Bei der Masse des Volkes haben allerdings nur solche Reformbewegungen Anklang finden können, die in einem traditionellen hinduistischen Gewand auftraten, wie etwa die Ramakrischna-Mission. Die Religion des einfachen indischen Volkes, die der orthodoxe Hindu bezeichnenderweise Sanatana Dharma, „ewige Religion" nennt, ist nämlich bis heute traditionalistisch geblieben, wie all jene puranisch-mythologischen Ideen und Praktiken der Volksreligion bezeugen, denen man auch heute noch folgt und die man auch heute noch übt. Das kann allerdings nicht verwundern, wenn man bedenkt, daß die erwachsene indische Bevölkerung auch heute noch zu über 70 % aus Analphabeten besteht, die abseits der Städte und Verkehrswege in Dörfern leben, in denen sich das Leben noch abzuspielen scheint wie vor Hunderten von Jahren.

4.2.1 Pilgerfahrten

Welch „zeitlos" traditionelles Erscheinungsbild der Hinduismus dem westlichen Betrachter bieten kann, ist bei einem Besuch der Stadt Benares (heute: Waranasi) zu spüren. Benares, eine der „sieben heiligsten Stätten" des Hinduismus, zu denen jeder fromme Hindu einmal in seinem Leben gewallfahrtet sein sollte, ist auch heute noch das erklärte Ziel von Millionen von Indern.

a. Die Pilger

Tausende von Pilgern kommen täglich in Benares an – mit den modernen Verkehrsmitteln, aber auch zu Fuß. Manche haben kahl geschorene Köpfe, ein Zeichen dafür, daß sie ein Gelübde abgelegt haben. Die engen, winkligen Gassen der Stadt, die zu den Ghats, den Badeplätzen am Ganges hinabführen, sind von Menschen überfüllt, zuweilen auch durch eine der zahllosen heiligen Kühe blockiert, die langsam vor sich hintrotten oder auf dem Boden lagern. An Hunderten von kleinen Läden muß man vorbei, die Götterbilder, Räucherstäbchen, Farbpulver, Amulette, Kultgeräte und religiöse Souvenirs anbieten, vorbei an einigen der über tausend Tempel und Kapellen der Stadt, vorbei auch an Altersheimen und Klöstern, bis man den heiligen Fluß erreicht. Auf den Treppenstufen, die ins Wasser führen, sitzen in langen Reihen die Bettler, die dem Pilger ihre Schale hinhalten, um ihm die Möglichkeit zu geben, ein gutes Werk zu tun. Unter großen Sonnenschirmen haben alte Männer sich in die Lektüre religiöser Schriften vertieft, sie murmeln Mantras (heilige Formeln) leise vor sich hin oder sitzen still im Lotussitz in Meditation versunken. Mönche in gelber Robe debattieren lautstark miteinander über irgendeine religiöse Lehre. Astrologen lesen den Gläubigen – gegen Entgelt – das Horoskop aus abgegriffenen Manuskripten, Priester malen den Pilgern ein Farbzeichen auf die Stirn, und die Massen nehmen im Fluß ihr Bad, tauchen unter oder besprengen sich nach vorgeschriebenem Ritus. Die Pilger kennen nur einen Gedanken: sich Punja, religiöse Verdienste zu erwerben, um so von Sünden freizuwerden und sich die Gnade der Götter zu erringen, die zu Segen und einer besseren Wiedergeburt nach dem Tode führt. Die Wasser des Ganges waschen alle Sünden ab, heißt es. Trinken des Gangeswassers reinige eine Familie sogar rückwirkend über sieben Generationen, garantiere aber auch Reichtum, Erfolg, Gesundheit und Fruchtbarkeit.

b. Heilige Orte

Der Hoffnung auf die Erlangung einer guten Wiedergeburt, vor allem im Zusammenhang mit der Stadt Benares, liegt eine alte Legende zugrunde: In grauer Vorzeit wollte ein König das Pferdeopfer vollziehen, um sich zum Weltherrscher aufschwingen zu können. Da die Götter sich davor fürchteten, entführten sie sein Pferd, und als er seine Söhne auf die Suche schickte, ließen sie diese wegen eines geringfügigen Vergehens zu Asche verbrennen. Ein weiser Mann teilte dem König schließlich ihren Tod mit, meinte aber, daß es möglich sei, sie wieder zum Leben zu erwecken, wenn die Wasser der himmlischen Ganga über ihre Asche fließen würden. Nach vielen Bitten war die Ganga schließlich dazu bereit. Da aber Gefahr bestand, daß sie bei ihrem Fall vom Himmel auf die Erde Schaden anrichten könnte, mußte Schiwa sich unter ihren Strahl stellen und mit seinen filzigen Haaren die Heftigkeit des Aufpralls mildern. (Aus diesem Grunde gehe der Ganges noch heute aus sieben getrennten Strömen aus dem Himalaja hervor.) Als die Wasser der Ganga nun bei Benares über die Asche der Prinzen flossen, wurden diese tatsächlich wieder lebendig und – von ihren Sünden befreit – durften sie sogar in den Himmel einziehen.

Diese Legende aus den Puranas ist auch heute noch der Anlaß für Hunderttausende, an ihrem Lebensabend nach Benares zu pilgern, um in einem der Altersheime oder Klöster auf ihren Tod zu warten, damit ihre Asche dann in den Ganges gestreut werden kann und sie in den Himmel kommen. Tag und Nacht brennen die Leichen am Mahanikarnika-Ghat. Von weit her kommen die Angehörigen eines Verstorbenen, um seine Asche hier in den Ganges zu streuen.

Indien hat viele heilige Orte. Im Mahabharata werden zu den „sieben heiligsten Stätten" neben Kaschi (Benares) folgende Städte genannt: Prajag (Allahabad) am Zusammenfluß von Ganga und Jamuna, Wrindawan, der Geburtsort Krischnas, Hardwar/Rischikesch beim Austritt des Ganges aus dem Himalaja in die Ebene, Udschschain, Ajodhja und Gaja. Doch andere Orte sind ebenso berühmt und Zentren der Pilgerfahrt: Gangotri, Ambarnath und Kedarnath in den Höhen des Himalaja, wo Schiwa thront und heilige Männer in eisigem Wasser asketische Anstrengungen machen, Puri an der Ostküste, der Tempel des eigenartigen, schwarzen und großäugigen Dschagganath, bei dessen Tempelfest sich in früheren Zeiten Dutzende von Gläubigen vor die tonnenschweren Tempelwagen warfen, um unter den Füßen ihres Gottes zu sterben, Kantschipuram, das religiöse Zentrum des Südens, Ramesschwaram, an der versunkenen Brücke nach Ceylon, von wo Rama mit seinem Affenheer loszog, um die vom Dämonenkönig von Lanka (Ceylon) geraubte Gattin wiederzuholen, wie es das Ramajana erzählt. Noch viele andere Tempel haben eine Götter- und Kultlegende, die begründen will, warum gerade dort dieser oder jener Gott Verehrung verdiene, was seine Verehrung bewirke und was man tun müsse, um Sünden loszuwerden und gutes Karma zu erlangen, das zu besserer Wiedergeburt führe.

4.2.2 Tägliche Riten

Das Karma-Prinzip, der Gedanke, daß jede Tat ihre Wirkung, ihren „Lohn" habe und auf den Täter zurückfalle, sein Leben oder seine Wiedergeburt beeinflusse, bestimmt das gesamte Leben des frommen Hindu. Gerade auch die tägliche Lebensführung ist von dem Gedanken getragen, gutes Karma dadurch zu erreichen, daß man sich dem Dharma, dem religiösen Gesetz entsprechend richtig verhalte und darüber hinaus noch gute Taten vollbringe. Durch gutes Karma könne man schlechtes Karma „neutralisieren", Sünden d. h. Verstöße gegen den Dharma wieder löschen oder darüberhinaus Punja, Verdienste erlangen. So ist es nicht verwunderlich, daß das Leben des frommen Hindu hauptsächlich dadurch bestimmt wird, möglichst allen religiösen Vorschriften peinlichst genau nachzukommen und zusätzlich noch die Sühnemaßnahmen zu treffen. Das beginnt schon am frühen Morgen mit dem rituellen Morgengebet und endet am Abend mit dem Abendgebet.

Hindu beim Morgengebet im heiligen Wasser des Ganges

a. Morgen- und Abendgebet

Nachdem der Hindu beim Aufstehen vor Sonnenaufgang seinem Ischtadewa, seinem persönlichen Gott, der meist in einer Pudscha-Ecke in seinem Haus steht, gehuldigt hat und nachdem er vorschriftsmäßig seine Notdurft verrichtet hat, geht er zum Fluß oder zum Teich. Er taucht zur Reinigung unter, putzt seine Zähne und beginnt mit dem „Morgengebet". Er schöpft Wasser, läßt es unter ständigem Rezitieren von Mantras, von Anrufungen der Götter, dem Aussprechen der heiligen Silbe OM wieder zurückfallen, er bespritzt sein Haupt, schlürft ein wenig Wasser aus der hohlen Hand und bläst schließlich unter Zuhalten des einen Nasenloches auf das Wasser in seiner Hand – das soll die Sünden der Nacht vertreiben. Bei Sonnenaufgang, wenn die Sonne voll über dem Horizont ist, spricht der Brahmane die Gajatri, einen alten Hymnus an die Sonne: „Die Sonne möge uns beschützen! Laßt uns über das Licht dieses göttlichen Herrschers meditieren! Möge es unseren Verstand erleuchten!“ Die Gajatri lösche alle Sünden, heißt es. Schließlich bringt der Gläubige noch die von seiner Religionsgemeinschaft vorgeschriebenen Zeichen auf der Stirn oder dem ganzen Körper an, mit Asche, Kreide oder Farbe. Auch hiervon sagt man, wer die Aschenzeichen am frühen Morgen benutze, sei rein von der Sünde, die er während der Nacht beging. Ähnlich werden Mittags- und Abendgebet verrichtet.

b. Gebote

Der Tagesablauf des orthodoxen Brahmanen wird dann durch weitere religiöse Pflichten bestimmt, z. B. die „fünf großen Opfer“. Das Opfer an die Götter besteht in der Veranstaltung einer Pudscha vor dem eigenen häuslichen Götterbild oder einem Tempelbesuch. Das Opfer an die Brahmanen meint Studium und Rezitation der Weden. Das Opfer an die Menschen beinhaltet Gastfreundschaft. Das Opfer an die Geschöpfe fordert die Fütterung von Tieren. Beim Opfer an die Ahnen schließlich ist – auf das ganze Leben bezogen – an die Zeugung von Nachkommen gedacht, im täglichen Alltag kann es aber auch durch eine symbolische Wasserspende vollzogen werden. Das alles kann sehr ausführlich, aber auch in aller Kürze geschehen, z. B. indem man Studium und Rezitation des Weda auf eine einzige Zeile beschränkt. Nach dem mythischen Gesetzgeber Manu erfüllen diese „fünf großen Opfer“ den Zweck, die „fünf Sünden“ zu sühnen, die täglich verübt werden durch die Verletzung oder Tötung von Lebewesen: beim Feuermachen, Getreidemahlen, Wasserschöpfen und Trinken, beim Pflügen und beim Auf-die-Erde-Treten. Eines der wichtigsten hinduistischen Gebote ist ja Ahimsa, Nicht-Töten, die Forderung der totalen Gewaltlosigkeit. Fromme Hindus sind deshalb auch strikte Vegetarier. Nur wenigen Göttern, eigentlich nur der Kali und – bei Epidemien – manchen Dorf-Muttergöttinnen werden Tiere geopfert. Die Kuh allerdings wird immer geschützt, gilt sie doch als bester Freund des Menschen und als Symbol für die gesamte Tierwelt, denn sie gibt dem Bauern Nahrung, Arbeitskraft und Wärme (Brennmaterial).

Der Karma-Marga, der Weg des Karma, beinhaltet noch eine Reihe anderer Gebote. Reinheit ist sehr wichtig, deshalb die täglichen Reinheitszeremonien, besonders auch bei der Essensvorbereitung, deshalb aber auch die Kastenvorschriften. Wahrhaftigkeit, Verbot des Stehlens, Enthaltsamkeit, Beherrschung der Sinne und Verbot von Rauschmitteln sind weitere solche Vorschriften. Lust, Zorn und Habgier werden dagegen als die „drei Tore zur Hölle“ angesehen. Wichtig ist auch die genaue Befolgung der für Geburt, Kindheit, Heirat und Tod vorgeschriebenen Riten, der Samskaras.

c. Sühnemaßnahmen

Peinliche Beachtung aller Vorschriften vermag vor Sünde und schlechtem Karma zu bewahren. Fasten, geschlechtliche Enthaltsamkeit, Selbstpeinigung (z. B. auf dem nackten Boden schlafen), Wallfahrten und weitere Sühnemaßnahmen vermögen, begangene Sünden zu „verbrennen“ und schlechtes Karma auszulöschen. Ständiges Sprechen oder Singen der heiligen Gottesnamen mit Hilfe eines Rosenkranzes oder Geschenke an Bedürftige, vor allem aber an die Tempel, können darüberhinaus schließlich weiteres gutes Karma bewirken und so den Segen der Götter, eine bessere Wiedergeburt oder gar die Aufnahme in den Himmel fördern. An den gut besuchten Wallfahrtsorten und den reichlichen Spenden, die manchen Tempeln heute zufließen, kann man erkennen, daß es nicht wenige Hindus sind, die sich bemühen, die traditionellen Vorschriften zu achten.

4.2.3 Lebensvorschriften

a. Kastenvorschriften

Zum Dharma, dem richtigen religiösen Verhalten, gehört die Beachtung der Kastenvorschriften. Wenn auch die ursprünglich damit gemeinte und dann religiös begründete wedische Gliederung der Gesellschaft in die vier Stände (Warna) der Priester, Krieger, Kaufleute und Arbeiter schon lange nicht mehr praktikabel war, so ist bei den Hindus auch heute noch ein Festhalten an jenem exklusiven Kastenbewußtsein zu spüren, das sich auf der Über-bzw. Unterlegenheit von Stammesgemeinschaften, Rasse- oder Familiengruppierungen (Dschati) aufbaute und die „Kastenlosen“ als „Unberührbare“ ausschloß. Es gibt heute zwar Brahmanen, die Kaufleute oder Arbeiter sind, Schudras, die Priester, und Kastenlose, die Minister sind, viele Hindus arbeiten auch an ihrem Arbeitsplatz problemlos mit Kastenlosen zusammen, doch mit einem Angehörigen einer anderen Kaste essen zu gehen, erscheint vielen noch unmöglich. Ehen bei unterschiedlicher Kastenzugehörigkeit werden selbst von Gebildeten noch abgelehnt, wenn auch in den Heiratsannoncen der Tageszeitungen zunehmend betont wird: „Kastenzugehörigkeit unbedeutend!“ Jedes Jahr gibt es Familientragödien, ja Selbstmorde, wenn Eltern ihrer Tochter die Zustimmung zu einer Eheschließung versagten, weil der Freund einer anderen Kaste angehört. Die Exklusivität der Kasten ist zwar nicht mehr am gesellschaftlichen Rang eines Menschen orientiert, jedoch immer noch an seiner Familienzugehörigkeit. Die Kastenschranken bestehen zwar nicht mehr im öffentlichen und öffentlich-religiösen Bereich – den Kastenlosen stehen alle Tempel offen –, dafür aber im privaten Bereich. Doch sind sie hier letztlich nicht religiös bestimmt, denn wie die Erhaltung von Kasten bei Moslems und Christen zeigt, wurzelt das System der Dschati in sozialen Traditionen.
Mahatma Gandhi (1869–1948) hatte bei seinem Kampf für die Kastenlosen, die er Haridschans – „Kinder Gottes“ – nannte, versucht, das Kastenwesen wieder auf die alte wedische Vorstellung einer Gliederung der Gesellschaft durch Stände zurückzuführen, wobei es allerdings keinen neuen Stand der Kastenlosen geben könne. Gandhi war der Meinung, daß zwar alle Menschen von Geburt gleich seien und daß auch die einzelnen Stände gleichwertig seien, daß aber doch jeder in dem Stand bleiben solle, in den er geboren werde, und den Beruf ausüben solle, den er von seinem Vater leicht erlernen könne. Dieses traditionalistische Konzept konnte sich jedoch nicht gegen die demokratischen und sozialistischen Tendenzen durch-

setzen, die nach der Gründung der Republik Indien das politische Leben bestimmen sollten.

b. Lebensstadien

Mit der Ordnung des gesellschaftlichen Lebens durch das System der Warnas (Stände) war in der Tradition das System der Aschramas, der „Lebensstadien“ verbunden, das dem individuellen, privaten Leben des Hindu eine Ordnung geben sollte. Die Strenggläubigen sehen in ihm heute noch das Ideal eines erfüllten Lebens. Die Aschramas waren: Brahmatscharja – Studium der Religion, Grihasta – Heirat, Familienleben und Zeugung von Nachkommen, Wanaprastha – Zurückzug vom aktiven Leben, wenn die Kinder erwachsen sind, Hinwendung zu einem kontemplativen Leben. Sannjasa – völlige Abwendung von der Welt, Gang in die Einsamkeit. Sie sollten dem Hindu, entsprechend seinem fortschreitenden Lebensalter, die Möglichkeit eines zunehmend geistlich orientierten Lebens bieten. In ihnen waren die vier wesentlichen Ziele aufgenommen, die der Hinduismus dem Leben des Laien zubilligt: Dharma, Artha, Kama, Mokscha. Dharma bedeutet hier Religion, Artha Wohlstand, Kama Liebe, Mokscha Erlösung. Da Wohlstand und Liebe jedoch nur vorläufige Werte sein können, gemessen an dem letzten Ziel, der Erlösung, treten die Frömmsten auch heute noch vom Stadium des Brahmatscharin gleich in das Stadium des Sannjasi ein, indem sie schon in jungen Jahren Mönch werden.

4.2.4 *Tempelbesuch*

Neben der Durchführung der häuslichen, familiär-privaten Riten steht für den frommen Hindu die Teilnahme am öffentlichen religiösen Leben, in Form von Tempelbesuchen, der Mitwirkung an religiösen Veranstaltungen und dem Feiern der Feste.

a. Tempelanlage

Die berühmten Tempel, besonders in Südindien, sind zum Teil riesige Anlagen. Neben Reinigungsteichen finden sich ganze Gebäudekomplexe: Wirtschaftsgebäude wie Ställe, Küchen, Vorratskammern, dann Priesterwohnungen, Hochzeits- und Pilgerhallen, schließlich das eigentliche Tempelgebäude. Das Ganze ist von einer Mauer umschlossen und kann durch vier Tore betreten werden, die nach den vier Himmelsrichtungen orientiert sind. Da die Tempelanlagen geweihter Boden sind, muß

Menakschi Tempel in Madurai

man vor dem Tor die Schuhe ausziehen. Manche dieser Tore, die bis zu dreizehn Stockwerke umfassen können, oft auch der kleine Turm auf dem Allerheiligsten, sind mit Götterfiguren aus Stuck übersät. Daran soll deutlich werden, daß die Tempelanlage einen tiefen symbolischen Charakter hat. Sie soll den Mittelpunkt des Kosmos darstellen, einen heiligen Ort, wie den Weltberg Meru, auf dem die Welt der Götter und die der Menschen einander begegnen. Wie die Tempellegenden erzählen, habe hier vor Zeiten ein Gott sich den Menschen auf wunderbare Weise offenbart. Auch heute noch erweise dieser Gott hier seine Macht, denn immer wieder wüßten Gläubige von wunderbaren Erfahrungen zu berichten. Das oft wundertätige Bild dieses Gottes – aus Stein, Bronze, Silber oder Holz – befindet sich im kleinen Zentralraum des Tempels, dem Allerheiligsten, das nur von Priestern betreten werden darf.

b. Gottesdienst

Kommt ein Hindu, um dem Gott seine Verehrung zu erweisen oder um etwas zu erbitten, so schwingt der Priester eine Handglocke, um so die Aufmerksamkeit des Gottes, den viele sich im Kultbild anwesend und mächtig denken, auf sich zu lenken. Mit einer Öllampe beschreibt er dreimal einen großen Kreis vor dem Götterbild und bringt dann die Flamme zu dem Gläubigen, der ehrfurchtsvoll seine Hände darüberhält und an die Stirn führt. So erhält er Anteil an der göttlichen Sphäre (Arati-Zeremonie). Oft teilt der Priester auch geweihtes Wasser, Kokosnußmilch, Körner oder eine Süßspeise als Prasadam, heilbringende geweihte Speise, aus und drückt dem Gläubigen mit Farbpulver ein Zeichen auf die Stirn. Der Priester empfängt dafür ein paar Münzen. Für aufwendigere Rituale ist entsprechend mehr Geld zu zahlen. Der Gläubige kann auch noch anderen Göttern seine Aufwartung machen, die zum Lebenskreis des hauptsächlich hier verehrten Gottes gehören und in größerer Zahl in Nischen und Nebenkammern stehen. Alle diese Statuen werden von den Priestern in besonderen Pudscha-Zeremonien wie lebendige Personen behandelt. Königen gleich werden sie am Morgen mit Musik geweckt, dann gewaschen, bekleidet und geschmückt und am Abend ebenso wieder zur Ruhe geleitet. Täglicher Tempelbesuch ist sehr verdienstvoll, vor allem, wenn man vor den Mahlzeiten mit dem fertig zubereiteten Essen kommt, um es durch den Priester dem Gott darzubieten. Da alles Gott gehöre, solle man nicht essen, bevor man die Speise nicht Gott angeboten habe, heißt es. Der Gläubige erhält seine Mahlzeit dann vom Priester als Prasadam zurück. Früchte wie Bananen und Kokosnüsse vertreten heute meist symbolisch das echte Mahl. Blumen werden vor das Götterbild gelegt und bleiben dort.

c. Feste

Zu den Tempelfesten, die meist ein besonderes Ereignis im Leben des Gottes, etwa seinen Hochzeitstag, feierlich begehen, kommen zuweilen Zehntausende aus dem ganzen Land angereist. Ausgenommen kleine Dorftempel, zu denen die gesamte Dorfgemeinschaft bei Naturkatastrophen oder Seuchen ziehen muß, ist der Hindu sonst nicht an einen bestimmten Tempel gebunden. Er sucht sich den Tempel, zu dem er gehen will, selbst aus, je nachdem, ob der Gott, der dort verehrt wird, ihm

besonders zusagt oder überaus mächtig erscheint, vielleicht in einer bestimmten Angelegenheit gar als „Spezialist“ gilt.
Im Tempelbezirk werden zu den Festen auf einer Bühne oft nächtelang Göttergeschichten in der Form von Tanzdramen oder Schattenspielen aufgeführt – zum Teil der einzige, aber anschauliche Religionsunterricht für die Jugend, da sonst nur Gurus oder Mönche in den Klöstern den interessierten Gläubigen in die Religion einführen. Am Festtag findet eine große Prozession statt. Da der Gott die ganze Stadt und das umliegende Land mit seiner leiblichen Anwesenheit erfreuen und segnen soll, befindet sich das Götterbild meist auf einem hohen Wagen, der in manchen Orten die Höhe eines dreistöckigen Hauses erreicht und an langen Seilen von ausgesuchten Gläubigen durch die Straßen gezogen wird. Die Hindus feiern viele Feste: z.B. Krischna-Dschajanti, den Geburtstag Krischnas, Dassera, den Siegestag Ramas über Rawanna, den Dämonenkönig von Ceylon, wobei man Stroh- oder Papierpuppen mit dem Bild des Dämons anzündet, Diwali – das Lichterfest, an dem überall Kerzen angezündet werden, Schiwratri – die Nacht Schiwas oder Holi – das Frühlingsfest, an dem man sich mit Farben bespritzt. Aber diese Feste sind nicht an einen Tempel gebunden, sie werden meist im häuslichen Kreis begangen, sie sind im Lauf der Zeit von religiösen Festen zu Volksfesten geworden.

4.2.5 Götterverehrung

a. Die großen Götter

Es gibt Tausende von Göttern, die verehrt werden, die Puranas sprechen von 330 Millionen göttlicher Wesen. Jede Landschaft, ja jeder einzelne Tempel hat eigentlich seinen besonderen Gott, doch gilt er meist als eine lokale Erscheinungsform eines der drei hauptsächlich verehrten „großen“ Götter: Wischnu, Schiwa und Dewi, oder wird zumindest mit ihnen identifiziert, um als kanonisch gelten zu können.
Wischnu wird auf den in speziellen Bilderläden gehandelten bonbonfarbenen Hochglanzdrucken durchweg als hübscher junger Mann in königlichem Gewand dargestellt, dem seine Gemahlin Lakschmi (die Göttin des Glücks) zur Seite steht. Manchmal hat er auch zwei Frauen, reitet auf dem Vogel Garuda oder zeigt die Züge einer seiner zehn Inkarnationen, vornehmlich des Ebers oder des Mann-Löwen. Seine Darstellungen als Rama und Krischna haben schon mehr eigenständigen Charakter. In jedem Fall aber stellt sich Wischnu seinen Gläubigen als der große Retter dar, dessen Gnade und Güte unermeßlich sind.
Schiwa wird dagegen am häufigsten als der mit Tigerfell, Totenköpfen und Schlangen „geschmückte“ Asket gezeichnet, der im eisigen Himalaja in stiller Meditation sitzt. Rituell verehrt wird er jedoch meist in der Form des Linga, des Phallus. In Südindien sind Figuren des tanzenden Schiwa Nataradscha sehr gebräuchlich. In all diesen Formen hat er etwas Gewalttätiges an sich, sein Reittier ist bezeichnenderweise der Stier.
Dewi, die Göttin, die als Durga einen Büffeldämon tötete, zeigt als Kali, die Schwarze, sogar blutrünstige Züge. In ihrer dörflichen Form als Amma, „Mut-

Verehrung einer
Dorfgottheit
in Südindien

ter", kann sie bei Pockenepidemien z. B. nur mit der blutigen Opferung einer Ziege oder eines Huhnes besänftigt werden.
Viele Hindus tragen stets eine kleine Figur oder ein Symbol ihres persönlichen Gottes, ihres Ischtadewa, mit sich. Die Fahrer der Busse, Lastwagen und Taxis befestigen Götterbilder sichtbar im Führerhaus ihres Autos. Die Götter sollen helfen und beschützen im täglichen Leben.

b. Die kleinen Götter

Die wedischen Götter wie Indra, Waruna, Jama, Kubera, Surja und Brahma kennt man eigentlich nur noch aus den Göttergeschichten, zum Teil in Form von Comic strips. Verehrung erfahren sie kaum noch. Dagegen ist Ganescha sehr beliebt, der elephantenköpfige Sohn Schiwas, der alle Hindernisse beseitigt und so für Reichtum und Erfolg sorgt. Kartikkeja, der kriegerische Sohn Schiwas, der auf dem Pfau reitet, die Kschetrapalas, die Hüter der Felder, und Hanuman, der Affengeneral, der Rama im Kampf half, werden ebenfalls vielerorts verehrt. Auch den Gestirnen der einzelnen Wochentage und den Nagas, Schlangengöttern, zollt man gewisse Achtung. Das Göttliche kann sich überall und in vielen Formen offenbaren, sagen die Hindus. So werden eben nicht nur menschengestaltige Götterbilder verehrt, auch Tiere können die Gottheit repräsentieren, ja göttliche Macht wird sogar gewissen Bäumen oder Steinen zugeschrieben, die dann durch eine rote Bemalung gekennzeichnet werden und zu denen man Opfergaben hinbringt.

4.2.6 Geistliches Leben

a. Bhakti-Frömmigkeit

Karma-Marga als vorschriftsmäßige Befolgung aller Riten und Gebote könne zwar zu einer besseren Wiedergeburt führen, doch Mokscha – Befreiung vom Kreislauf der Wiedergeburten – könne der „Weg der Taten" nicht bringen, das sei nur möglich durch Bhakti – hingebungsvolle Gottesliebe –, sagen viele Hindus. Und so finden sich überall an heiligen Orten, in Tempeln, Aschrams und Klöstern Männer und Frauen zu stundenlangem gemeinschaftlichem Singen von Götterhymnen zusammen. Sie singen Loblieder auf ihren persönlichen „Höchsten Gott" und „Retter", sei es nun Wischnu, Rama, Krischna, Schiwa oder Dewi. Die Lieder sind meist traditionelle Kompositionen. Sie stammen oft noch von Heiligen, die im 15. bis 18. Jahrhundert gelebt hatten. Diese Lieder sind so emotional, so süß und melodiös, daß viele beim Singen zu Tränen gerührt werden. „Du bist mir mein Schatz, Du bist meine Zier, Du bist mein Alles, bist der Eine, der alles Gute wirkt in mir." (Tukaram). Opfer, Riten, gute Werke, religiöse Gelehrsamkeit werden hier unwichtig. Ein solch sehnsüchtiges Verlangen nach der Nähe Gottes ergreift den Bhakta, daß es ihn zu „verrückten" Taten treiben kann. Von Ramakrischna wird z.B. berichtet, daß er, als er Gott in der Gestalt von Krischna erkannt hatte, sich vorstellte, Krischnas Geliebte Radha zu sein, sich wie eine Frau zu kleiden begann und sich nur noch im Kreise von Frauen aufhielt. Als er eine Erscheinung Ramas hatte, stellte er sich vor, Hanuman zu sein und begann sich wie ein Affe aufzuführen. Der Bhakta ist letztlich bereit, die eigene Identität aufzugeben und das zu werden, was dem verehrten Gott als das Nächste und Liebste gilt. So hofft er, Gott ganz nahe zu kommen. Die meisten Bhaktas begnügen sich heute mit gemeinschaftlichem Singen der Götterhymnen und privatem, ständigem stillen Sprechen der Gottesnamen mit Hilfe eines Rosenkranzes, wenngleich zuweilen unter dem Einfluß von Musik auch ekstatischere Formen der Gottesverehrung vorkommen. Allzu traditionalistisch erscheinen jedoch auch den Indern die Anhänger der Hare-Krischna-Bewegung, meist junge Leute aus Europa und Amerika, die sich die Haare bis auf einen kleinen Zopf schneiden, an dem sie Krischna aus dem Sumpf der Sünde ziehen wird, die tausendmal am Tag ihr Mantra murmeln, bei den Gottesdiensten ekstatische Rufe ausstoßen und selbst auf der Straße zu tanzen beginnen.

b. Guru-Verehrung

In der traditionellen Bhakti-Bewegung haben Gurus schon immer eine große Rolle gespielt. Für die Gläubigen waren sie Heilige, Vorbilder zu einem völlig Gott ergebenen Lebenswandel, ja sie schienen selbst eine gewisse Göttlichkeit auszustrahlen. Da durch sie dem Gläubigen die Erkenntnis des Göttlichen vermittelt wurde, lag es nicht fern, daß ihnen selbst schließlich auch göttliche Verehrung entgegengebracht wurde. Nach der Tradition war der Guru allerdings nicht selbst Gott. Er sei nur wie Gott, heißt es, denn er vermittle dem Gläubigen das Heil, aber er sei nicht selbst das Heil. Während nun solche Gurus früher meist in der Stille wirkten und nur einen kleinen Schülerkreis um sich hatten, gibt es heute eine Reihe von Gurus, die einen ausgesprochenen Persönlichkeitskult um sich entfalten, auf gut organisierten Tourneen um die Welt reisen, ihre Weisheit in Massenveranstaltungen und gegen Bezahlung zum Besten geben und sich als Awatar, als Inkarnation Gottes und Retter der Welt feiern lassen. Maharischi Mahesch Jogi und Guru Maharadsch sind die bekanntesten Beispiele. Sai Baba, Ananda Maji, Swami Muktananda, Guru Radschnisch und andere unterscheiden sich von diesen nach Amerika verzogenen „Jet-Set-Gurus" fast nur dadurch, daß ihre Wirkung mehr auf Indien beschränkt blieb. Die Gläubigen fallen vor diesen Gurus nieder, küssen ihnen die Füße, versuchen sie anzutasten, Dinge zu erhalten, die sie berührt haben, denn ihnen werden oft übernatürliche Kräfte zugesprochen. Man erzählt von wunderbaren Heilungen und Rettung aus größter Not. Von Sai Baba wird sogar berichtet, daß er Tote wieder zum Leben gebracht habe und daß er Dinge aus dem Nichts „materialisieren", entstehen lassen könne. Er vollbringe auch Fernheilungen: während er in seinem Aschram plötzlich in tiefe Trance falle, hätten Leute, die ihn in der Not im Gebet anriefen, das Gefühl, daß er bei ihnen sei und ihnen helfe. Nach seinem Erwachen aus der Trance deute Sai Baba dann oft an, daß er gerade dem oder jenem geholfen habe, die Personen seien identisch gewesen. Von Sai Baba, aber auch anderen Gurus gilt, daß sie wissen, was in den Menschen, die zu ihnen kommen, vorgeht und daß sie deshalb immer den richtigen Rat geben. Die Gläubigen suchen daher in allen Dingen erst um den Rat des Guru nach. Es heißt, in einer bestimmten Universität könne nichts beschlossen werden, bevor nicht der Guru befragt worden sei. Manche betrachten Sai Baba als eine Wiederverkörperung Christi. Sie sind bereit, all ihr Hab und Gut ihrem „Herrn" zu geben, immer in seiner Nähe zu weilen und ihm zu dienen. Auf Sai Baba werden beim gemeinsamen Singen der Götterhymnen Lieder gesungen, die ihn als Gott und Erlöser preisen.

c. Meditationspraxis

Viel größer als die Zahl der spektakulären „Wunder-Gurus" ist die Zahl jener Gurus („Lehrer"), zumeist Mönche, die die zu ihnen kommenden Gläubigen nicht mit der Gewährung von Audienzen abspeisen, sondern sie zu einem geistlichen Leben anregen wollen. Sie versuchen, ihnen die religiöse Tradition nahezubringen, sie zu Bhakti-Übungen anzuregen, ja sie zur Meditation hinzuführen. So sieht man in Indien nicht nur Jogis und Saddhus an heiligen Stätten, unter einem Baum oder in einer Tempelecke meditierend sitzen, immer mehr Laien finden sich vor allem in Aschrams und Klöstern zu Meditationsübungen unter der Leitung eines Guru oder Mönches zusammen. Dabei werden als Meditationshilfe manchmal Lotusblüten oder andere religiöse Symbole verwendet, die man mit der Hand vor sich hinhält und auf die der Blick sich dann konzentrieren kann. In der Meditation erfahren die Gläubigen nach ihren Aussagen ein Gefühl tiefsten Glücks, inneren Frieden, Einssein mit Gott, „himmlische Seligkeit" – Kraft für das tägliche Leben. Wenn auch, auf's Ganze gesehen, sicherlich noch nicht allzuviele Hindus die für Meditation erforderliche Zeit und Muße aufbringen, so scheint diese Praxis des „höheren" Hinduismus heute nicht mehr auf jene allein beschränkt zu sein, die mit der Religion „berufsmäßig" zu tun haben. Da die Gotteserkenntnis nach hinduistischer Lehre intuitiv erfahren werden muß, wobei der verstandesmäßigen Erkenntnis etwa durch die philosophische Wedanta-Lehre (Dnjana-marga) nur vorbereitende Wirkung zugebilligt wird, ist diese letzte religiöse Erfahrung auch für die einfachen und ungebildeten Hindus heute keine Unmöglichkeit mehr. Viele geistliche Lehrer stehen bereit, die Gläubigen in eine Meditationspraxis einzuführen, deren Ziel es ist, ein direktes Gegenüber zu Gott oder gar ein Einssein mit dem Göttlichen zu erfahren und Erlösung zu erlangen.

5 QUELLEN

5.1 Das Kastenwesen

5.1.1 Das Fundament der Kasten

...In der Sonntagsausgabe der Hindustan Times vom 20. August 1967 – genau zwanzig Jahre nach der Erklärung der Unabhängigkeit – finden sich 221 Heiratsanzeigen, bei denen bis auf sieben die Kaste, meist auch die Subkaste des Mädchens oder des jungen Mannes angegeben wird, der einen Ehepartner sucht. In 172 Anzeigen wird vorgeschrieben, daß der Ehepartner aus der gleichen Kaste kommen sollte. In den restlichen 42 Anzeigen wird zwar die eigene Kaste genannt, vom Ehepartner aber nicht unbedingt die gleiche Subkaste verlangt; durch die Mitteilung der eigenen Kaste werden aber gewiß Bewerber von sehr weit entfernten Kasten von vornherein abgeschreckt, sich an die angegebene Adresse zu wenden.
Die Inserenten entstammen fast alle der indischen Mittelklasse. Sie geben ein Monatseinkommen von durchschnittlich vierhundert bis fünfhundert Rupien an, in einigen Fällen bis zu tausend Rupien und mehr (eine Rupie: 1968 53 Pfennige). Der Inseratenteil dieser Ausgabe entspricht dem üblichen Bild, das man Sonntag für Sonntag in den indischen Zeitungen findet. Er widerlegt nachdrücklich die Behauptung, die man manchmal von indischen Politikern hört, die Kasten spielten heute nur noch eine nebensächliche Rolle. Wenn schon die indische Mittelklasse nach wie vor überwiegend nach Kastengesichtspunkten heiratet, so darf man annehmen, daß dies auf dem Lande fast ausschließlich noch der Fall ist.
Die Kasten Indiens sind nicht vergleichbar mit den Klassen der westlichen Gesellschaft, die sich nie fest abgrenzen ließen und zwischen denen es nie strikte Heiratsverbote gegeben hat. Eine indische Kaste besteht aus Familiengruppen – es können einige Dutzend, es können aber auch Hunderttausende sein –, deren Mitglieder untereinander heiraten und die gemeinschaftlich essen können, ohne sich zu beflecken. In eine Kaste wird man geboren. In ihrer ursprünglichen Form ist die Kaste also streng exklusiv, und die Kasten sind untereinander hierarchisch geordnet. Nach einem bis ins letzte ausgeklügelten System beanspruchen alle Kasten jeweils eine gewisse Überlegenheit über die nächstfolgende. Häufig sind die Kasten mit bestimmten Berufen verbunden, die, ähnlich wie bei den mittelalterlichen Zünften, innerhalb einer Familie erblich sind. Schon längst sind aber Kasten und Berufszugehörigkeit nicht mehr so identisch wie noch vor einem Jahrhundert. Dagegen erkennt man die Kastenzugehörigkeit vieler Inder schon an ihrem Namen. Jeder Inder weiß, daß ein Menon oder ein Nambiar aus der Nair-Kaste Südindiens stammt und daß ein Banerdschi oder ein Mokherdschi ein bengalischer Brahmane sein muß.
Nehrus konzentriertem Angriff auf das Kastensystem war ein bleibender Erfolg nicht beschieden. Er hat übrigens die guten Seiten der alten indischen sozialen Struktur durchaus gesehen, wenn er davon spricht, daß die Kasten in sich selbst

demokratische Institutionen waren, die weniger die Rechte als die Pflichten des Individuums und der Gruppe betonten. Sein Urteil über das Kastensystem aber war hart:
„Mit der Entwicklung einer modernen Gesellschaft ist das Kastensystem völlig unvereinbar, reaktionär und eine Barriere gegen jeden Fortschritt. In seinem festgefügten Rahmen kann es keine Chance der Gleichheit geben noch kann politische Demokratie und noch weniger wirtschaftliche Demokratie entstehen.“
An anderer Stelle sagt Nehru: „In der modernen, sozialen Organisation ist kein Platz mehr für die Kasten. Wenn Leistung das einzige Kriterium für jedermann wird, dann verlieren die Kasten ihre gegenwärtige unterscheidende Bedeutung. Das Kastenwesen war ein aristokratisches Prinzip. Seine Grundlagen müssen sich völlig ändern, weil es modernen Bedingungen und den demokratischen Idealen entgegengesetzt ist. Die funktionale Organisation sozialer Gruppen mag vielleicht in Indien fortbestehen, aber auch dies wird einem starken Wandel unterworfen sein, da die moderne Industrie neue Funktionen schafft und viele alte zum Verschwinden bringt. Der Geist unseres Zeitalters begünstigt die gleiche Chance für jeden.“
Abgesehen von der kleinen westlich beeinflußten Oberschicht der indischen Intelligenzia sind diese Ideen und Vorstellungen Nehrus verworfen worden. Die überwiegende Mehrzahl der Inder hält daran fest, daß man nur innerhalb seiner Kastengruppe heiraten kann, wenn man sich nicht beflecken will. Darüber hinaus vermeiden auch noch Millionen Inder, vor allem in den Dörfern, mit Menschen zu essen, die nicht der gleichen Kaste angehören. Dennoch hat das bislang völlig versteinerte Kastenwesen erhebliche Wandlungen erfahren; sie werden noch weiter gehen. In den Großstädten ist schon lange jeder zu Kompromissen gezwungen, selbst wenn er an den Vorstellungen seiner alten Kastengruppe beharrlich festhält. Vor allem aber haben sich viele Kasten von innen her zu wandeln begonnen. Sie nehmen jetzt innerhalb der modernen indischen Demokratie eine neuartige Rolle ein, die sich vor zwanzig Jahren noch nicht vorhersehen ließ. …
Der harte Kampf um die Einteilung Indiens nach Regionalsprachen war zugleich auch ein Kampf der Kasten um ihre Geltung im neuen indischen Staatswesen. Insbesondere traf das auf jene Regionen zu, in denen eine Kaste wie etwa die der Marathen Millionen Menschen umfaßt. Sie vor allem hat ihren ganzen Einfluß für die Teilung des ursprünglichen Bundeslandes Bombay in die Länder Maharaschtra und Gudscharat eingesetzt. Wenn die Kongreßpartei in Maharaschtra bei den Wahlen von 1967 weit besser abschnitt als in allen anderen Bundesstaaten, so hing dies wiederum damit zusammen, daß die Kaste der Marathen eine Führungsschicht besitzt, die eng mit der Kongreßpartei verbunden ist. Es fällt ihr daher leicht, die gesamte Kaste auch parteipolitisch auf ihre Seite zu ziehen.
Die Behauptung, Wahlkämpfe seien in den indischen Bundesländern in Wirklichkeit nur Kastenkämpfe, geht zu weit. Fast immer werden sich alle Parteien, die in einem bestimmten Wahldistrikt auftreten, bemühen, Männer der wichtigsten Kasten als Kandidaten aufzustellen, wie dies bei einer Nachwahl im Wahlkreis Azamgarh (U. P.) geschah, wo alle Parteien nach Kandidaten aus der dort führenden Bhumihar-Kaste Ausschau hielten. Kastenrivalitäten können aber die politische Gestalt eines Bundeslandes sehr wohl entscheidend beeinflussen. So hat es

schon in den fünfziger Jahren innerhalb der Kongreßpartei von Mysore einen erbitterten Kampf zwischen zwei machtvollen großbäuerlichen Unterkasten, den Lingajats und den Wakkaligas, gegeben. Er endete damit, daß der Kastenprecher der Lingajats, der bekannte Kongreßpolitiker S. Nidschalingappa, Chefminister wurde. Seit 1968 ist er Präsident der Kongreßpartei.
Das dschungelhafte Geflecht indischer Innenpolitik kann niemand auch nur annähernd übersehen, der die Bedeutung der oft zu machtvollen politischen Gruppen organisierten Unterkasten nicht kennt. Die größten dieser Unterkasten verfügen über eine ausgebaute soziale Organisation, über eigene Schulen, eigene Lehrer und in den Städten über eigene Restaurants, in denen nur Kastenangehörige kochen. Etwa fünfzig der größten Unterkasten besitzen eigene gedruckte Mitteilungsblätter, die nur für die Kastenangehörige bestimmt sind.
In zwei Jahrzehnten indischer Demokratie stellten sich die Kasten auf die neue Wirklichkeit ein; sie suchen ihren Einfluß nunmehr mit modernen Mitteln, einschließlich des Wahlzettels, zur Geltung zu bringen. Im weiteren Zuge der Demokratisierung mag dies dahin führen, daß sich zahlreiche Subkasten, die nicht stark genug sind, um Interessen ihrer Angehörigen durchzusetzen, anderen führenden Kasten anschließen müssen, um sich die Möglichkeit politischer Mitsprache zu sichern. Mit der sich wandelnden Gesellschaft werden also neue Kastengruppierungen entstehen. Das heißt aber kaum, daß das Kastensystem unter dem Ansturm der Industrialisierung und dem Anwachsen der Großstädte bald zusammenbrechen würde. Es wird und muß sich abschleifen, insbesondere in der Großstadt, in der Berührungen mit unteren Kasten, durch die man unrein wird, beständig stattfinden. Abschleifen aber ist etwas ganz anderes als Untergehen. Die zitierten Heiratsanzeigen sind Beweis genug dafür, daß auch die jüngste Generation ihr Kastenbewußtsein nicht eingebüßt hat. Im Gegenteil, viel scheint dafür zu sprechen, daß die Kastensolidarität, die sich in den Großstädten schon im Bau von eigenen Appartementhäusern und Entbindungsheimen äußert, eher noch wächst, zumal der einzelne, der in der indischen Großstadt nicht weniger vereinsamt ist als in der europäischen oder der amerikanischen, die Kaste als Heimat und soziologisch gesicherte Gruppe betrachtet.
In manchen Gebieten Indiens mögen sich bei den unteren Kasten die antibrahmanischen Ressentiments auch politisch äußern wie im Tamilland. In seinen Grundlagen wird die Kastenhierarchie dadurch noch nicht erschüttert. Der Prozeß der Säkularisierung vollzieht sich nur langsam. Die mobile Oberschicht, die nicht mehr im Kastendenken befangen ist, macht vorläufig nur einen winzigen Bruchteil der indischen Gesamtbevölkerung aus. Da der westliche Beobachter fast ausschließlich – schon aus sprachlichen Gründen – mit dieser kleinen Elite Indiens in Berührung kommt, verschieben sich für ihn nicht selten die Perspektiven.
Auch die erheblichen Binnenwanderungen, die in Indien seit der Unabhängigkeit in verstärktem Maße stattgefunden haben, führten nicht zu einer Auflösung der bestehenden Kastenbindungen, wie sich vor allem in den Vorstädten Kalkuttas und Bombays nachweisen läßt, in denen sich zugewanderte Kastenangehörige aus anderen Regionen nach Möglichkeit wieder zusammenfinden. Für die Mittelschicht gilt dies in geringerem Maße, aber auch bei ihr wirkt das Festhalten an der Kaste der sozialen Desintegration entgegen, die sich in den letzten Jahrzehnten aus

der Industrialisierung Indiens ergeben hat. Das hat Nehru in seinem harten Urteil über die Kasten noch kaum gesehen, wird aber von der modernen indischen Soziologie mehr und mehr erörtert. ...

(Auszug aus: Giselher Wirsing, Indien – Asiens gefährliche Jahre. Diederichs Verlag, Düsseldorf-Köln 1972, 2. Aufl., S. 31–38)

5.1.2 Die Bedeutung des Dharma (Pflicht) in der Kaste

In Indien trägt jeder die Zeichen des Lebensbereiches, dem er angehört, an sich. Durch seine Kleidung und seinen Schmuck, durch das Zeichen seiner Kaste und seines Gewerbes ist er auf den ersten Blick erkennbar. Ein jeder trägt das Symbol seiner Schutzgottheit auf der Stirn; durch dieses Zeichen ist und bleibt er unter die Obhut des Gottes gestellt. Jungfrau, Gattin, Witwe, jede trägt ein sie kennzeichnendes Gewand. Und jeder Mensch steht in einer klar umrissenen Ordnung festgelegter und sorgfältig befolgter Normen und Tabus. Was man essen und nicht essen, was man suchen und was meiden, mit wem man verkehren, speisen und sich verheiraten soll, all diese persönlichen Angelegenheiten sind genau geregelt, und sowohl versehentliche wie absichtliche Übertretungen werden sehr streng geahndet. Der Grundgedanke dabei ist, daß die spezifische geistige Kraft, von der die Wirksamkeit jedes Menschen als Teil einer bestimmten sozialen Gruppe abhängt, vor jeder befleckenden Berührung bewahrt werden muß.
Denn in seiner Eigenschaft als dienender Bestandteil des vielfältigen sozialen Gefüges muß der Einzelne danach trachten, sich mit den Aufgaben und Interessen seiner sozialen Rolle zu identifizieren und sowohl seine öffentliche als auch seine private Erscheinungsweise danach zu formen. Die Gesamtheit gilt mehr als jeder ihrer Teile. Eine selbständige Entwicklung, wie wir sie kennen und schätzen, ist darum ausgeschlossen; denn die Vorbedingung für die Zugehörigkeit zu einer Gruppe ist nicht die Ausbildung persönlicher Neigungen und Abneigungen, sondern deren Unterdrückung. Die höchste Tugend ist, sich mit rückhaltsloser Hingabe der uralt-zeitlosen, völlig unpersönlichen Maske der traditionellen Rolle einzufügen, in die man hineingeboren wurde. Das Individuum ist also gezwungen, anonym zu werden. Und dies wird übrigens nicht als Vorgang der Selbstentäußerung, sondern der Selbstfindung betrachtet; denn der Schlüssel zur Erfassung der jeweiligen eigenen Inkarnation liegt in den Tugenden der jeweiligen eigenen Kaste. Die Kaste wird als ein die Persönlichkeit mitformender Faktor angesehen. Die göttlich-sittliche Ordnung *(Dharma)*, welche die soziale Struktur zusammenfügt und -hält, ist die gleiche, die dem Leben des Individuums Fortbestand verleiht; und ebenso wie die Gegenwart verstanden werden muß als natürliche Folge der Vergangenheit, wird die Kaste der Zukunft bestimmt je nach der Art, wie die gegenwärtige Rolle gespielt wird. Nicht nur die Kaste und das Gewerbe, sondern auch alles andere, was einem widerfährt (wenn auch anscheinend durch geringfügigen Zufall), wird vom eigenen Wesen und dessen tiefsten Bedürfnissen bestimmt und ist auf sie zugeschnitten. Jede Lebensepisode, die wir gestalten, geht auf frühere Leben zurück; sie ist deren Folgeerscheinung – die natürliche Auswirkung vergan-

gener Kausalfaktoren, die im Bereich ethischer Werte, menschlicher Tugenden und persönlicher Eigenschaften wirken, in Übereinstimmung mit den natürlichen Weltgesetzen von Wahlverwandtschaft und spontaner Abstoßung. Was eine Person ist und was sie erlebt, entspricht einander wie das Innere und Äußere einer Vase.

Die richtige Art, wie ein auftauchendes Lebensproblem zu behandeln ist, wird darum durch die Gesetze *(Dharma)* der Kaste *(Warna)*, der jemand angehört, und der besonderen Lebensstufe *(Aschrama)*, die seinem Alter entspricht, angegeben. Er kann nicht frei wählen; er gehört zu einer Gattung, einer Familie, einer Gilde oder Zukunft, einer Gruppe, einer Sekte. Und da dieser Umstand nicht nur bis in alle Einzelheiten sein öffentliches und privates Verhalten regelt, sondern auch, nach diesem alles umfassenden und durchdringenden starren Einordnungsschema, das eigentliche Ideal seiner gegenwärtigen Erscheinungsform darstellt, muß er sich im Urteilen und Handeln nur darum bemühen, jedem Lebensproblem so zu begegnen, wie es seiner Rolle entspricht. Dann werden die beiden Aspekte des zeitlichen Geschehens – der subjektive und der objektive – genau ineinandergreifen, und das Individuum als störender dritter Faktor wird ausgeschaltet sein. Dieses wird dann nicht die zeitliche Zufälligkeit seiner Persönlichkeit darstellen, sondern das weite, unpersönliche kosmische Gesetz, und so wird es nicht mehr ein fehlerhafter, sondern ein makelloser Spiegel sein: anonym und mit ausgelöschtem Ich. Denn durch strikte Ausübung der vorgezeichneten Tugenden kann man sich tatsächlich selbst auslöschen, schließlich die letzten Regungen von Impulsivität und persönlichem Widerstand tilgen und sich so aus den engen Grenzen des Persönlichen befreien, um in der Grenzenlosigkeit des universalen Seins aufzugehen. Deshalb ist das Dharma so machtgeladen. Es ist ebenso der Brennpunkt aller Gegenwart, Vergangenheit und Zukunft wie auch der Weg, auf dem man zum transzendentalen Bewußtsein und zur Wonne des reinsten geistigen Selbst-Seins gehen muß.

Im Gaukelspiel der Schöpfung, das unsere Welt ist, wird jedem sein Platz durch Geburt zugewiesen, und es ist seine erste Pflicht, dazu zu stehen, demgemäß zu leben und durch sein Äußeres wie durch sein Handeln zum Ausdruck zu bringen, welche Rolle im Schauspiel er innehat. Jedes weibliche Wesen ist eine irdische Erscheinungsform der Weltmutter, eine Verkörperung des fruchtbaren, verlockenden Aspektes des die Welt tragenden und ständig erschaffenden heiligen Mysteriums. Die verheiratete Frau soll ganz Zucht und Anstand sein; die Dirne hat ihren Stolz darein zu setzen, ihre Anziehungskraft zu erhalten und ihre Reize zu verkaufen. Die Mutter und Hausfrau soll ständig Söhne gebären und ihren Gatten als menschliche Verkörperung aller Götter verehren. Mann und Frau müssen sich wie zwei Gottheiten gegenübertreten; denn er wird durch sie in seinen Söhnen wiedergeboren, so wie der Schöpfer in den Formen und Geschöpfen der Welt durch die magische Wirkung seiner eigenen Kraft, seiner Schakti – personifiziert als seine göttliche Gemahlin – verkörpert wird. Und wie das männliche Mitglied der Gemeinschaft durch die besonderen, seiner sozialen Stellung entsprechenden religiösen Übungen und Gottesdienste der Gesamtheit eingefügt ist, so ist seine Frau der Gemeinschaft eingefügt als Schakti ihres Gatten. Ihr Dienst an ihm ist ihre Religion, so wie seine Religion der Dienst an seinen ‚Vätern' und den Göttern seiner

Wahl ist. So wird die Gesamtheit des Lebens als Dienst am Göttlichen verstanden und gelebt, wobei alle Dinge als Abbilder des einen und einzigen Herrn der Welt verstanden werden.
Jeder Beruf hat seine eigene Schutzgottheit, die die Fertigkeiten eben dieses Gewerbes verkörpert und personifiziert und seine Werkzeuge als ihre Attribute zeigt oder handhabt. Die Schutzgottheit der Schriftsteller, Dichter, Gelehrten und Priester etwa ist die Göttin Saraswati Watsch, die Göttin des strömenden Redeflusses. Und die Schutzpatronin der Zauberpriesterkunst, des Brahmanentums, ist Sawitri ... Jeder dieser Schutzpatrone, die jeweils das Prinzip, das Gesamthafte eines bestimmten hochspezialisierten Wissens- und Fertigkeitsgebietes darstellen, ist ein eifersüchtiger, anspruchsvoller Gott und Herr. Das Menschenwesen, dem der Dienst an der Gottheit durch seine Geburt auferlegt ist, muß sie mit all seinen Kräften und in voller Hingabe verehren; schon das kleinste Versagen kann Unheil bringen. Gleich einer Geliebten, die ihre Reize freigebig verschenkt, wenn man ihr treu und ausschließlich dient, aber gehässig, zornig, fürchterlich wird, wenn ihre Ansprüche nicht ganz erfüllt werden, blüht der Gott wie eine Blume und schenkt Süße, Duft und Früchte in Fülle, wenn man sich ihm voll und ganz hingibt, sonst aber ist er empfindlich und rachsüchtig. Indiens statische Hierarchie der in Einzelgebiete aufgeteilten, untereinander in Zusammenarbeit stehenden Gewerbe und Berufe braucht und fordert die äußerste Einseitigkeit. Es gibt keine Wahl, kein tastendes Suchen, kein wildes Ausbrechen. Vom ersten Atemzug an werden die Energien des Individuums gebändigt, in feste Bahnen geleitet und in das allgemeine Werk des Überindividuums, das die geheiligte Gesellschaft selbst ist, eingeordnet.

(Heinrich Zimmer, Philosophie und Religion Indiens, Suhrkamp-Verlag, Frankfurt 1973, S. 146–149)

5.1.3 Vor- und Nachteile der Kasten

Wie immer sich die Segregation Indiens historisch erklären mag – das Prinzip und die Tatsache der Absonderung durch Kasten wurde allmählich der beherrschende Zug der indischen Gesellschaft. Hundert und aber Hundert Gruppen teilten und verzweigten sich – heute unterscheiden die Soziologen rund 3000 Kasten. Selbstverständlich kommen nicht alle Gruppen tagtäglich miteinander in Berührung. In einem Dorf leben vielleicht nur ein Dutzend verschiedener Gruppen; in einem Distrikt vielleicht nur ein oder zweihundert. Wo immer aber heute in Indien Menschen leben, sind sie in Gruppen geteilt, und sie bestimmen das Lebensklima heute ebenso wie vor 2000 Jahren.
Die Bezeichnung Kaste für den Baustein des sichtbaren Systems stammt von portugiesischen Reisenden des 16. Jahrhunderts; sie wandten ihr eigenes Wort für Klan oder Sippe auf die Gesellschaft an, die sie in Indien antrafen. „Niemand ergreift einen anderen Beruf als sein Vater, und alle Angehörigen derselben casta der Schuhmacher sind einander gleich“, berichtete Garcia de Orte, ein Reisender, der sich bemühte, das indische System in einen vertrauten Zusammenhang zu bringen.

Mit dem europäischen Wort bezeichnen seitdem die Ausländer die soziale Ordnung Indiens. (Die Terminologie der Inder ist präziser: Das Wort Warna, „Farbe“, wird für das ideelle, das Wort Dschati, „Geburt“, für das tatsächliche Kastensystem gebraucht.)
Jede einzelne der über tausend Kasten regelt nach uralten Traditionen die Zubereitung des Essens, die Tischsitten, bestimmt Heirat und Beruf. Seltsamerweise sind die Zubereitung des Essens und die Tischsitten am wichtigsten. Der Hauptimpuls, der zum Kastensystem führte, war denn wohl auch die Furcht vor geistiger Verunreinigung durch das Verzehren bestimmter Speisen.
Die Vorstellung einer geistigen Besudelung gehört zu den ältesten Überzeugungen der Menschheit, und fast jede primitive Gesellschaft scheint den Speisen magische Eigenschaften zugeschrieben zu haben, die eine solche Besudelung verursachen könnten. Kulturen außerhalb Indiens glaubten, der „seelische Stoff“ des Menschen, Mana, sei dasselbe wie die seelische Substanz des Essens, vor allem vegetarischer Speisen. Unaufgeschlossene Körner und Früchte – auf den Feldern wachsendes Getreide, Nüsse, Samenkerne, die eingesammelt wurden – gaben ihre seelische Substanz nicht ab, wenn man mit ihnen zu tun hatte; man konnte sie gefahrlos berühren und essen. Sobald aber Getreidekörner durch Kochen erweicht oder ölhaltige Samenkeime gepreßt wurden, mischte sich ihre seelische Substanz mit der des Menschen, der das Essen zubereitete.
Solche Überzeugungen verblassen in der Regel im Lauf der kulturellen Entwicklung, verschwinden aber nur selten ganz. In Indien blieben sie bis heute wirksam. Schon immer glaubte man dort, durch Speisen könnten geistige Infektionen übertragen werden. Wenn ein Tabu untersagte, mit einem Außenseiter – also mit irgend jemand, der nicht derselben Kaste angehört – die Mahlzeit zu teilen, dann war das eine Maßnahme zum Schutz vor solcher geistigen Verunreinigung.
Folglich bestimmen auch heute noch in jeder Kaste eine Reihe komplizierter Regeln, wer das Essen kochen darf, das die Kastenmitglieder zu sich nehmen, und wem erlaubt ist, ihnen Wasser zu reichen. So ißt ein orthodoxer Brahmane nur dann in Wasser gekochten Reis, wenn er von jemandem gekocht worden ist, der ebenfalls Brahmane ist und einer hohen Kaste angehört. Mit zerlassener Butter – Ghi – zubereitetes Gemüse ißt er auch dann, wenn es jemand gekocht hat, der einer um eine Stufe unter ihm stehenden Kaste angehört, doch er wird nicht mit dem Koch zusammen essen. Hinzukommt, daß die Kaste bestimmt, was ihre Mitglieder essen dürfen. Manche Kasten essen Fisch, aber kein Fleisch; andere essen weder Fleisch noch Fisch, wohl aber Eier. Im allgemeinen ist der Speisezettel um so begrenzter, je höher die Kaste steht. Die Mitglieder der höchsten Kasten ernähren sich meist nur vegetarisch.
Da sich ein Mann höchstwahrscheinlich nicht entschloß, ein Mädchen zu heiraten, mit dem er seine Mahlzeiten nicht teilen durfte, mögen die indischen Speisetabus zu einem einfachen Verbot von Eheschließungen zwischen Angehörigen verschiedener Kasten geführt haben. Im Lauf der Zeit wurden die Heiratsverbote jedoch so verändert und so miteinander kombiniert, daß die Bestimmungen darüber, wer wen heiraten darf, ebenso kompliziert wurden wie die Speisegesetze. Selbst innerhalb der Kasten entwickelten sich unüberwindliche Heiratsschranken. In der Brahmanenkaste der Saraswat zum Beispiel darf ein Mann von alters her

eine Kusine heiraten; bei den Madhjandina-Brahmanen dagegen gilt eine solche Heirat als Inzest. Bis vor kurzem durfte in der Nambudhri-Kaste in Südindien nur der älteste Sohn heiraten; seine Brüder hatten nach alter Tradition Liaisons mit Frauen der Nair-Kaste (von denen sie Kinder hatten, sich aber nichts zu essen geben lassen durften). Die Heiratsverbote wurden zu einem solchen Knäuel, daß es heute Kasten gibt, die sich nur aus 15 Familien einen Ehepartner auswählen können.

Das dritte Merkmal des Kastensystems, der Zwang, den ererbten Beruf auszuüben, hält die Wirtschaft Indiens in einem ähnlichen Netz gefangen. So gibt es Kasten für jede Tätigkeit – für Wäscher, Geldverleiher, Töpfer, Gärtner, Ölpresser, Diebe, Huren –; die Liste ist fast endlos.

Der ererbte Kasten-Beruf liegt zwar grundsätzlich fest, doch er kann sich wechselnden Bedingungen anpassen. Häufig entsteht durch die Anpassung eine neue Unterkaste. Als sich die vorgeschichtlichen Arier vom Nomadenleben in Zelten auf das seßhafte Leben in Häusern umstellten, zweigte sich von der Kaste der Holzarbeiter, die die Zeltstöcke schnitzten, eine Unterkaste ab, aus der die Kaste der Zimmerleute entstand. In anderen Perioden paßt sich die Kaste selbst dem neuen Zeitalter an. Mitglieder der Schreiberkaste Kajastha haben vielleicht mitgeholfen, die Erlasse Aschokas im Maurja-Reich um 200 v. Chr. bekanntzumachen; in den Gerichtshöfen des Kaiserreichs der Gupta um 350 n. Chr. waren sie Protokollführer, um 1500 n. Chr. Sekretäre der Moguln, und unter den Briten um 1800 wurden sie Behördenangestellte. Heute erlernt ein junger Mann der Kajastha-Kaste unter Umständen in Amerika elektronische Datenverarbeitung.

Diese unveränderten oder sich nur langsam ändernden Berufe sind einer der Vorzüge des Kastensystems, denn hierdurch kam es zur Zusammenarbeit aller Kasten. Zimmerleute bauten den Bauern Häuser; Bauern verkauften landwirtschaftliche Produkte an Wäscher; Wäscher wuschen die Kleidungsstücke der Radschputen. Diese Wechselbeziehungen machten eine Gesellschaft, deren abgekapselte Gruppen nur auf der Ebene der Arbeit miteinander in Berührung kamen, wirtschaftlich lebensfähig. Und trotz der absoluten Trennung förderte dieses System eine gewisse Toleranz Nachbarn gegenüber, deren Sitten ansonsten anstößig erscheinen mochten.

Noch etwas anderes, Entscheidenderes brachte das Kastensystem mit sich. Die Kaste gab denen, die ihr angehörten, ein Gefühl der Sicherheit. Sie trug zum Beispiel die ganze finanzielle Verantwortung für alle ihre Mitglieder – vom Greis bis zum Neugeborenen; selbst ein unverbesserlicher fauler Bursche wurde oft von Mitgliedern seiner Kaste beherbergt, ernährt, gekleidet und beschützt. Jede Kaste hatte ihr eigenes gesetzliches Instrument, um Übeltäter unter ihren Mitgliedern zu bestrafen und die Ehre der Kaste gegen Angriffe von außen zu verteidigen. Wenn dem Mitglied einer Kaufmannskaste beispielsweise von einem Grundeigentümer eine unentschuldbare Beleidigung widerfuhr, packten seine Kaufmanns-Kollegen ihre Waren zusammen und schlossen ihre Verkaufsstände, bis die Kränkung wiedergutgemacht war – durch die gesetzlichen Mittel, die die Kaste der Grundeigentümer gegen den Missetäter anwandte.

Gegenseitige Abhängigkeit, Stabilität, gemeinsame Wertmaßstäbe – das sind die Vorteile des Kastensystems. Aber sie mußten bezahlt werden. Der Preis der Stabilität zum Beispiel könnte Stagnation sein. Hindu-Handwerker sahen sich unter Umständen gehindert, technische Fortschritte einzuführen, da eine neu erfundene Methode als „Sünde gegen die Vorfahren des Handwerkers" angesehen wurde. In weiterem Sinne wirkt sich ein System, das den Status und den Beruf eines Menschen im Augenblick der Geburt festlegt, gegen den wirtschaftlichen Aufschwung der Gesellschaft insgesamt aus. Begabungen ist der Weg versperrt, und Neuerungen müssen oft gegen das Kastensystem statt in Zusammenarbeit mit ihm durchgesetzt werden.

Auch die politischen Hemmnisse einer auf Segregation gegründeten Gesellschaft sind auf das Kastensystem zurückzuführen. Durch Kastenschranken voneinander abgekapselt, mußten die Hindus es ertragen, daß die einzige soziale Struktur, in die sich alle einfügen konnten, zu unaufhörlichen Zwistigkeiten führte. Das uralte Erbe der politischen Uneinigkeit und die Leichtigkeit, mit der fremde Invasoren den Subkontinent in wiederholter Weise erobern konnten, erklären sich zum Teil daraus, daß sich wegen des Kastensystems kein Zentrum des staatlichen Lebens herausbilden konnte.

(Lucille Schulberg, Indien – Reiche zwischen Indus und Ganges, Rowohlt Verlag, Reinbek 1971 – LIFE 24, S. 134–141)

5.1.4 Die Bedeutung der Kasten im heutigen Indien

Jede Kaste ist eine unabhängige soziale Einheit, die ihre Mitglieder und deren Verhalten kontrolliert und im Gegensatz zu anderen Kasten steht; aber es ist der indischen Gesellschaft eigentümlich, daß sie so viele voneinander unabhängige Einheiten in einen größeren Zusammenhang integrieren konnte. Diese Gesellschaft ist so organisiert, daß sie ohne Schwierigkeit jede neue Einheit an sich anpassen kann. In der Vergangenheit hat man Versuche unternommen, die Unterschiede und Ungleichheiten zwischen den Kasten herunterzuspielen und die Unterschiede der Vorrechte, über die die Mitglieder der verschiedenen Kasten verfügen, zu leugnen. Man hat behauptet, daß die Verantwortung für die Zugehörigkeit zur jeweiligen Kaste, in die man hineingeboren wurde, nur dem Einzelnen selbst gebührt, weil seine Taten in dem vorhergehenden Leben seine jetzige Existenz bestimmen. Die Kaste wurde also als durch das ewige, unerbittliche Gesetz des Karma bestimmt angesehen. In diesem Zusammenhang muß darauf hingewiesen werden, daß die Lehre vom Karma nicht nur den jetzigen sozialen Status des einzelnen rechtfertigt, sondern auch eine Botschaft der Hoffnung verkündigt, zugleich aber auch warnt. Dabei wird betont, daß das persönliche Weiterkommen oder der Rückfall in der sozialen Rangfolge im nächsten Leben ausschließlich von den guten oder bösen Taten abhängt, die der Betreffende im jetzigen Leben begeht.

Es sei daran erinnert, daß gerade das Kastensystem es fertiggebracht hat, daß die verschiedenen Völker Indiens in einer mehr oder weniger geordneten Form miteinander leben konnten. Das Kastensystem formte aus den verschiedensten Elementen ein geordnetes Ganzes; es verminderte, ja unterdrückte in einigen Fällen sogar die ernsten Folgen des sozialen Umsturzes, die gewöhnlich das Aufeinan-

derprallen verschiedener Rassen und Völker zur Folge hat. Noch wichtiger ist vielleicht, daß das Kastensystem dafür sorgte, daß die Kulturen dieser Rassen und Völker sich nicht gegenseitig auslöschten. Wenn der Hinduismus heute ein Schmelztiegel verschiedener Kulturen ist, so gebührt das Verdienst in erster Linie dem Kastensystem.
Von der Sicht des Individuums aus gewährt die Kaste, der es angehört, soziale und wirtschaftliche Sicherheit von Anfang an; seine Kaste bestimmt seine soziale Stellung, seine sozialen Beziehungen und seinen Beruf. Das Kastensystem regelt aber nicht nur die verschiedenen sozialen Funktionen; zugleich verhindert es Arbeitslosigkeit und bietet eine praktikable Arbeitsteilung an. Die Kaste dient als wirksame Form des Warentausches. Sie pflegt Handwerk und Wissenschaft zugleich.
Dies sind einige Punkte der Habenseite des Kastensystems; aber letztlich zählt das Soll. Wie auch die Kasten immer entstanden sein mögen, so kann doch kein Zweifel daran herrschen, daß sie sich im Laufe ihrer Entwicklung als das eigentliche Hindernis des Gedankens der Gleichheit aller Menschen erwiesen haben. Wenn man die Geburt als das eigentliche Kriterium, das die Kastenzugehörigkeit bestimmt, ansieht, blockierte das System den Weg individueller Entfaltung. Die Lehre vom Karma ist unter solchen Umständen ein schlechter Trost. Die Sicherheit, die die Kaste gewährt, ist mit einem hohen Preis erkauft, wenn sich jeder vollkommen unterordnen muß.
Das Kastensystem verursachte aber noch schlimmere soziale Mißstände: Es enthielt vielen Menschen bestimmte bürgerliche und religiöse Rechte vor und führte zur Unterdrückung und Ausbeutung anderer Kasten. Dies erwies sich als Quelle der Unzufriedenheit und Unruhe. Die Extreme innerhalb der sozialen Schichtung verhinderten zugleich auch das Wachsen eines Nationalgefühls. Nationalgefühl wurde oft mißverstanden als Loyalität gegenüber der eigenen Kaste; die Kasteninteressen waren die bewegenden Kräfte des sozialen Lebens, nicht das Ziel der Volksgemeinschaft. Auch wurde echte Sittlichkeit durch die Kastenmoral verdrängt; Sünde verstand man als Bruch von Kastenvorschriften.
Im Laufe der Geschichte wurden gelegentlich Stimmen gegen die Starrheit der sozialen Schichtung des Kastensystems laut, die aber zu keinerlei Erfolgen führten. Man kann weder vom Buddhismus noch vom Islam behaupten, sie hätten das Kastensystem ausrotten können oder auch nur geändert. Theoretisch hätten die Briten keine Sympathie für das Kastenwesen haben dürfen; aber als herrschende Macht waren sie klug genug, sich nicht direkt in die sozialen Institutionen, die in Indien bestanden, einzumischen, es sei denn, sie hätten ihre politische Macht behindert. Ganz im Gegenteil stellt sich das Kastenwesen oft als günstig für ihre Politik heraus.
Heute findet man drei verschiedene Einstellungen gegenüber dem Kastenwesen. Einige glauben, daß das Kastensystem von Gott geschaffen worden sei, daß es vom unerbittlichen Gesetz des Karma beherrscht werde, daß es auch heute noch seinen Sinn habe und daß es deswegen auf gar keinen Fall beseitigt werden dürfe. Diese Meinung ist zu konservativ, wenn man sie mit den Bedingungen des modernen Indien vergleicht, als daß man ihr größere Beachtung schenken dürfte. – Andere möchten die mehr als dreitausend Kasten wieder auf die vier klassischen Kasten Brahmanen, Kschatrija, Waischja und Schudra zurückführen und das Kastenwe-

sen in dieser Form bewahren. Es ist leicht einzusehen, daß dieses klassische System weder möglich noch wünschenswert ist. – Die dritte Einstellung dem Kastenwesen gegenüber geht auf die Sozialreformer zurück, die eine vollständige Auflösung der Kasten auf jedem nur möglichen Wege fordern. Heute bildet Indien eine grundlegende kulturelle Einheit – trotz geographischer, klimatischer, rassischer, religiöser und sprachlicher Verschiedenheiten. Völlig richtig wurde darauf hingewiesen, daß das größte Übel des Kastenwesens darin besteht, daß es die indische Gesellschaft undemokratisch und undurchschaubar gemacht hat. Deshalb fühlt man sich dazu verpflichtet, eine nationale Kampagne gegen die Kasten zu unterstützen, eine Kampagne, die sowohl von staatlichen wie von privaten Stellen getragen wird.

Die Bedingungen im modernen Indien ändern sich schnell, sowohl in sozialer wie in wirtschaftlicher Hinsicht; auch die Einstellungen gegenüber dem Kastenwesen ändern sich. Die moderne Wirtschaftsplanung macht die Berufsfunktion der Kaste überflüssig; neue Transport- und Kommunikationswege heben die Grenzen innerhalb der Sozialbeziehungen, die bisher von der Kaste bestimmt sind, auf. Die strenge Beachtung von Reinheits- und Unreinheitsregeln können in einer modernen Gesellschaft nicht mehr aufrecht erhalten werden. Der Glaube an den göttlichen Ursprung der Kaste und an ihre Funktion, die Rasse rein zu erhalten, ist geschwunden. Die religiöse Bhakti-Bewegung hat viel dazu beigetragen, die verschiedenen Kasten in einer Art religiöser Demokratie zu vereinen.

Die Kontrollfunktion der Kasten in Bezug auf die Heirat scheint trotz allem nur langsam zu verschwinden. Auch ein gebildeter Inder, der in Bezug auf Eßgewohnheiten, soziale Beziehungen, Beruf und Reisen Freiheit fordert, wird peinlich genau die Heiratsvorschriften seiner Kaste befolgen. Diese Funktion der Kaste wird wahrscheinlich am längsten bestehen bleiben. Auf jeden Fall ist es aber beruhigend, in der indischen Verfassung das niedergelegt zu finden, was wirklich dem Willen des indischen Volkes entspricht, daß „der Staat niemanden auf Grund seiner Religion, Kaste, seines Geschlechts, seiner Herkunft oder aus anderen Gründen diskriminieren darf", und daß „der Stand der Unberührbaren abgeschafft ist und in jeder Form eine Diskriminierung untersagt ist."

(R. N. Dandekar, The Role of Man in Hinduism, in: Kenneth W. Morgan (Hrsg.), The Religion of the Hindus, The Ronald Press Company, New York 1953, S. 147–151; übersetzt aus dem Englischen)

5.2 Riten und Feste

5.2.1 Der Kult

Das Götterbild, das aus Stein, Metall oder Holz gefertigt ist, erfordert als Korrelat den Tempel, die irdische Wohnstätte des im Bild gegenwärtigen Gottes. Im Gegensatz zu der ebenso bild- wie tempellosen wedisch-brahmanischen Religion schuf der Hinduismus im Anschluß an die buddhistische Architektur gewaltige Tempel-

Die Göttin Kali. Die Göttin in ihrem schrecklichen Aspekt. In ihrer Raserei tritt sie auf den ihr zu Füßen liegenden Schiwa.

bauten. Neben die Höhlentempel, deren großartigster der Kailasa-Tempel von Elura ist, der zwischen 700 und 1000 n. Chr. entstand, traten die freistehenden Tempel. Charakteristisch für sie sind die riesigen, nach oben sich verjüngenden Tempeltürme und Tempeltortürme, deren zahlreiche Stockwerke übersät sind mit reliefartigen Darstellungen der indischen Göttersage. Manche dieser Tempel beherbergen das ganze hinduistische Pantheon. Im Gegensatz zu den ausgedehnten Tempelbezirken mit ihren Säulenhallen, Gartenanlagen und Teichen sind die Tempel der Dorfgottheiten winzige quadratische Gebäude aus Ziegelsteinen, Lehm oder Bambus.

Der Kult besteht in der Verehrung der Götterbilder, die unter Rezitation heiliger Sprüche mit Gangeswasser besprengt und mit Farbe angemalt werden – von diesem „Bestreichen" leitet sich die Bezeichnung des Kultes als Pudscha „Verehrung", ab. Die unter Nennung des Gottesnamens im Gebet dargebrachten Opfergaben bestehen aus Milch, Reis, Blumen, Weihrauch und Geld. Nur einzelnen Gottheiten wie der blutdürstenden Kali werden auch blutige Tieropfer dargebracht. Die Götterbilder werden auf Prozessionswagen unter großem Gepränge durch die Stadt gefahren. Am berühmtesten ist die Wagenprozession in Puri (Orissa) mit den drei Idolen des Dschagannatha („Herr der Welt"), seines Bruders Balarama und seiner Schwester Subhadra; als besonders verdienstlich galt es, unter den Rädern dieses Prozessionswagens zu sterben. Ein wichtiges Stück des Tempelkultes ist die Musik und der Tempeltanz der von Tänzern aufgeführt wird.

Wie andere Religionen hat auch der Hinduismus ein liturgisches Jahr mit einer großen Anzahl von Festen gestaltet. Es beginnt mit der Feier der Wintersonnenwende am 12. Januar, die teilweise auch als Neujahrsfest begangen wird. Zur Erinnerung an den Herabstieg der Flußgöttin Ganga vom Himmel wird in den am Ganges gelegenen Orten ein großes Badefest veranstaltet. Im Januar/Februar wird außerdem das Fest der Saraswati mit Darbringung von weißen Blumen und Büchern gefeiert. In den folgenden Monat Februar/März fällt die „Nacht des Schiwa"; während des Tages fasten die Gläubigen, die Nacht verbringen sie im Tempel, um sein Symbol, das Linga, zu verehren. Das Holí-Fest am Vollmond des März ist eine Art Karneval, bei dem man in einem Fruchtbarkeitszauber sich mit rotem Pulver überschüttet. An dem „Geburtsfest des Krischna" werden Darstellungen der Geburt aufgestellt, der nach der Legende wie Jesus im Stall unter Hirten geboren wurde, und Speiseopfer dargebracht. Im Monat August/September wird der Geburtstag des Ganescha mit der Darbringung einer Speise gefeiert, die von den Gläubigen in einer Art Kommunion verzehrt wird. Das im Oktober stattfindende neuntägige Fest, daher „neun Nächte" genannt, wird zu Ehren einer weiblichen Gottheit (Saraswati, Lakschmi oder Durga), begangen. Auch das zwanzig Tage hernach stattfindende Lampenfest Diwali zu Ehren der Lakschmi dauert mehrere Tage und Nächte. In manchen Teilen Indiens ist das „Spiel des Rama" sehr beliebt, bei welchem Episoden aus dem Leben des Rama dramatisch aufgeführt werden. Das große Frauenfest im Monat Mai/Juni dient der Erinnerung an die Königin Sawitri, das Musterbild der treuen Gattin, welche durch ihr hartnäkkiges Flehen dem Todesgott das Leben ihres Gatten abrang; die Frauen bringen an ihm ihren Gatten Speisen und Blumen dar.

Wie das Jahr durch eine Kette von Festen, so wird das Leben eines Hindu durch eine Reihe von sakramentalen Handlungen begleitet. Vor dem Umzug des jungen Ehepaares in das neue Haus werden in einer Befruchtungszeremonie der Gattin Reis und Früchte in den Schoß gelegt, im dritten Monat der Schwangerschaft zur Erzeugung eines männlichen Nachkommen Gerstenkörner. Dreimal in der ersten Schwangerschaft erfolgt die „Scheitelschlichtung". Nach der Geburt wird das Kind mit Honig gespeist, heilige Mantras werden ihm ins Ohr geflüstert und das Horoskop gestellt. Bei der Namengebung erhält es außer zwei Vornamen noch einen Geheimnamen. Ein wichtiger Akt ist die Einführung beim Lehrer, bei welcher der Knabe die einer der drei höheren Kasten entsprechende heilige Opferschnur erhält. Die Hauptzeremonien bei der Eheschließung, die früher im Kindesalter erfolgte, sind die uralte Umwandlung des Hochzeitsfeuers und das Ausstreuen von geweihten Reiskörnern über den Häuptern der Brautleute. Die Übersiedlung der jungen Frau ins Haus des Gatten geschah einige Jahre später, nachdem das Mädchen die Reife erlangt hatte.

Wie dem Neugeborenen, so werden auch dem Sterbenden heilige Worte zugesprochen, durch welche die künftige Wiedergeburt beeinflußt werden soll. Die Leichen werden in der Nähe des Flusses auf einem Scheiterhaufen verbrannt; dabei wird der Schädel mit einem geweihten Holz gespalten, damit die Seele den Leib leichter verlassen kann. Die Überreste werden nach vier Tagen in den Fluß geworfen. Spätestens nach einem Monat findet die Totenfeier statt, bei der Reisklöße den Totengeistern geopfert werden. In früheren Zeiten haben sich zuweilen Witwen mit dem toten Gatten zusammen verbrennen lassen in dem Glauben, durch ihr Opfer als Sati („tugendhafte Frau") großes religiöses Verdienst zu erwerben und mit dem

Gatten vereint in einem der höchsten Himmel wiedergeboren zu werden. Obgleich dieser Brauch durch die englische Regierung schon 1829 verboten worden war, kamen immer wieder Verbrennungen von Witwen oder Versuche derselben vor. Die Witwen aus den oberen Kasten, die dem Gatten nicht folgten, durften keine neue Ehe eingehen; sie mußten ihre Haare scheren und unter der Vormundschaft der Verwandten ihres Mannes ein freudloses Leben verbringen.
Wie das ganze Leben eines Hindu, so ist auch der Tageslauf der oberen Kasten, insbesondere der Brahmanen, von religiösen Akten begleitet. Die morgens, mittags und abends stattfindende Andacht besteht in der Rezitation von Weda-Versen, sowie im Wasseropfer an die Götter, Seher und Ahnen. Daran schließt sich die Verehrung der fünf Hausidole. Der Hauptmahlzeit geht die „Alle Götter"–Zeremonie voraus, bei welcher unter Rezitation von Weda-Versen Stückchen der gereichten Speisen für alle Götter ins Feuer geworfen werden. Ihr folgt die „Überbringung der Opfergaben" an die verschiedenen Götter, Geister und Tiere, die in der Niederlegung von kleinen Mengen gekochten Reises an verschiedenen Stellen innerhalb und außerhalb des Hauses besteht. Von Wichtigkeit ist schließlich die Beachtung der verschiedenen Tabu-Gesetze (zur Vermeidung von Verunreinigung) und der Speisevorschriften.

(Friedrich Heiler, Die Religionen der Menschheit in Vergangenheit und Gegenwart, Reclam 8274–85, Stuttgart 1962, S. 378–382)

5.2.2 Tempel und Priester

Der tägliche Lauf der Dinge folgt in den meisten Tempeln einem ziemlich einförmigen konventionellen Schema. Frühmorgens findet eine glückbringende Lampenzeremonie statt, und es werden Texte rezitiert; der Gott wird geweckt, gebadet und mit passenden Mantras verehrt. Mittags wird ihm gekochte, vorzügliche Speise angeboten. In Tempeln mit „wedischem Ritus" wird nun ein Feueropfer dargebracht. Nach einem Mittagschläfchen muß der Gott sich am späten Nachmittag salben und schmücken lassen. Abends folgen wieder eine Lampenzeremonie und eine Mahlzeit, nach der der Gott sich zurückzieht. An den großen Feiertagen wird ein umständlicheres Zeremoniell vollzogen. Die richtige Betreuung des Bildes ist eine religiöse Pflicht, die viel Hingabe erfordert. Sonderzeremonien (Bekleidung usw.) bilden noch immer ein imposantes Schauspiel, das große Mengen von Pilgern und Gläubigen anzieht. Die von diesen dargebrachten Blumen, Girlanden, Speisen und Schmucksachen tragen nicht wenig dazu bei, den ohnehin oft anmutigen Glanz der Feierlichkeit zu erhöhen. Dieses ganze Zeremoniell sowie die dazukommmenden Umschreitungen der Pilger und die individuellen Opfergaben der Gläubigen, die ihre Gebete an den Gott richten, wenn er ihnen Audienz gewährt, lassen uns fast vergessen, daß in diesen Heiligtümern keine Heiraten vollzogen werden und keine Leichenfeiern oder andere sich auf den Lebenszyklus beziehende sakramentalen Handlungen stattfinden.
Obwohl Wischnu- und Schiwatempel äußerlich ähnlich gestaltet sind, lassen sie sich leicht unterscheiden. In dem fast immer dunklen und nur durch Kerzen oder

Öllämpchen erleuchteten, dem Priester zugänglichen Innenraum steht im Heiligtum Schiwas das Linga, im Wischnutempel – der meistens einem seiner Awataras gewidmet ist – ein Götterbild oder mehrere. Vor dem Schiwatempel kauert der Bulle Nandin; an der Spitze, die sich genau über dem Heiligsten erhebt, ist oft des Gottes Dreizack angebracht. In bezug auf die im mittelalterlichen und neueren Hinduismus vorherrschende Form der Tempelanlage ist zu bemerken, daß die großen nordindischen Tempel eine überwiegend vertikale, die südindischen hingegen eine horizontale Struktur haben. Im Norden, wo man nur wenige größere Heiligtümer findet, erhebt sich über der Zella ein krummliniger, turmartiger Oberbau. Das Hauptcharakteristikum der südlichen Tempelgebäude ist der pyramidenartige Turm der aus einer Reihe übereinandergestellter Wiederholungen der Zella besteht und von einer Art Kuppel bekrönt wird. Später kamen die hohen Tortürme auf. Die ungleich größeren Dimensionen der südlichen Heiligtümer, die sich oft zu riesigen Komplexen entwickelt haben, hängen damit zusammen, daß dort der Gott mit seiner Familie zusammenlebt, während im Norden der Tempel nur der Sitz einer einzigen Gottheit ist. Der südindische Tempelbezirk besteht aus mehreren einander einschließenden Höfen, von denen jeder von einer Mauer umgeben ist. Diese Räume haben symbolische Bedeutung. Der erste „Hof" (die Zella) ist das Gebiet der höchsten Gottheit, der zweite das der anderen Götter, der dritte das der Menschen, der vierte gehört den Dämonen. Außerdem besteht der Grundriß bei manchem südindischen Tempel aus 7 x 7 Vierecken, die kreuzförmige Basis der nördlichen Tempel demgegenüber meistens aus 9 x 9 oder 8 x 8 Vierecken. Zu einer größeren Tempelanlage gehört auch ein Teich; denn ein Heiligtum steht, wenn irgend möglich, am Wasser. Als große Zentren religiöser, sozialer und kulturfördernder Aktivität dehnten sie sich zu Tempelstädten aus, die oft über ansehnlichen Landbesitz und namhafte Einkünfte verfügen, deren Herkunft uns nicht selten aus schriftlichen Quellen ziemlich genau bekannt ist. Sie dienen großenteils dazu, den großen Stab von Priestern, Tempeldienern und Musikern zu unterhalten.

Um davon einen Eindruck zu vermitteln, seien hier einige Einzelheiten über eine der berühmtesten Stätten dieser Art hinzugefügt. Das geistliche Oberhaupt des Schutschindratempels in der Nähe von Kap Komorin – zugleich Gotteshaus und Spital, Museum und Bank, Landbesitzer und Unterrichtsanstalt – ist der Tantri, der (wahrscheinlich schon ab 1200) zu der alten Familie der Nambudiri-Brahmanen gehört. Sein Amt ist erblich und wird von dem ältesten Mitglied der Familie bekleidet. Die Offizianten, die zu dem inneren Teil des Heiligtums Zutritt haben, sind – auf Grund eines alten Privilegs – gleichfalls Nambudiri-Brahmanen. Von ihnen müssen immer vier anwesend sein, um wechselweise den Kultus zu betreuen. Das Bereitstellen der Utensilien und einige Reinigungsarbeiten obliegen aber ihren Assistenten. Die Materialien selbst (Öl, Sandel, Kampfer, Blumen usw.) werden wieder von anderen Spezialisten herbeigeschafft. Außerdem gibt es untergeordnete Priester, auf die das Kochen der Opferspeisen, die Zubereitung des Badewassers usw. entfällt. Ihre Aufgaben und Befugnisse sind traditionell und genau geregelt. Jeden Monat werden fünfzehn dieser Funktionäre aus etwa fünfzig dafür in Betracht kommenden brahmanischen Familien ausgewählt. Eine wichtige Stelle hat der ortsansässige Zeremonienmeister inne, der die Aufsicht über alle Riten

und Zeremonien führt und alle Schlüssel und Kostbarkeiten verwahrt. Er hat nicht weniger als sieben Assistenten. Die tägliche Pudscha ist Sache der „Verehrer". Als solche dienen seit etwa einem Jahrtausend in verschiedenen Schiwatempeln des Südens die Nambijar, eine Sondergruppe der Schiwa-Brahmanen. Schiwa, der Hauptgott des Tempels, wird darüber hinaus von vierundzwanzig am Orte geborenen Brahmanen angebetet. Zu diesem Zweck kommen sie jeden Morgen vor der Salbung des Idols zusammen, rezitieren Formeln und Gebete und verfertigen kleine Lingas aus Ton. Nicht weniger als sechzehn Brahmanen befassen sich mit der aus Sondermantras bestehenden Huldigung: sie bekommen dafür kein Gehalt, sondern eine tägliche Mahlzeit. Abends treten aber achtzehn oder vierundzwanzig vom Gouvernement angestellte Malajali-Brahmanen auf, die die Lampenzeremonie mit Gesang und Gebeten begleiten. Mit dem Unterricht im Weda – von alters her eine wichtige Aufgabe der Tempelbrahmanen – sind zwei Spezialisten beauftragt, andere brahmanische Gelehrte mit der Rezitation und Erklärung des Mahabharata – eine wahrscheinlich schon bis ins 10. Jahrhundert zurückgehende Einrichtung, zu deren Kosten die Gläubigen noch immer beisteuern. Außer den Genannten gibt es Sänger und Rezitatoren. Es ist bemerkenswert, daß nicht alle erwähnten Funktionäre in älteren Dokumenten (vor etwa 1750 oder 1800) erwähnt werden, so daß die Folgerung gerechtfertigt ist, daß das Personal sich auch in der Neuzeit noch bedeutend vermehrt hat.
Zu den zahlreichen administrativen Beamten rechnen nicht nur die Beauftragten für die Instandhaltung der Gebäude, den Landbesitz, die Finanzen, sondern auch Aufseher, Schatzmeister und Buchführer. Sehr groß ist die Zahl der Diener. Die Haushaltung des Tempels ist Sache einer Gruppe von Angestellten, deren Amt nicht erblich ist. Die Girlandenmacher werden schon früh (10. Jh.) als eine Sonderklasse erwähnt. Allmählich zweigten sich die spezialisierten Blumenpflücker von ihnen ab. Als die altherkömmliche Tätigkeit der ab 1257 in Inschriften erwähnten Tempeltänzerinnen im Jahre 1930 ihr Ende fand, gingen einige ihrer amtlichen Pflichten (Reinigung der Pudscha-Utensilien; Tragen von Lampen anläßlich nächtlicher Prozessionen usw.) auf männliche Diener über. Zu den Musikern gehören Trommler, Flötenspieler und Trompetenbläser. Nicht weniger als fünfzehn Maurer sind schließlich mit Instandsetzungsarbeiten und der Errichtung von Festpavillons usw. beschäftigt, andere Arbeiter mit verschiedenen anderen Verrichtungen.

(Jan Gonda, Die Religionen Indiens Bd. 2, Der jüngere Hinduismus, Kohlhammer, Stuttgart 1963, S. 280–283)

5.2.3 Tempelliturgie

In einer Taschenbuch-Reihe, die in Indien als „Volksbibliothek" weitverbreitete Aufnahme gefunden hat, findet sich ein Band, der Geschichte, Leben und Bedeutung eines der z. Zt. berühmtesten südindischen Tempel beschreibt. Es handelt sich um den Wenkatéschwara-Tempel in Tirumalai (Tschittur-Distrikt/Andhra Pradesch). Der „wunschgewährenden" Kraft seines Gottes, der als Inkarnation Wischnus und Schiwas gilt, ist es zuzuschreiben, daß sich der Tempel seit dem 19. Jh. zu einem großflächigen Wallfahrtsort entwickelt hat, zu

Priester in einem Hindu-Tempel

dem jährlich Millionen von Indern wallfahren. Zu einer solchen Wallfahrt will der Autor des Buches ermutigen. Deshalb schildert er ausführlich die segensreiche Geschichte des Wallfahrtsortes und die ästhetische Wirkung sowohl des Tempelbaus und seiner Skulpturen als auch der dort vollzogenen gottesdienstlichen Liturgien, aus denen er die schönsten Gesänge wörtlich zitiert. Der folgende Text gibt einen Ausschnitt aus diesen Liturgien wieder, der uns „authentische Information" über gottesdienstliche Zeremonien im Hinduismus bietet.

Tempelritual

„Suprabhatam" ist die Weckzeremonie, mit der der Herr von Tirumalai jeden Morgen geweckt wird. Diese Zeremonie wird im Tempel von Tirumalai jeden Tag vor Sonnenaufgang, etwa um vier Uhr, durchgeführt. Die Priester und die Gläubigen versammeln sich beim Goldenen Tor in der sechzehn-säuligen Tirumamani-Halle und singen Hymnen auf den Herrn.

Oh, edler Sohn von Kusalja! Das Zwielicht kündigt den Sonnenaufgang an!

Oh, Puruschottama, wach auf! Dein ewiges göttliches Werk geziemend zu vollbringen!

Erwache, Gowinda, erwache! Du Gefährte der Kamala, wach auf!

Atri und andere Weise haben nach ihrer Morgenzeremonie Lotusblüten im Akasa-Ganges gesammelt und erwarten Dich, um Deine beiden Füße zu schmücken und zu verehren.

Laß Deinen glückverheißenden Tag beginnen!

Maheschwara, Brahma, Kumaraswami, Mahendra und andere übernatürliche Wesen singen Deine Hymnen. Erwache!

Ein sanfter Wind, erfüllt mit dem Duft von halbgeöffneten Lotusblüten, von Kokosnüssen, Palmen und anderen wohlriechenden Pflanzen, weht für Dich. Erwache!

Brahma, Maheschwara, Sanandana und andere erwarten Dich mit ihren Dienern nach ihrem Reinigungsbad an der Tür, mit gebeugtem Haupt. Oh Herr des Wenkata-Hügels, erwache!

Oh Herr, die Sonne geht auf. Die Lotusblüten öffnen sich zu voller Blüte. Die Vögel erfüllen die Luft mit Gezwitscher, und die Wischnu-Anhänger, die auf ein ewiges Glück hoffen, erwarten Dich. Erwache! Du bist der Eine, die einzige Brücke, um den Ozean des Samsara zu überqueren. Die, die diese Verse mit Hingebung jeden Morgen rezitieren, werden mit „Pradschna" gesegnet, das sie schließlich zur Erlösung führen wird.

Nachdem die Suprabhatam-Hymnen gesungen worden sind, wird der Gott, der in der Sajana-Halle zu Bett liegt, in das Allerheiligste gebracht, und eine Mischung aus Kuhmilch, Butter und Zucker wird der Gottheit dargeboten. Die Gläubigen, die die Hymnen gesungen haben, dürfen dann den Herrn anschauen. Gewöhnlich erhalten die Gläubigen die Mischung aus Milch, Butter und Zucker, die dem Herrn dargeboten worden war, als Prasadam. Es folgen weitere Zeremonien: Thomalu Seva. Thomalu bedeutet Blumengirlanden. Bei dieser Zeremonie wird der Herr mit Blumengirlanden prächtig geschmückt. Dieser Zeremonie geht die Wiswarupa-Zermonie noch voraus, bei der eine Reinigung erfolgt, indem der Schmuck der vorhergehenden Nacht entfernt und die Blumen in den Teich geworfen werden.

Bei der Kohuwu- oder Hofhaltungs-Zeremonie werden dem Herrn die Einnahmen des vergangenen Tages berichtet und ihm der Kalender vorgelesen.

Während der Sahasranam-Zeremonie werden die Namen des Herrn Wischnu rezitiert. Nur Personen, die die erforderlichen Gebühren entrichtet haben, dürfen dabeisein.

Die Sajana-Halle wird dann gereinigt und gekochte Speisen werden dem Herrn dort gebracht. Die Bagaru Wakili-Türen wurden dazu geschlossen und die Glokken geläutet. Nur die Priester dürfen diesmal im Heiligtum anwesend sein.

Zu bestimmten Tageszeiten dürfen Pilger den Herrn kostenlos anschauen.

Es gibt eine ganz besondere Pudscha, bei der das Götterbild deshalb besonders gut zu sehen ist, da dabei die meisten Kleider des Gottes entfernt werden. Sogar die Zeichen auf der Stirn werden bei dieser Zeremonie dünn gehalten.

Die Sahasra Ghata Zeremonie ist deshalb einzigartig, da der Herr hier ein Bad erhält aus tausend Wassertöpfen, wobei Mantras gesungen werden. Das ist ein Ritual, das alle Verehrer des Herrn sehen sollten.

Bevor der Gott zu Bett gebracht wird, wird noch eine Pudscha gemacht, bei der dem Gott Süßigkeiten dargeboten werden.

(aus: Pidatala Sitapati, Sri Venkateswara, the Lord of the Seven Hills, Tirupati, Bombay 1972, S. 109–117/156–159; übersetzt aus dem Englischen)

5.2.4 Sünde und Sühne

Um den Begriff der „Sühne" im Hinduismus zu verstehen, muß man die ziemlich technische Bedeutung von „Karma" (seit den Upanischaden) kennen. „Die Tat vergeht nimmer: was immer eine menschliche Tat sei, gut oder bös, man wird nicht frei davon, es sei denn, man erfährt ihre Wirkung." Die Karma-Wirkung jedoch ist energiemäßig begrenzt, die Frucht ist immer zeitlich: sowohl das gute wie das böse Karma erschöpft sich nach einiger Zeit – weder Himmel noch Hölle sind ewig. Diese nicht metaphysische, sondern psychologische Auffassung des Karma macht es auch möglich, daß man im Hinduismus eine wirkliche Veränderung finden kann, daß die Lehre nicht zum Fatalismus wird, dessen Grundlage eine metaphysische Karma-Lehre wohl wäre. „So wie ein Mensch handelt und so wie er glaubt, so wird er sein: ein Mann wird belohnt werden für verdienstvolle Taten, bestraft für Übeltaten. Es heißt, ein Mensch bestehe aus Begierden. So wie seine Begierde ist, so ist sein Wille, wie sein Wille, so seine Tat – und gemäß seiner Tat wird er ernten."

Neben der Karma-Theorie – einer strikten Vergeltungslehre – stehen gleichzeitig die Ideen von Sühne, Buße, Gegenwirkung. Durch bestimmte Worte und Taten läßt sich der Lauf des Karma wenden: Selbstpeinigung, Rezitation von wedischen Mantras, Atemregulierungen, Joga-Praktiken, Geschenke, Opfer, Wallfahrten zu heiligen Orten, Waschungen und Zeremonien und zahllose andere Dinge und Akte bewirken, daß das Karma sich nicht auswirkt. Die verschiedenen Sekten sind sehr einfallsreich in der Beschreibung der verdienstvollen Handlungen; obenauf steht immer die Besonderheit der Sekte. Die „Sühne" wird manchmal sehr billig, gelegentlich reduziert zum bloßen Aussprechen eines bestimmten Namens oder Titels eines Gottes, so sehr an ganz bestimmte materielle, physische Objekte gebunden, daß man eher von Magie denn von Religion sprechen möchte. Aber das sind Übertreibungen. Man darf nicht übersehen, daß tatsächlich viel Wertvolles und Wesentliches darin steckt. Als gewisse Gegenreaktion des Gewissens gegen die allzu billigen Sühnemittel findet man dann ein immer weiter um sich greifendes Skrupulantentum derjenigen, die es wirklich ernst nehmen. Auch die unbewußten und die lebensnotwendigen Akte werden zur „Sünde", bedürfen ständig der „Sühne" – ja man weiß gar nicht mehr, ob man nicht beim Vollzug der Sühne neue Sünden begeht. So findet man dann Leute, die beladen sind mit Amuletten und heilbringenden Objekten, die den ganzen Tag nach „Punja" jagen und doch nie sicher sind, ob es genügt. Man findet im Hinduismus auch gelegentliche Hinweise auf die Bedeutung der Reue. „Wenn ein Mensch, nachdem er eine Sünde begangen hat, Reue fühlt, so wird er frei von der Sünde. Er wird rein allein durch den Vorsatz, aufzuhören zu sündigen, und dadurch, daß er denkt: ‚Ich will es nicht mehr tun'."

Gewöhnlich aber läßt man die Reue allein nicht als Sühne gelten, sondern verlangt zusätzlich noch besondere äußere Akte. Einer der meistgeübten ‚Sühneakte' ist das Pranajama – Zurückhalten des Atems: durch die Regulierung des Ein- und Ausatmens, Anhalten des Atems für bestimmte Zeit, Ausstoßen der Luft durch das rechte oder das linke Nasenloch – wird der ‚Mann der Sünden verbrannt' – d. h. der Mensch wird rein von seinen Sünden. Regelmäßig geübt, kann sich der Mensch durch Pranajama von allen Sündenfolgen, einschließlich Brahmanen-Mord, befreien. Das eigentliche ‚Sühnemittel' ist Tapas; wörtlich ‚Hitze', bedeutet es im gegenwärtigen Sprachgebrauch alle Art von systematischen Kasteiungen körperlicher Art, ‚Askese'. Unter Tapas fällt z. B. geschlechtliche Enthaltsamkeit, Wahrhaftigkeit, oftmaliges Baden, Tragen von nassen Kleidern, am Boden schlafen, Fasten; in einem weiteren Sinne wird die Einhaltung aller oben aufgezählten ethischen und disziplinären Vorschriften als Tapas gewertet. Je nach Art und Schwere der Sünde waren Art und Länge des Tapas verschieden. ‚Tapas verbrennt schnell alle Sünden' heißt es allgemein. Tapas ist nicht nur der Akt selbst, sondern eine Art hypostasierte Folge der Askese, irgendwie quantitativ begrenzt und meßbar wie das Karma, als dessen Heilmittel es gelten soll. Tapas ist moralisch ambivalent; es bedeutet nicht ‚Heiligkeit' in unserm Sinne, sondern gespeicherte Willensenergie, die zum Guten und zum Bösen verwendet werden kann, die ‚Heiligkeit' aber auch Tyrannei bedeuten kann. Tapas ist psycho-physische Macht. Das Tapas wird in den Upanischaden zum großen Schöpfer aller Dinge: die Schöpfung verdankt ihre Existenz einem Ur-Tapas der Götter. Das ganze All ist durchdrungen und erfüllt von Tapas, wie von einer Art Äther, und jede Einwirkung darauf erfordert bestimmte Übungen der Tapas-Konzentration. Man kennt in einigen Sekten des Hinduismus auch eine Art stellvertretender Sühneleistung und Verdienst: fromme Witwen verrichten Bußübungen, deren Früchte dem verstorbenen Gemahl zugute kommen sollen. Reiche Leute stellen arme Leute an, die ganztägig Bußübungen machen müssen – der größte Teil der Verdienste des guten Werkes kommt dem Geldgeber zu. Das Verdienst jedoch, das einem anderen zugewendet wird, geht einem selbst verloren. All dies findet man auch heute noch allenthalben in Indien: wirkliche Abtötung des Leibes und der Sinne aus gültigen Motiven, um Verdienst zu erwerben, um den Geist von den Fesseln des Fleisches zu befreien, und auch das Pharisäertum, die Schaustellung von ‚Bußübungen', um von frommen Leuten Geld zu bekommen, Selbstverstümmelung und Anwendung von Tricks. In der Beurteilung der verschiedenen ‚Sühneübungen' zeigen sich in den jeweiligen Schastras sehr stark die Sekteneigenschaften. Jede Sekte versucht es so hinzustellen, als ob die Zugehörigkeit zu einer bestimmten Gruppe, das Tragen bestimmter Merkmale die Grundvoraussetzung dafür sei, daß Tapas überhaupt wirksam werden kann. Das schwerste Bußwerk, verrichtet in einer feindlichen Sekte, ist wertlos – die einfachste Übung innerhalb der reinen Glaubensgemeinschaft nimmt auch die größten Sünden weg.

(Klaus Klostermeier, Hinduismus, Bachem, Köln 1965, S. 138–140)

5.2.5 Riten der Kranken, Frauen und Schudra

A. Erleichterungen für Kranke

In Bezug auf die religiösen Handlungen gibt es besondere Erleichterungen für Kranke, Frauen und die Kaste der Schudra. Notleidende, Kranke oder Vertriebene können sich nicht mit ganzem Herzen religiösen Verrichtungen widmen. Bestimmte Zugeständnisse bezüglich der Fastengebote, der Dauer des Fastens oder der Gelübde werden unausweichlich; den aus ihrer Heimat Vertriebenen werden gewisse rituelle Vergehen zugestanden. Bei unüberwindlichen Schwierigkeiten ist ein Stellvertreter für die rituellen Handlungen erlaubt, in der Regel ein Priester oder ein Familienmitglied. Arme bringen ihre täglichen Opfer nur dar, soweit sie es sich leisten können. Die Kranken dürfen zum Beispiel anstelle einer Waschung im Fluß oder im Wasserbecken die Reinigung symbolisch (geistig) vollziehen.

B. Die Riten der Frauen

Es gibt jedoch auch grundsätzlich kultische Verbote, wie diejenigen, die die Frauen betreffen. Die Fülle ihrer religiösen Pflichten wurde vom Hinduismus schon seit alter Zeit beschnitten; denn die Strenge der religiösen Übungen wie auch das angemessene Verständnis der zu wiederholenden Mantras kann von

Frauen kaum erwartet werden. Die indische Frau ist lediglich passive Teilhaberin an den Riten ihres Mannes. Für sie sind die fünf täglichen Pflichten (Opfer an die Götter, die alten wedischen Seher, die Vorfahren, die niederen Lebewesen und die Urahnen) und die Sakramente vereinfacht und geändert. Die Rezitation der wedischen Mantras ist der Frau verboten, und das tägliche Gebet nach wedischer Regel gehört nicht zu ihren Alltagspflichten. Ihr religiöser Alltag besteht aus tantrischen Gebeten, wenn sie den höheren Kasten angehört, und schließt insbesondere das dauernde Wiederholen des Mantras ihres Lieblingsgottes ein; das Mittagsgebet mit den wedischen Mantras wird ausgelassen oder durch puranische Mantras ersetzt sowie einer Fülle nichtwedischer Gebete, die meist in der Landessprache gesprochen werden. Das einzige Sakrament ihres Lebens ist die Eheschließung. Beim Tempelgottesdienst dürfen Frauen keine Götterstatuen berühren, obwohl in Bezug auf die Bildnisse Schiwas von alters her Ausnahmen zugelassen werden.
Die indische Frau war und ist der nimmermüde dienende Geist der Familie, der für die äußeren Bedingungen zur Verehrung der Gottheit und des Wischnu-Altares sorgt. Für viele der vorbereitenden Handlungen, der Zubereitung des Materials, dem Kochen der Speisen, der Reinigung der Geräte, die zur Verehrung gebraucht werden, ist die Frau verantwortlich. Sie verehrt Schiwa und den Tonphallus Schiwas, wenn sie will, nimmt ihr rituelles Bad, spendet Opfer und erfüllt Gelübde. Ihr Leben ist nicht weniger reguliert als das der männlichen Familienmitglieder. Weil sie die Dienerin der Familie ist, ist es ihre religiöse Pflicht, für die Bequemlichkeit eines jeden Familienmitgliedes Sorge zu tragen. Sie darf ihre Mahlzeit erst dann einnehmen, wenn alle anderen Familienmitglieder gegessen haben und etwaige Gäste freundlich bewirtet worden sind.
Die der Frau eigenen religiösen Übungen sind die Gelübde. Die Gelübde erstrekken sich auf Enthaltung von Nahrung und asketische Übung an bestimmten Tagen, auch an den diesen vorangehenden oder nachfolgenden Tagen, für eine bestimmte Zahl von Jahren. So könnte zum Beispiel eine Frau ein Gelübde ablegen, daß sie auf Nahrung verzichtet, wenn ihr Ehemann oder ihre Kinder von einer schweren Krankheit genesen, oder sie könnte dann geloben, sich bestimmter Speisen zu enthalten, an bestimmten Tagen, für eine bestimmte Anzahl von Monaten oder gar Jahren. Es gibt spezielle Frauengelübde wie das Sawitri-Gelübde, das durch die Verehrung der Sawitri dem Ehegatten huldigt, oder das Gelübde an ihren Gott Satjawat oder an Jama, den Herrn des Todes. Wenn die Zeit für die Erfüllung eines Gelübdes gekommen ist, werden den Brahmanen Opfer gespendet und für Verwandte und Freunde ein Festmahl zubereitet. Frauen spenden auch Opfer am Monatsende und zu besonderen Zeiten, wenn dies besondere Verdienste bringt; sie bringen die Opfer zuerst den Göttern dar und überreichen sie dann den Brahmanen.

C. Die Riten der Schudra

Die Schudra üben besondere religiöse Praktiken aus (Die Schudra sind die Kaste, die nicht zu den zweimal Geborenen gehören). Diejenigen werden als Schudra angesehen, die durch mindestens drei Generationen hindurch kultische Vergehen begangen haben und rituelle Vorschriften nicht beachtet haben. Ihre Kultvorschriften gleichen denen der Frauen, mit denen sie gewisse rituelle Unreinheiten teilen. Spezielle Speisevorschriften betreffen die Schudra; sie dürfen der Familie ganz bestimmte Speisen nicht zubereiten, sie dürfen bestimmte Zubereitungsarten nicht durchführen. Besonders scharf sind die Vorschriften, die die Personen betreffen, mit denen zusammen sie essen dürfen. In bezug auf die täglichen religiösen Pflichten müssen sie die tantrische Art des Gebetes verwenden sowie sich einer gekürzten Pudscha unterwerfen. Alle anderen Verrichtungen müssen für sie von Brahmanen ausgeführt werden. Wie bei den Frauen müssen die Sakramente – mit Ausnahme der Hochzeit – ohne Mantras vollzogen werden, zumindest ohne die wedischen Mantras.

Die Hauptpflicht des Schudra ist der Dienst an den Göttern und den Brahmanen im Geiste von Demut und Ehrerbietung. Die Schudra dürfen die Upanischaden lesen, auch das Mahabharata und die Puranas, aber nicht die Weden. Ungekochte Speisen dürfen sie den Ahnen opfern. Bei den Begräbnisriten sind besondere Mantras eingeschlossen, die für die zweimal Geborenen moralische Hilfe und geistige Führung erflehen. Heutzutage ist der verhaßte theoretische Unterschied, der die strengen Verbote notwendig gemacht hatte, mehr und mehr verschwunden, so daß die Schudra jetzt praktische Erleichterungen haben, die ihr religiöses Leben verbessern.

Trotz solch kultischer Hindernisse haben die Schudra dennoch große Errungenschaften erstritten. Die Sitte, sich in Geld, Edelsteinen oder Juwelen aufwiegen zu lassen, war von Schudra empfohlen und geübt worden. Viele der Öffentlichkeit nützliche Leistungen wie das Anpflanzen von Straßenbäumen, der Bau von Krankenhäusern, Pilgerunterkünften und Klöstern verdanken ihren Ursprung den Schudra. Viele Tempel alle religiöser Richtungen sind von ihnen gebaut worden. Wallfahrten haben sich durch die Schudra eingebürgert genau wie das liturgische Singen und Murmeln des Gottesnamens. Die Schudra haben bedeutende Theologen hervorgebracht, die ihren Glauben predigten und lebten und hochgeehrt waren. Besondere gottesdienstliche Handlungen wie das Salben der Götterbilder in den Tempeln mit Sandelholzöl und das Bemalen der Götterstatuen mit Ornamenten waren ihr Vorrecht gewesen, und wie die Erbauer der Tempelwagen und die Architekten der wedischen Zeit hatten sie eine begehrte Position inne, so daß sie fast wie die Tempelpriester geachtet wurden. Kabir und Tukaram hatten großen Einfluß auf die Ausgestaltung von Kulthandlungen: sie waren beide Schudra.

(Siwaprasad Bhattatscharjja, Religious Practices of the Hindus, in: Kenneth W. Morgan (Hrsg.), The Religion of the Hindus, The Ronald Press Company, New York 1953, S. 200–203; übersetzt aus dem Englischen).

5.2.6 Symbolik der Riten

Wenn man eine Religion mit einem menschlichen Körper vergleichen würde, dann wären ihre Riten die Beine, ihre ethischen Richtlinien die Hände, ihre Gottesverehrung das Herz und ihre Philosophie der Kopf. Deshalb: Ohne Riten kann keine Religion bestehen!

Durch Riten und Zeremonien erhalten wir in der Jugend unsere ersten Eindrücke von Religion. Und zweifellos kommen die meisten Menschen in ihrer religiösen Entwicklung kaum je über die Stufen der Riten und Zeremonien hinaus. Wir

Schiwas Sohn Ganescha wird von vielen Hindus verehrt, weil man von ihm sagt, daß er alle Hindernisse des Lebens beseitigen kann.

könnten zwar sagen, daß Riten nur die Hülle der Religion sind. Aber ohne Hülse wird auch das Samenkorn nicht wachsen.
Die Funktion der Riten ist bestimmt vor allem durch ihren Symbolgehalt. Die meisten Riten wollen Glauben sichtbar werden lassen. Unsere Dankbarkeit gegenüber Gott wird sichtbar durch unsere Gaben auf dem Altar. Unsere demütige Gottesverehrung wird sichtbar im Tempelritual, wo Gott wie ein irdischer König behandelt wird, ihm königliche Ehren erwiesen werden. Und was sind unsere rituellen Handlungen, das Reinigen, Waschen, Baden und die ausgeklügelten Regeln, die das Essen betreffen, anderes als äußerliche Zeichen, die auf eine Reinheit von Geist und Seele hinweisen wollen?
Riten haben auch moralische Funktion. Die unzähligen Fastenvorschriften, die Regeln bezüglich Essens und Trinkens sind nicht ohne erzieherischen Wert. Jeder solcher Ritus ist ein Unterricht in Selbstbeherrschung.
Die bedeutendste Funktion der Riten aber ist schließlich etwas, was man ihre mystische Funktion nennen könnte. Der zentrale Punkt jeder wahren Religion ist doch eine tiefe mystische Erfahrung, bei der die Seele die Nähe Gottes fühlt. Und Funktion der Riten ist es, auf diese Erfahrung hinzuweisen und eine Atmosphäre zu schaffen, in der die Seele darauf vorbereitet wird. Das geschieht vermittels verschiedener Riten, deren Symbolgehalt wir oft nur dunkel verstehen, durch heilige Formeln in einer alten archaischen Sprache, deren Bedeutung wir nur halb aufnehmen, deren Aussprechen aber schon das Herz durchschauert, durch geweihte Gegenstände wie Götterbilder, Rosenkränze, Gefäße und Lampen, die mit ihren tausendfachen Erinnerungen an religiöse Stimmungen die Seele von allem wegziehen, was weltlich und gewöhnlich ist. Ein sorgfältig geplantes und feierlich ausge-

führtes Ritual bereitet einen solchen Boden vor, schafft eine solche Atmosphäre, regt die religiöse Stimmung derart an, bereitet die Seele solchermaßen vor, daß die Seele sich leicht von der Welt lösen kann und die Gegenwart Gottes erlebt. Deshalb gehen wir so gerne in den Tempel, um Gott zu verehren, und deshalb sagen wir so gerne unsere Gebete im alten Sanskrit – obwohl Gott doch überall ist und jede Sprache versteht.

Riten haben aber auch ihre Grenzen und Gefahren. Wenn dieselben Formeln jeden Tag wiederholt werden, dieselben Verse gesungen und dieselben Zeremonien immer und immer wiederholt werden, dann verlieren sie ihre Suggestionskraft und werden langweilig und lästig. Solche Riten tendieren dazu, eine Religion nicht nur mechanisch, sondern auch statisch werden zu lassen. Wenn Glaubensvorstellungen sich ändern, müssen die Riten sich entsprechend ändern. Doch die größte Gefahr liegt darin, daß Riten zu Pharisäertum führen können. Ein Ritualismus, der größten Wert auf seine Form legt, steht schließlich besonders der Erkenntnis der Einheit aller Religionen im Wege.

Der Funktion der Riten entspricht die Funktion der Mythen. Die Mythen konkretisieren die abstrakte Wahrheit der Religion. Es sind gerade die Göttergeschichten, vermittels derer die philosophischen Vorstellungen der Religion aus ihrer luftigen Höhe in das Heim und das Herz auch des einfachsten indischen Bauern gebracht wurden, und die diesen die Schönheit der Heiligkeit haben fühlen lassen. In Gesang, Legenden und bei Festen haben sie ihn die Haupttugenden des Hinduismus bewundern gelehrt: Reinheit und Selbstbeherrschung, Entsagung und Wahrhaftigkeit und vor allem Gewaltlosigkeit.

(Aus: D. S. Sarma, Essence of Hinduism, Bombay 1971, S. 20 f.; übersetzt aus dem Englischen).

5.3 Die Joga-Schule

5.3.1 Das klassische Joga-System des Patandschali

Der Name *Joga* ist im europäischen Sprachgebrauch belastet mit allerlei Vorstellungen von obskuren Zauberkünsten, die zum Broterwerb, zur Befriedigung der Schaulust der Menge und ähnlichen Zwecken vollführt werden und mit ernsthaftem Wahrheitsstreben nichts gemein haben. Man darf darüber nicht verkennen, daß Joga seinem Ursprung nach ein Lehrsystem ist, welches, ganz ähnlich wie die übrigen hier behandelten, den Weg zu Weisheit und Erlösung aufzeigen will, nur daß bei ihm das Schwergewicht auf die praktische Seite gelegt wird, auf die Angabe der Mittel und Wege, durch die man zu jenen gelangt. Mit dem Samkhja-System ist der Joga insofern eng verbunden, als die Samkhja-Philosophie weitgehend die theoretische Grundlage auch des Joga-Systems bildet, während umgekehrt die Samkhja-Philosophen die Joga-Lehre als die praktische Ergänzung des von ihnen Gelehrten anerkennen.

Allerdings unterscheidet sich die Joga-Metaphysik doch in einem grundsätzlichen Punkte von der des Samkhja: Sie kennt einen persönlichen Gott. Da jedoch der tatsächliche Weltablauf wie im Samkhja durch das polare Gegenspiel von Puruscha

und Prakriti erklärt wird, kann dieser Gott kein Schöpfer und Weltregierer sein, sondern ist nur gleichsam der oberste, zugleich der einzige reine Puruscha, der von Ewigkeit an von allen Verstrickungen in die Prakriti frei und allwissend ist. In der praktischen Joga-Lehre nimmt er deswegen auch keineswegs eine zentrale Stellung ein. Die Haupttexte des Joga bilden die 194 Joga-Sutras, in vier Büchern geordnet, die einem gewissen Patandschali zugeschrieben werden.
Joga bedeutet wörtlich „Joch" (ist auch sprachlich mit diesem deutschen Worte verwandt), das heißt Selbstzucht, Disziplin.
Die dieser Lehre zugrunde liegende Vorstellung, daß der Mensch durch ein bestimmtes System asketischer Übungen, durch Meditation und Konzentration tiefste Einsicht, Entrückung und Erlösung erlangen könne, findet sich auch bei anderen Völkern; sie spielt auch schon in der wedischen Literatur, einschließlich der Upanischaden, eine Rolle.
Es ist ein langer und mühevoller Weg, der dem Jogin gewiesen wird, an dessen Ende er Erlösung von Leid und Wiedergeburt erreichen kann.
In jahrelanger geduldiger Selbstüberwindung muß er die folgenden acht Stufen durchlaufen:

1. Zucht: Sie umfaßt Nicht-Schädigung (Ahimsa, Gewaltlosigkeit, die gleiche Forderung wie im Dschainismus und Buddhismus). Wahrhaftigkeit, Keuschheit, Aufgeben jeder Selbstsucht und aller materiellen Interessen.
2. Selbstzucht: Sie besteht in der Beachtung der fünf Gebote: Reinheit (körperlich und geistig), Genügsamkeit, Askese, Studium und Gottergebenheit.
3. Das richtige Sitzen: Hier werden bestimmte, sehr ins einzelne gehende Vorschriften gegeben für die Arten des Sitzens, die die beste Vorbedingung für die Versenkung abgeben. So heißt es zum Beispiel in einem Text der Bhagawadgita:
   „An einem reinen Orte bereite er sich seinen bleibenden Sitz, der nicht zu hoch und nicht zu niedrig, mit einem Tuch, einem Fell oder Kuscha-Gras bedeckt sei.

Ein alter Sadhu mit ungeschorenen, hochgesteckten Haaren, der wie Schiwa auf einem Tigerfell in Meditationspose sitzt. Sein einziger Besitz sind Wasserkanne, Essenschale und Streichhölzer.

Auf einem solchen Sitze sich niederlassend, richte er seinen inneren Sinn auf *einen* Punkt; der Tätigkeit der Sinne und des Denkorgans im Zaume haltend, übe er Versenkung zur Läuterung des Selbstes.
Rumpf, Haupt und Hals gerade und unbeweglich haltend, blicke er, ohne sich zu rühren, auf seine Nasenspitze und schaue nach keiner Richtung hin."

4. Atemregulierung: Bestimmte Regeln für das Ein- und Ausatmen und für das Anhalten des Atems.
5. Abziehen der Sinnesorgane von allen äußeren Objekten.
6. Konzentrierung der Gedanken auf einen einzigen Gegenstand unter Ausschluß aller anderen.
7. Meditation, Nachsinnen: Eine noch intensivere Konzentration, bei der das Denken vom gewählten Objekt vollständig ausgefüllt wird. Als Hilfsmittel hierzu wird das dauernde Wiederholen der heiligen Silbe „Om" empfohlen.
8. Versenkung und Verzückung, die höchste Stufe: Der Geist verliert das Bewußtsein seiner selbst als eines gesonderten Wesens. Der Jogin erlangt eine selige und gottähnliche Einsicht in den Urgrund der Welt. Keine Worte können diesen Zustand (wie schließlich die ganze Joga-Erfahrung) dem beschreiben, der ihn nicht erlebt hat.

(H. J. Störig, Kleine Weltgeschichte der Philosophie, Kohlhammer, Stuttgart 1961[8], S. 84–86)

5.3.2 Pandit Gopi Krischna

Der folgende Text schildert das durchdringende Meditationserlebnis, wie es Gopi Krischna, ein Hindu aus Kaschmir (geb. 1903), nach 17 Jahren meditativen Übungen eines Morgens endlich realisieren konnte. Gopi Krischna beschreibt, wie er nach der Methode des Kundalini-Joga in konzentrierten Schritten zu immer tieferen Stufen der Versenkung findet. Beim Kundalini-Joga (Schlangenkraft-Joga) handelt es sich um eine tantristische Meditationsmethode, bei der sich der Jogi vorstellt, daß seine ganze (sexuelle) Kraft aufgerollt wie eine Schlange (Phallussymbol) am unteren Ende seines Rückenmarks ruht, durch die Konzentration aller inneren Energien dann spiralenförmig (schlangengleich) über mehrere Stufen (Energiezentren) das Rückgrat hochsteigt, um bei Erreichen des lotusförmigen Zentrums im Kopf die Öffnung zum „Höchsten Grund des Seins" aufzubeißen. Durch diese Öffnung träufelt dann ein Glückseligkeit schaffender Saft (Analog des Samens), der das „Erleuchtungs-Bewußtsein" zu einem ekstatischen Erlebnis werden läßt.

Meditationserfahrung

„...ich saß da, atmete langsam und rhythmisch, richtete meine Aufmerksamkeit auf den obersten Teil meines Kopfes und versenkte mich in eine imaginäre Lotusblüte, die dort in hellem Licht erstrahlte. Ich saß unbewegt und aufrecht. Ohne Unterbrechung strömten meine Gedanken zu dem leuchtenden Lotus hin in der festen Absicht, meine Aufmerksamkeit dort zu halten, vom Abschweifen zu bewahren und sie immer wieder zurückzubringen, wenn sie sich in eine andere Richtung bewegten. Die Intensität der Konzentration unterbrach meinen Atem, langsam wurde er so still, daß er kaum mehr wahrnehmbar war...
Mein ganzes Wesen war so sehr in den Lotus eingetaucht, daß ich für mehrere Minuten hintereinander die Berührung mit meinem Körper und meiner Umgebung

verlor. Für einen Augenblick war es mir, als ob ich mitten in der Luft ohne irgendein Körpergefühl schwebte. Das einzige, dessen ich gewärtig wurde, war ein Lotus in hellem Glanz, der Strahlen von Licht aussandte...
Ich fühlte, wie der Punkt meines Bewußtseins, der ich selber war, immer größer und weiter wurde und von Wellen des Lichts umgeben war. Immer weiter breitete es sich nach außen hin aus, während der Körper, normalerweise der erste Gegenstand seiner Wahrnehmung, immer in die Entfernung zu rücken schien, bis ich seiner nicht mehr bewußt war. – Ich war jetzt reines Bewußtsein, ohne Grenze, ohne Körperlichkeit, ohne irgendeine Empfindung oder ein Gefühl, das von Sinneswahrnehmungen herrührte, in ein Meer von Licht getaucht. Gleichzeitig war ich bewußt und jenes Punktes gegenwärtig, der sich ohne jede Begrenzung oder materielles Hindernis gleichsam in alle Richtungen ausbreitet. Ich war nicht mehr ich selbst, oder genauer: nicht mehr, wie ich mich selber kannte, ein kleiner Punkt der Wahrnehmung, in einen Körper eingeschlossen. Es war vielmehr ein unermeßlich großer Bewußtseinskreis vorhanden, in dem der Körper nur einen Punkt bildete, in Licht gebadet und in einem Zustand der Verzückung und Glückseligkeit, der unmöglich zu beschreiben ist...
Nach einer Weile – wie lange es gedauert hat, wüßte ich nicht zu sagen – begann der Kreis wieder enger zu werden. Ich fühlte, wie ich mich zusammenzog und immer kleiner wurde, bis ich der Grenzen meines Bewußtseins erst dumpf, dann klarer bewußt wurde. Als ich in meine alte Beschaffenheit zurückschlüpfte, nahm ich plötzlich wieder den Lärm auf der Straße wahr, fühlte ich wieder meine Arme, meine Beine und meinen Kopf und wurde wieder mein enges Selbst in Kontakt mit Körper und Umgebung . . ."

(Pandit Gopi Krischna, Kundalini, Erweckung der geistigen Kraft im Menschen, in: Jürgen Linnewedel, Mystik, Meditation, Joga. Zen. Stuttgart 1978 S. 70–72)

5.3.3 Joga in Europa

a) Hatha-Joga

Im Westen allerdings wird fast ausschließlich eine besonders auf die körperlichen und atemregulierenden Übungen konzentrierte Version von Joga praktiziert, die gegenüber diesem umfassenden Verständnis eine Einengung bedeutet. Man nennt sie „Hatha-Joga", und sie entspricht, etwa schematisiert, der dritten und vierten Stufe in Patandschalis achtstufigem Weg: Asana und Pranajama. Sicher kommt das auch am ehesten den vorgegebenen Bedingungen und Bedürfnissen des europäischen Lebensraumes entgegen. Jean Herbert präzisiert deshalb seine Umschreibung eines „Joga für Europa": im Gesamt des Joga ist der Hatha-Joga jene Disziplin, die vorzüglich die psychosomatische Konstitution des Menschen ausnützt, das heißt durch Körperstellungen und Atembeherrschung die spirituelle Entwicklung beeinflußt.
Selwaradscha-Jesudian schildert Wesen und Ziel dieser psychosomatisch orientierten Methode sehr plastisch. „Wer aber Hatha-Jogi werden will, der muß sich so lange üben, bis er sein Selbstbewußtsein auch in die kleinsten Teilchen seines Körpers versetzen kann. Ist er so weit gelangt, dann besteht der nächste Schritt

darin, das Bewußtsein – mit der Willenskraft vereinigt – in die kleinste Faser des Körpers überzuleiten ... es genügt nun nicht mehr, mit dem Bewußtsein in mein Herz vorzudringen, sondern ich muß es auch unter meine Botmäßigkeit bringen. Das Herz muß sich meinem Willen unterordnen, damit es das Blut je nach meinem Gutdünken langsamer oder rascher in den Körper pumpt."
Diese Sätze zeigen allerdings auch, wie dünn die Wand ist, die den richtig verstandenen Hatha-Joga, dem es um die Manifestation des Geistigen im Körper und seiner Beherrschung geht, von den spektakulären Kunststücken vieler „Jogis" im Zirkusstil trennt, aber auch von einem platten „System zum Kultivieren des Körpers", von gesundheits- und schönheitsförderndem „Joga" im Television-Stil.

b) Joga in Deutschland

In Deutschland wurde der Hatha-Joga zum erstenmal von Boris Sacharow, einem ehemaligen russischen Tänzer, der bei Swami Siwananda gelernt hatte, in Berlin entwickelt und eingeführt. Nach der Hitlerzeit wirkte Sacharow bis zu seinem Tod 1960 als erster deutscher Lehrer des Hatha-Joga in Nürnberg und Bayreuth. In gewisser Weise richtunggebend wurde für die deutsche Jogabewegung die Übungsweise und Unterrichtsform des Inders Selwaradscha-Jesudian. Zunächst in Zürich und jetzt seit Jahren in Ponte Tresa im Tessin hält er zusammen mit Elisabeth Haich stark besuchte Sommerkurse von hohem Niveau und internationalem Ruf ab. Diese Kurse sind Treffpunkt für zahlreiche deutsche Jogalehrer. Durch sein Buch „Sport und Joga", das mit vielen Auflagen ein Welterfolg wurde, hat er nicht nur die Methode, sondern auch das theoretische Verständnis des westlichen Joga mitgeprägt.
Seit Beginn der fünfziger Jahre haben sich aus diesen Impulsen, aus der Aktivität hinduistischer Bewegungen in Europa und aus direkten Kontakten mit Indien zahlreiche deutsche Jogaschulen entwickelt. So entstand in Hannover unter der Leitung von Frau Ingeborg Kurig-Kroeker und Frau Dr. Gertrud Schmidt eine große Schule. Die Zentrale zählt wöchentlich 300-400 Schüler. Dazu kommen etwa 15 Zweigstellen in Norddeutschland, teils in Volkshochschulkursen, teils selbständig arbeitend, durch eine regelmäßige Mitarbeiterzusammenkunft jedoch ständig in Verbindung zur Zentrale.
In München entwickelte sich in den sechziger Jahren das „Münchner Joga Zentrum" von Frau Anneliese Harf-Bergauer. Mit wöchentlich bis zu 800 Schülern und zahlreichen ausgebildeten Mitarbeitern ist es heute die größte deutsche Jogaschule. Im eigenen Studio sowie in ständigen Kursen an der Volkshochschule werden sowohl Hatha-Joga – mit einer vorausgehenden besonderen „Atem- und Entspannungspraxis" – als auch ein „Geistiger Weg" gelehrt, eine stufenweise aufgebaute Einführung in die Jogaphilosophie mit Konzentrations- und Meditationsübungen, die stark auf Lebenshaltung und -praxis ausgerichtet sind.
Neben diesen beiden größten Einrichtungen gibt es eine Fülle kleiner Schulen, Seminare, Gruppen, die teils im Rahmen der Volkshochschule oder in Verbindung mit den Kneippvereinen, teils in privater Initiative Jogakurse – oder was sie darunter verstehen – abhalten. Das Angebot ist kaum noch zu überblicken, das Geschäft blüht.

Versuche einer überregionalen Organisation der deutschen Jogabewegung sind bisher nicht allzu erfolgreich gewesen. Das liegt sicher zu einem Teil daran, daß der Joga seinem Wesen nach stark individuell geprägt ist und sich deshalb einem organisatorischen Schema entzieht. Immerhin gibt es heute zwei größere Verbände: den „Berufsverband Deutscher Jogalehrer e. V." und die „Deutsche Joga-Gesellschaft e. V.", beide mit Sitz in Düsseldorf. Beide Organisationen gingen aus der Arbeit des „Deutschen Joga-Instituts für Forschung, Lehre und Praxis" hervor, das Dr. O. A. Isbert 1962 als Arbeits- und Sammelstelle für Joga im Westen gegründet hatte. Der Berufsverband bemüht sich um eine Klärung des Berufsbildes des Jogalehrers und in gewisser Weise, auch im eigenen Interesse, um eine bessere Zusammenfassung und Kontrolle. Die Deutsche Joga-Gesellschaft hat die Förderung aller Mitglieder zum Ziel. So veranstaltet sie jedes Jahr – 1974 zum fünften Mal – einen „Deutschen Joga Kongreß".

Joga des Körpers oder geistiger Joga?

Die organisatorischen Schwierigkeiten haben allerdings ihre sachlichen Hintergründe auch darin, daß die Konzeption eines „westlichen Joga" nach wie vor innerhalb der Jogabewegung selber heftig umstritten ist. Auf der einen Seite stehen die Vertreter eines stark körperbetonten Joga. Sie argumentieren mit den psychophysischen Mangelerscheinungen der westlichen Gesellschaft und den therapeutischen Kräften des Joga. Im übrigen aber sehen sie für den heutigen westlichen Menschen kaum die Möglichkeit eines Zugangs zu den geistig-religiösen Dimensionen des Joga. Oder sie wollen diese um der weltanschaulichen „Neutralität" und „Anpassungsfähigkeit" des Joga willen bewußt zurückdrängen.
Dieser Gruppe, die wohl in der Mehrheit ist, stehen auf der anderen Seite die Anhänger eines „geistigen Joga" gegenüber. Sie sehen in dieser Beschränkung eine Verstümmelung, die den Joga gerade seines Wesentlichen beraubt, seines Geistes, und führen dafür zu Recht die klassische indische Tradition an. Sie meinen, auch wenn es für den modernen westlichen Menschen eine gewisse Zumutung bedeute, müsse er in die geistig-religiöse Welt des Joga ebenfalls hineinwachsen, um wirklich seine Heilkraft zu erfahren. Zwar besteht auf allen Seiten weithin Übereinstimmung darin, daß der Hatha-Joga die Basis für einen Joga sein muß, der seine „europäische Gestalt" finden will. Wie weit er aber von seinem weltanschaulich-religiösen Hintergrund abstrahieren kann und soll, darüber gehen die Meinungen weit auseinander.
Genau hier aber setzt natürlich die Frage nach einem „Joga für Christen" ein. Sie läßt sich – eben weil das Verständnis des Joga selbst verschwommen und umstritten ist – nicht generell beantworten.
Frau Anneliese Harf-Bergauer sagt: „Durch Joga habe ich nicht nur wieder zum Christentum hingefunden, sondern in ihm sowohl die Größe als auch die Notwendigkeit und damit die Aufgabe für den Menschen unserer Zeit erkannt." Und sie fährt fort: „Hier liegt das Problem unserer Zeit: zu ringen um ein tieferes Verstehen, um Güte, Wahrheit und Liebe ... Nur so gelangen wir zu einer lebendigen Nachfolge Christi, die nicht im Wort bleibt, sondern das Geschöpf bereit macht für den Gnadenakt des Schöpfers. Daß Joga dazu dem Christen eine wertvolle

Hilfe zu bieten vermag, haben schon viele Christen bewiesen." Man wird dieses Bekenntnis, das so pointiert allerdings wohl nur wenige Jogaanhänger mitsprechen könnten, als das nehmen, was es ist: ein Ausdruck des Versuchs, in dieser heillosen Zeit alle heilenden Kräfte zu mobilisieren, und ein Ausdruck der Überzeugung, gerade darin den Willen Christi und die Intention des Christentums aufzunehmen.

Auch andere Jogavertreter sehen ihre Arbeit als einen zeitgemäßen Dienst an der Menschheit. „Zutiefst aufmerksam auf die Leiden und Hoffnungen der Mitwelt wünschen und hoffen die Joga-Anhänger, daß ihre Forschung und ihre persönlichen Bemühungen sich nicht nur für sie selbst, sondern auch für alle anderen segensreich auswirken." So schließt eine Resolution, die die Ergebnisse jenes Kongresses der „Europäischen Joga Union" vom Herbst 1973 zusammenfaßt. In der Tat: im Ringen „um ein tieferes Verstehen, um Güte, Wahrheit und Liebe" – vielleicht auch einfacher: um Entspannung, Gesundung, um ein Wiedergewinnen des „natürlichen" menschlichen Maßes – sollte man die Hilfe, die im Joga liegen kann, nicht in überheblicher westlicher oder christlicher Selbstgenügsamkeit zurückweisen.

Genausowenig kann man aber übersehen, wie unkritisch, Ungleichartiges ineinanderwerfend, von einer nebulosen All-Einheit und Gotterfülltheit träumend, in Jogakreisen oft spekuliert wird. Wenn solches Denken – meist ist es eher ein unreflektiertes Empfinden – nicht ins Verschrobene abgleitet, dann bleibt es in jener harmonisierenden Grundhaltung des Hinduismus befangen, die zwar ein Ausdruck tiefster religiöser Erfahrung sein kann, oft aber lediglich Indifferentismus und Gedankenlosigkeit bekundet.

(Michael Mildenberger, Heil aus Asien?, Quell-Verlag Stuttgart 1974, S. 27–30)

5.3.4 Tranzendentale Meditation (Die Überprüfung der Meditation)

Dem Einführungskurs in die Technik der „Transzendentalen Meditation" liegt ein Schema von sieben Stufen zugrunde. Den beiden öffentlichen Informationsvorträgen folgt das persönliche Gespräch mit dem TM-Lehrer, das die eigentliche Einführung in die Meditationspraxis vorbereitet. Diese entscheidende Phase, die vierte Stufe also, hat der TM-Neuling jetzt hinter sich; die Initiation ist vollzogen, er hat sein Mantra, die ersten Erfahrungen in der Meditation sind überprüft. Diese ersten Eindrücke sind normalerweise nicht sehr tiefgreifend, aber der Meditierende steht ja erst am Anfang. Deshalb auch die Notwendigkeit, in diesen ersten Tagen der Praxis seine Technik und die Erfahrungen, die er während der Meditation macht, weiter zu kontrollieren und zu korrigieren. An den drei auf die Initiation folgenden Tagen muß er zum „Checking" kommen, wo er in einer Gruppe von Neueingeführten gemeinsam überprüft wird sowie weitere Vertiefung in Theorie und Praxis der TM erhält. Diese drei Überprüfungssitzungen bilden die drei abschließenden Stufen des Einführungskurses. Während ihrer Ausbildung im Teacher Training Course (TTC) bekommen die TM-Lehrer detaillierte Anweisungen, vielfach sogar per Diktat, für den Vollzug des „Checking". Darauf stützt sich die folgende Darstellung.

Jeder der drei Tage hat seinen thematischen Schwerpunkt: am ersten geht es um die richtige Ausübung der Technik, der zweite behandelt die körperlichen und geistigen Vorgänge bei der Meditation, der dritte stellt die Entfaltung der Persönlichkeit durch TM dar.
Der Verlauf der Sitzungen selbst ist jedesmal ähnlich. Fragebögen mit Fragen über die persönlichen Fortschritte und Erfahrungen in der Meditation werden ausgefüllt. Ein Gruppengespräch wertet sie aus und gibt dem TM-Lehrer Gelegenheit, das Hauptthema abzuhandeln. Ein besonders wichtiges Element jeder Sitzung ist eine Gruppenmeditation. Einzelgespräche werden nur geführt, wo besondere Schwierigkeiten auftreten.

Erster Tag: der Mechanismus der TM

Das Ziel des ersten „Checking" ist es, die Meditationspraxis der Neueingeführten zu vertiefen und zu bestätigen, indem ihre Erfahrungen diskutiert und ein richtiges Verständnis der korrekten Methoden vermittelt werden. Dieses Ziel versucht der „Checker" zu erreichen, indem er, meistens anhand der in den Fragebögen gegebenen Antworten, die ersten Meditationserfahrungen aufgreift, Hinweise gibt und praktische Verhaltensregeln nennt. Er kommt dabei auf ganz bestimmte Punkte zu sprechen:

- Meditationszeit und -dauer
- Körperhaltung
- Atem
- Erfahrungen

Unter diesem Stichwort wird den Neulingen eingeschärft, die Meditation sei nicht anhand spezieller subjektiver Erfahrungen während der Meditation zu beurteilen. Ihr Erfolg beruhe vielmehr darauf, daß der Meditierende hinterher körperliche und geistige Entspannung empfinde.

- Mantra

Der „Checker" beschreibt die Möglichkeit, wie das Mantra im Verlauf der Meditation erfahren werden kann, ungefähr so: Wenn das Mantra zu verklingen beginnt, wird es in veränderten Werten erfahren. Es kann sich im Tempo verändern, in seiner Stärke, in der Geschwindigkeit (schneller oder langsamer), in der Häufigkeit, in Umfang und Tonhöhe, in Länge und Artikulierung. Oder es scheint sich überhaupt nicht zu verändern. In jedem Fall nehmen wir es, wie es kommt. Richtig meditieren bedeutet nicht, daß es nötig wäre, das Mantra ununterbrochen zu haben. Wenn wir es verlieren, gut. Werden wir uns bewußt, daß es verschwunden ist, kehren wir ganz ruhig zu ihm zurück.
Diese Art, das „Verhalten" des Mantra zu beschreiben, ist besonders aufschlußreich für das Verständnis des Meditationsvorgangs, wie ihn die TM-Vertreter selbst sehen.

- Äußere Störungen
- Schlafen
- Krankheit usw.

Dabei werden die Merkmale des richtigen Meditierens herausgearbeitet. Solche Merkmale sind:

- feine Zustände des Mantras (mit „fein", so wird erklärt, meint man in der TM: vager, weit entfernt, man scheint das Mantra zu vergessen)
- flacherer Atem
- plötzliches tiefes Einatmen
- Schläfrigkeit
- Anzeichen tiefer Entspannung oder ein Schweregefühl
- jedes Zeichen von Mühelosigkeit und Leichtigkeit während der Meditation oder danach.

Wenn nötig kommen auch Schwierigkeiten der Meditation zur Sprache. Wenn sich beispielsweise ein Meditierender beklagt, er spüre keine Wirkungen, dann gibt es ungefähr folgendes Gespräch:

Der Checker: „Wir wollen gemeinsam untersuchen, wo und was der Fehler ist. Beschreiben Sie, wie Sie meditieren. Zuerst sitzen Sie bequem da? Dann beginnen Sie, das Mantra so mühelos wie jeden anderen Gedanken zu denken? Und haben Sie bemerkt, daß das Mantra feiner wurde oder unbestimmter oder unklarer? Oder hatten Sie das Gefühl, Sie würden es manchmal vergessen? Machten Sie irgend eine solche Erfahrung?"

Der Meditierende sagt vielleicht: „Nein".

Darauf der Checker: „Gut, das macht nichts. Haben Sie bemerkt, daß der Atem flacher wurde?"

„Nein".

„Das macht nichts! Plötzlicher tiefer Atemzug?"

„Ja".

Guru Maharischi

Der Checker erklärt: „Das zeigt, daß zuvor die Atmung nicht ausreichend war. Es weist auf eine Verfeinerung der geistigen Aktivität hin. Und das geschieht, wenn das Mantra feiner wird. Obgleich Sie sich nicht einmal daran erinnern, geschieht es natürlich und so, daß Sie es nicht einmal merken. Das ist in Ihrer Meditation geschehen. Es ist also nicht so, daß nichts geschehen wäre."
Die Gruppenmeditation beginnt mit ein bis zwei Minuten der Beruhigung. Die Meditierenden schließen die Augen, dazwischen kommen die Fragen des TM-Lehrers: „Bemerken Sie etwas Ruhe? Haben Sie bemerkt, wie mühelos die Gedanken kamen?" Dann wird etwa zehn Minuten mit dem Mantra meditiert. Am Ende: „Dschai Guru Dew. Wir lassen uns noch ein paar Minuten Zeit und öffnen die Augen ... Es ging leicht, es war gut? ... Genau so meditieren wir zu Hause ..."
Der Gruppenmeditation schließen sich, wo nötig, Einzelgespräche an. Denn sie soll nicht zuletzt denen, die Schwierigkeiten mit der Meditation haben, durch die Gruppenerfahrung helfen, leichter den richtigen „Eintauchwinkel" zu finden.

Zweiter Tag: Die Wirkungen der TM auf Geist und Körper (Bewußtsein und Nervensystem)

Das Ziel des zweiten Checking ist es, dem Meditierenden anhand seiner eigenen ersten Erfahrungen verständlich zu machen, was während der Meditation in seinem Geist und Körper vor sich geht und wie dadurch die natürliche Entwicklung seiner Persönlichkeit gefördert wird. Dabei werden zwei Grunderfahrungen analysiert:
Gleichgewicht von Ruhe und Aktivität kann er über die Wirkungen von TM, die seine Persönlichkeit in allen Aspekten fördern, hinaus den Zustand vollkommener Erfüllung und Freiheit im „kosmischen Bewußtsein" erreichen.
Dabei greift der „Checker" auf den ersten Einführungsvortrag zurück und vertieft anhand der neuen theoretischen Kenntnisse und praktischen Erfahrungen, wie TM sich in allen dort genannten vier Lebensbereichen auswirkt: Entfaltung des geistigen Potentials, Gesundheit, soziales Verhalten und Weltfrieden. Über eine kurze Wiederholung des streßlösenden Ablaufs der TM-Praxis kommt das eigentliche Thema in den Blick: eine wenn auch nur andeutende Einführung in die Entwicklungsmöglichkeiten des menschlichen Bewußtseins, die TM eröffnet und die in der Theorie von sieben menschlichen Bewußtseinszuständen zusammengefaßt sind. Schlafen, Träumen und Wachen sind die „normalen" Bewußtseinszustände. In der Meditation „transzendiert" der Geist diese Bewußtseinsebenen und erfährt, so jedenfalls besagt die TM-Theorie, einen vierten Bewußtseinszustand: die reine Bewußtheit oder das „transzendentale Bewußtsein". Es sind jene Momente in der Meditation, in denen weder irgendwelche Gedanken noch das Mantra da sind, die vielleicht nur einen Sekundenbruchteil dauern und in denen sich der Meditierende ganz losgelassen hat. Erst hinterher wird er sich dessen bewußt, daß sein Geist jenseits aller Intention und Fixierung war: im absoluten Zustand innerer Wachheit, im Bereich reiner, kreativer Intelligenz.
Durch regelmäßiges Meditieren wird nach Auffassung der TM das transzendentale Bewußtsein mit seinem Potential an Kreativität und Erfüllung immer umfassender und dauerhafter in das normale tägliche Leben hineingezogen. Davon war bereits die Rede. Wird diese Entwicklung kontinuierlich fortgesetzt, so baut sich,

Ruhe und Aktivität umgreifend, ein immer intensiverer Zustand gleichsam dynamischer Ruhe auf. Er kommt zu seiner Vollendung, wenn das transzendentale Bewußtsein so stabilisiert ist, daß es Wachen, Schlafen und Träumen kontinuierlich und total begleitet und sozusagen „untermauert". Dann ist der fünfte Bewußtseinszustand erreicht: das „kosmische Bewußtsein".
„Wenn ein Meditierender ständigen bewußten Zugang zur kreativen Intelligenz gewonnen hat, bewahrt er dieses reine Bewußtsein immer und in allen Phasen des Wachens, Schlafens und Träumens. Ob wachend, schlafend oder träumend – er spiegelt ununterbrochen die enge Vertrautheit mit der gesamten Kapazität an geistiger Erlebnisfähigkeit wider. Ständig bringt er die unbegrenzte Energie, Intelligenz und Zufriedenheit des Basisbereiches, in dem sein Bewußtsein gegründet ist, zum Ausdruck."
Es ist aufschlußreich, daß bei der Beschreibung dieser Vision des vollkommenen Menschen, der alle Begrenztheiten und Mängel hinter sich gelassen und den „Status grenzenloser kosmischer Existenz" gewonnen hat, die Sprache der TM unversehens aus dem „wissenschaftlichen" Vokabular wieder ins Religiöse hinübergleitet. Die hinduistische Einheitsformel „Tat twam asi" taucht auf, und der Lehrer greift einen geradezu klassischen Vergleich mystischer Religion auf, wenn er sagt, das Nervensystem habe, solange es noch voller Streß war, die Sonne der kreativen Intelligenz nicht rein spiegeln können –
Jetzt aber, ganz gereinigt, kann das Spiegelbild sagen: Ich bin die Sonne! Das kleine „selbst" ist zum großen „Selbst" geworden. Und dann weiß das Selbst: ‚Ich bin das.' Das ist Selbstverwirklichung, die Verwirklichung des eigenen, unbegrenzten Potentials. Die TM erreicht dies sehr ruhig und sanft, anmutig und gründlich."

(Michael Mildenberger/Albrecht Schöll, Zauberformel TM, Aussaat-Verlag, Wuppertal 1977, S. 66–73)

5.3.5 Autogenes Training

Das Joga-System ist ein Heilssystem, das den Weg zur Erlösung weist. Im westlichen Kulturbereich wird dieses System abgewandelt und verweltlicht. Es soll nicht mehr Erlösung im religiösen Sinne bringen, sondern nur noch körperliches und seelisches Wohlbefinden, wobei die Frage nach der Religion weithin ausgeklammert wird.
Während die asiatischen Meditationsmethoden darauf abzielen, das falsche Ich-Bewußtsein des Menschen zu beseitigen und ihm letztlich die Vereinigung mit dem Göttlichen zu ermöglichen, werden westliche Meditationssysteme dazu verwendet, das Ich (im tiefenpsychologischen Sinne) zu stärken. Das wichtigste System, das zu diesem Zweck entwickelt wurde und in die Psychotherapie Eingang gefunden hat, ist das Autogene Training des Berliner Psychiaters und Psychotherapeuten Johannes Heinrich Schultz (1884–1970).

Das bestenwickelte autohypnotische Verfahren stellt das Autogene Training dar. Schultz fußt auf den Erfahrungen von Vogt mit „fraktionierten" Hypnosen. Bei diesen wird der Patient nicht nach einem gleichbleibenden Einheitsschema hypnotisiert, sondern jeweils weitgehend abweichend nach *den* Empfindungen und Erlebnissen, die er selbst im Verlauf des Einschlafens oder Hineingleitens in einen Versenkungszustand beobachtet und nachher äußert. Die am häufigsten auftretenden und registrierten Erlebnisse betreffen das Schwer- und Warmwerden, anfangs der Gliedmaßen, später des ganzen Körpers. Schultz weicht in zwei Richtungen von Vogt ab. Erstens werden die Empfindungen nicht vom Hypnotisator einsuggeriert, sondern der Patient übt selbst und für sich allein. Nach Schultz bedeutet es eine Abweichung vom Autogenen Training, wenn der mitübende Arzt dem Patient laut das Schwer- und Warmwerden suggeriert. Die zweite Abänderung betrifft das immer gleichbleibende Einüben in einer festen *Stufenfolge,* die nicht individuell abgewandelt ist. Am Anfang steht das Schwereerleben (zunächst eines Armes oder Beines, von welchem aus allmählich der ganze Körper von allein als schwer empfunden wird: Generalisierung), es folgen die Wärmeempfindung, das Miterleben der Pulsverlangsamung mit einem Kräftigerwerden nach der Peripherie hin, die Verlangsamung und Vertiefung der Atmung, Entspannung und Durchwärmung des Bauchraumes sowie das Kühleerleben bzw. Kühlbleiben der Stirn.

Diese Übungen werden als die *Unterstufe* des Autogenen Trainings bezeichnet. Geübt wird im Liegen oder in der „Droschkenkutscherhaltung" sitzend mindestens dreimal täglich. Man beginnt mit einer Übungszeit von etwa 2 Minuten, die allmählich auf 20 bis 30 Minuten gesteigert wird. In vier bis sechs Monaten beherrscht durchschnittlich ein Patient die Unterstufe.

Die Gleichförmigkeit des Übens erlaubt nicht nur eine *individuelle,* sondern auch eine *Gruppenanwendung* des Autogenen Trainings, das über breite Bevölkerungsschichten gelehrt und vermittelt werden kann. Ähnlich wie es aus öffentlichen Massenexperimenten mit Hypnosen bekannt ist, tritt im gemeinsamen Üben eine Verstärkerwirkung ein. In unserer Zeit weitgehender einseitiger Überforderungen, Verkrampfungen, Überspanntheiten, des Managertums und der Nervosität braucht auf die sozialhygienische Wirkung dieser tiefgehenden Entspannungsübungen kaum besonders hingewiesen zu werden. Es wäre jedoch ein Trugschluß, wollte man allein im Entspannen das Endziel des Autogenen Trainings sehen. Das eigentliche Ziel ist der autohypnotische *Versenkungszustand,* der indikatorisch in gleicher Weise ausgenutzt werden kann wie die Fremdhypnose. Ruhigstellung, Erholung und Erfrischung haben in der Regel nach dem Wecken eine *leistungssteigernde* Wirkung.

Die Leistungssteigerungen gehen besonders aus der Tatsache hervor, daß der Arzt Lindemann bei seiner Ozeanüberquerung mit dem Faltboot ganz auf das Autogene Training angewiesen war; sonst hätte er diese sportliche Höchstleistung nicht vollbracht. Im Versenkungszustand gebrauchte er die Formel: „Ich schaffe es, ich komme durch!" Auch die russischen Astronauten benutzen nach einer Mitteilung von Parin in der Zeitschrift „Priroda" das Autogene Training im Weltraum.

Die *Hauptindikation* des Trainings bilden *psychosomatische Symptome.* Es wurde am Asthma bronchiale entwickelt. An die Stelle der Fremdsuggestionen treten Autosuggestionen, die als Formel- bzw. Vorsatzbildung bezeichnet werden. Der Patient erarbeitet und gibt sie sich selbst. Wie weit vegetative unwillkürliche Funktionen über das im Wachzustand Mögliche hinaus beeinflußt werden können, ist von Patient zu Patient verschieden. Die Erfolge sind meist erheblich bei Menstruationsbeschwerden, Migräne, Obstipationen und rheumatoiden Symptomen, Schlafstörungen aller Art, Stottern, zwanghafte Onanie, Schreibkrämpfe,

Leistungsschwächen in der Rekonvaleszenz nach Krankheiten, Angst- und Erregungszustände bei Tag und Nacht, Herzklopfen, Errötungsfurcht, Angina pectoris, Bettnässen, Phantomerscheinungen Amputierter. Areflexien, Absencen und epileptische Anfälle sind weitere Indikationen, die Schultz und andere angeben. Stresemann-Denninger behandelt sogar den Schnupfen mit dem Autogenen Training, Diesing Schulversager und Altmann psychopathische Jugendliche. Thomas setzt das Autogene Training mit mutmachenden Autosuggestionen in der Lebensmüdenberatung ein.
Zu der Unterstufe des Autogenen Trainings hat Schultz eine *Oberstufe* entwickelt, für deren Einübung ein gewisser Differenzierungsgrad der Persönlichkeit mit einem ausgeprägten introversiven Vermögen erforderlich ist. Die Oberstufe ist einzugliedern in die meditativen Verfahren, die den Rahmen der Therapie und der Klinik sprengen. Die Technik der Oberstufe ist, daß nach erfolgter Einübung der Unterstufe in Form der Fähigkeit zur kurzfristigen „Umschaltung" in den tiefen Versenkungszustand die Augäpfel willkürlich nach innen oben gedreht werden (die klassische Meditationstechnik aller Zeiten). Dann folgt die Aufgabe, sich etwa eine halbe Stunde lang Farben vorzustellen, bis man diejenige Farbe herausgefunden hat, bei der die Übung am besten gelingt. Allmählich soll es gelingen, diese Lieblings- oder Eigenfarbe eine halbe Stunde lang intensiv vor dem inneren Auge zu halten. Anschließend werden systematisch alle Farben des Spektrums nacheinander intendiert. Diese Übung stärkt die Introspektion und das Vermögen, äußere Reize abzuwehren. Auf der nächsten Stufe läßt der Übende sich in ähnlicher Form Gegenstände und Personen erscheinen und schließlich abstrakte Begriffe wie Schönheit und Glück, die von lebhaften optischen und akustischen Erscheinungen begleitet werden. Am Ende der Oberstufe stehen Verbildlichungen eigener Ideale, Wünsche und Lebensfragen, wie „Was mache ich falsch?". Durch diese soll eine Ausweitung der Persönlichkeit und die Korrektur von Fehlverhaltensweisen erreicht werden. Schultz hält für möglich, daß der intensiv Übende am Ende der Oberstufe zur Erkenntnis einer eigenen Persönlichkeitsformel gelangt, mit deren Hilfe alle „Fragen an das Unbewußte" beantwortet werden und eine „Selbstverwirklichung funktionaler Totalharmonie" zu erreichen ist.
Die letzten Stufen des Autogenen Trainigs sind nur von besonders differenzierten Personen zu erreichen, die einen entsprechenden „Glauben" an den Erfolg besitzen. Eine gewisse klinische Bedeutung hat die Oberstufe bei unheilbar Kranken erlangt, die über lange Zeit in Form einer „Nirwana-Therapie" von ihrem Leiden ab – und auf die innere Wirklichkeit hingelenkt werden.

(Schraml/Baumann (Hrsg.), Klinische Psychologie, Huber Verlag, Bern 1970, S. 481–483)

5.4 Auseinandersetzung mit Fragen der modernen Gesellschaft

5.4.1 Religion im technischen Zeitalter (Radhakrischnan)

Die bei uns am weitesten verbreitete Deutung des modernen Hinduismus hat Sarvepalli Radhakrischnan (1888–1975) gegeben. Radhakrischnan war Religionsphilosoph, in seinen letzten Lebensjahren Präsident der Indischen Union. In seiner Sicht ist die westliche Welt durch ihr materialistisches Gewinnstreben und ihre technologische Fortschrittsgläubigkeit in eine Krise geraten, die in einer Katastrophe zu enden drohe, wenn es nicht gelingt, dem westlichen Menschen wieder die Dimension des Geistes zu eröffnen. Hier biete sich der Hinduismus mit seiner mystischen Grundkomponente als Hilfe an. Von einer glücklichen Symbiose von Mystik und Ratio allein sei die die Bewältigung der weltweiten Probleme und ein erfülltes Leben für alle Menschen zu erwarten. Radhakrischnan begann seine philosophischen Studien am Christian College in Madras, wirkte dann als Professor der Philosophie an den Universitäten von Maisur und Kalkutta. Lange beschäftigte er sich mit der Frage, wie Christus im Rahmen des Hinduismus zu verstehen sei, schließlich „integrierte" er ihn als Awatar unter die anderen Inkarnationen des indischen Pantheons. Radhakrishnan lehrte später auch in Oxford, leitete zeitweise die indische UNESCO-Delegation und war Botschafter in Moskau. Zu den vielen Auszeichnungen, die ihm für seine philosophische und politische Tätigkeit zuteil wurden, gehört der Friedenspreis des Deutschen Buchhandels, der ihm 1961 in der Frankfurter Paulskirche verliehen wurde.

Die Reaktion des Hinduismus auf die wissenschaftlich-technische Zivilisation – dargestellt am Beispiel von S. Radhakrischnan

Jahrhundertelang hatte über Indien der „Schatten der Verweigerung" gelegen. Heute steht Indien vor der unausweichlichen Frage, ob es weiter in der Tradition der „Verweigerung" verharren (falls das überhaupt möglich ist) oder sich an die moderne Wirklichkeit anpassen will.

Bei der Beantwortung dieser Frage ist entscheidend, ob der Hindu-Glaube, das bisherige religiöse Einheitsband Indiens, diese Anpassung an die moderne Wirklichkeit vollziehen kann.

Oder kommt es nicht vielmehr darauf an, daß sich Indien bewußt dem Säkularisierungsprozeß öffnet, um so den Anschluß an die Moderne zu bekommen? Das Letztere schlägt der spanisch-indische Katholik R. Pannikkar vor, wenn er sagt: „Die Wiederherstellung des hinduistischen Menschen ist überhaupt nur dadurch erreichbar, daß der säkulare Charakter seiner gesellschaftlichen Einrichtungen betont wird. Es ist die hinduistische Gesellschaft, nicht die hinduistische Religion, die grundlegend neu gestaltet werden muß."

In gleicher Richtung äußert sich auch ein anderer säkularer Inder, A. R. Wadia: „Die Lehre von dem unwandelbaren Brahma hat nur Lethargie in Indien hervorgebracht. Indien braucht heute eine Neuausrichtung seines Denkens... Es wäre für Indien besser, wenn es in metaphysischer Hinsicht Ferien machte."

Demgegenüber versucht Sarvepalli Radhakrischnan, der ehemalige indische Staatspräsident, der Herausforderung der wissenschaftlich-technischen Zivilisation durch eine Wiederbelebung der hinduistischen religiösen Tradition zu begegnen. Er will den Nachweis liefern, daß

a) nicht die Hindu-Ideale falsch sind, sondern ihre bisherige Interpretation,

b) nicht die wissenschaftlich-technische Zivilisation das hinduistische Erbe ins Unrecht setzt, sondern gerade diese moderne Welt einer letzten religiösen Sinngebung aus dem religiösen Erbe Indiens bedarf, um nicht ihrem eigenen Mißverständnis zum Opfer zu fallen.

Diesen Nachweis will er unter Benutzung eines neuen hermeneutischen Prinzips erbringen: Maßstab der Deutung ist die gegenwärtige Welt. Die hinduistische Tradition wird daraufhin geprüft, inwieweit sie diese moderne Wirklichkeit im Ansatz schon angesprochen hat.

1. Die grundlegende Korrektur des Maja-Verständnisses

Nach klassischer hinduistischer Auffassung bedeutet „Maja" Täuschung, Illusion. Die Wirklichkeit der Welt wird von dem Wissenden als Nichtigkeit erkannt. Wirklich, im Sinne ontologischer Qualität, ist nur das absolute „Brahma". Es hat die Welt der Dinge, alles Materielle, aus sich herausgesetzt, um sich zugleich darin zu verhüllen. Wer die ihm begegnende Welt als wirklich nimmt, ist der „Maja" – also diesem Trick, diesem Zauber – zum Opfer gefallen.

Die Identität mit dem Absoluten (Brahma) zu erkennen, heißt für den klassischen Hinduismus, das Scheinbare des vermeintlichen Seins und damit seine Nichtigkeit durchschauen. Deshalb kommt es auch entscheidend darauf an, dieser Seinsidentität inne zu werden, das heißt, den Maja-Charakter der Welt zu erkennen. Man darf sich deshalb auch in keiner Weise in dieser Wirklichkeit ernsthaft engagieren. Wer die Verhältnisse auf der Erde ernst nimmt, nimmt Schaden an seinem „Karma" (das ist der determinierte Verlauf menschlichen Lebens, das Eingefügtsein in den Zyklus des Geschehens). Darum lautet die Devise des klassischen Hinduismus: Weltentsagung, Abkehr, Verzicht.

Dagegen sagt Radhakrischnan: „Der Rückzug aus der Welt ist nicht der Schlußpunkt in der Frage nach dem Geist. Es gibt eine Rückkehr in die Welt, die von der beständigen Weigerung begleitet ist, die Welt, wie sie uns begegnet, als endgültig zu nehmen."

„Maja" bedeutet jetzt nicht länger, daß die Welt selber eine Täuschung ist, sondern daß sich der Mensch in dieser Welt täuscht. Sie wird im Gegenteil zum Prinzip des Fortschritts. Sie soll davor bewahren, daß man sich an die Dinge, wie sie nun einmal sind, verliert. Sie ist die heilsame Beunruhigung, die die Frage nach dem Sinn des Geschehens wachhält.

Aus Weltverachtung wird nun Weltverantwortung. Die Maja-Lehre wird zum neuen „Kategorischen Imperativ": Du kannst, denn du sollst die Welt verändern. „Die Welt muß versöhnt werden; und sie kann versöhnt werden, weil sie ihren Ursprung und ihre letzte Zuflucht in Gott hat."

2. Statt Dharma – Bestimmung zur persönlichen Verantwortung

„Dharma" bezeichnet im Hinduismus nicht nur das religiöse Gesetz für den einzelnen, sondern das gesamte Lebensgefüge. Im Begriff des „Dharma" ist die ewige Ordnung des Universums, der Gesellschaft und des einzelnen umschlossen. „Dharma" ist das schlechthin Unauswechselbare, das jedem einzelnen seinen Standort im Leben bestimmt und seine Pflichten bezeichnet, indem es ihn dem großen Ganzen einordnet. „Dharma" ist Welt- und sittliche Ordnung. Die Folge dieser Lehre ist eine absolut statische Gesellschaftsstruktur.

Diese Situtation hat sich heute geändert. Der Kastenlose kann als Großkaufmann riesige Geschäfte abwickeln. Die Witwe, die sich früher aus dem Leben der Öffentlichkeit zurückziehen mußte, kann einen Beruf erlernen. Radhakrischnan versucht, daraus Konsequenzen zu ziehen. Er sagt wiederum nicht, daß die „Dharma"-Lehre falsch war. Auch hier behauptet er ihre ursprüngliche Intention gegen ihre faktische Gestalt.

Radhakrischnan sieht sich angesichts der veränderten indischen Wirklichkeit vor der Aufgabe einer Neubestimmung des Verhältnisses des einzelnen zur gesellschaftlichen Ordnung. Die alten Ordnungen haben unter dem Ansturm der wissenschaftlich-technischen Zivilisation ihre Unantastbarkeit verloren. Er versucht nun noch einmal in Einklang zu bringen, was auseinanderzufallen droht: die religiöse Bindung auf der einen Seite und die gesellschaftlich-kulturellen Entwicklungen auf der anderen.

Er unternimmt diesen Versuch, indem er den traditionellen „Dharma"-Begriff individualisiert und ethisiert. Dies sei verdeutlicht an seiner Interpretation der Kastenstruktur der indischen Gesellschaft:

Kaste soll nicht länger Ausdruck einer auf Geburtsprivilegien sondern auf persönliche Leistung gegründeten Ordnung sein. Der wahre „Brahmane" etwa ist nicht mehr der geborene, sondern jeder selbstlose Wahrheitssucher. Er ist Repräsentant der geistigen Elite des Volkes. – „Kschatrija" – ursprünglich die Kriegerkaste – wird zum Vorbild für jegliche Exekutive: diesen Typ kennzeichnen „heroische Entschlossenheit", „dynamischer Wagemut" und ein unbeugsamer Widerstand gegen Ungerechtigkeit und Unterdrückung. – Die „Waischja" mit ihren kaufmännischen Traditionen dienen dazu, das Bild der modernen sozialen Marktwirtschaft zu entwerfen. – Alle „Schudra" schließlich erhalten den Adel der „Werktätigen" zugesprochen. Ihnen eignet „ein Gefühl des eigenen Wertes im Rahmen der Gesellschaftsordnung".

Die Notwendigkeiten und Aufgaben einer heutigen modernen pluralistischen Gesellschaft haben aus Kasten moderne Funktions- und Leistungsgruppen gemacht. „Dharma" wird nun geradezu zum Inbegriff neuer sozial-ethischer Verantwortung. „Wenn wir uns nicht nach dem Dharma richten, würde dies eine Anarchie der Gesellschaft herbeiführen... Dharma entfaltet die Stärke der Gesellschaft und hat das Wohl der ganzen Schöpfung zum Ziel." Auf ihm liegt die Verheißung einer Lösung aller Konflikte und Spannungen, die die Gemeinschaften und Völker entfremden. Er ist der „Urgrund menschlichen Wesens", aus dem heraus die Menschlichkeit des Menschen neu geboren zu werden vermag.

„Dharma" ist so unversehens herausgelöst worden aus der sakralen indischen Tradition und gewinnt als allgemeines Prinzip menschlichen Verhaltens universale Bedeutung.

3. *Tat-twam-asi als Begründung der Mitmenschlichkeit*

Im klassischen Hinduismus war die Formel tat-twam-asi (= Ich bin Es) Ausdruck der Identität des Einzelnen mit dem Absoluten. Der zu dieser Erkenntnis durchgedrungene Mensch bedurfte nicht mehr des Nächsten.

Aber auf einer solchen Basis läßt sich keine Sozialethik aufbauen. Radhakrischnan versucht darum konsequent den Nachweis zu erbringen, daß diese Erkenntnis von der Identität des einzelnen mit dem Absoluten erst die Voraussetzung für wahre Mitmenschlichkeit schafft. Mitmenschlichkeit ist nur da möglich, wo über die Einheit im Absoluten die Identität zwischen Ich und Du erreicht wird. Im Nächsten erkenne ich das Brahma und zugleich mich selbst.

Die Lehre Radhakrischnans ist der manchmal verzweifelt anmutende Versuch, die klassische hinduistische Tradition, insbesondere die Upanischaden und die Wedantaphilosophie als Basis für eine moderne indische und, so muß man hinzufügen, für eine kommende Weltgesellschaft neu relevant zu machen. Ob das angesichts

der Hindu-Tradition legitim ist, ist eine zweitrangige Frage. Entscheidend ist dagegen die Frage, ob es möglich ist.
Um mit einem von van Leeuwen in die Diskussion eingeführten Begriff zu reden: Ist der gigantische Versuch, das alte überkommene „ontokratische Kulturmodell“ Asiens zu retten, angesichts dieser modernen säkularen wissenschaftlich-technischen Zivilisation überhaupt möglich? Bei Radhakrischnan wird noch einmal versucht, ein religiös-metaphysisches Einheitsband für die Weltzivilisation zu gewinnen. Das geschieht, obgleich mit der modernen technischen Revolution eine Umwandlung stattgefunden hat, die den Eckstein der gesamten menschlichen Gesellschaft – von ihren primitivsten bis zu ihren höchst zivilisierten Formen – herauszubrechen und zu vernichten scheint. „Dieser Eckstein heißt Religion“.

(Günther Linnenbrink, Weltreligionen in der technisch-wissenschaftlichen Welt, in: Information 25/1967 der EZW Stuttgart).

5.4.2 Gandhi (1869–1948)

Die folgenden beiden Texte wurden aus verstreuten Äußerungen Gandhis zusammengestellt, die in der Zeitung Young India erschienen. Gandhi nimmt hier Stellung zum Problem des Kastenwesens und dem der „Heiligen Kühe“. In einer eigentümlichen Weise hält er an der Kastenordnung fest, um zugleich jeden wertmäßigen Unterschied im Kastenwesen zu leugnen und die Abschaffung der „Unberührbarkeit“ zu fordern. Gandhis Beurteilung der Ahimsa gegenüber Tieren ist nicht unbeeinflußt von den furchtbaren Ausschreitungen zwischen Hindus und Moslems, die sich im Abschlachten von Kühen und Schweinen entluden. Die Hindus warfen den Moslems tote Schweine vor die Tür, die Moslems den Hindus tote Kühe. Weil Gandhi beharrlich die Hindu-Moslem-Einheit für das befreite Indien suchte, wurde er schließlich von einem Hindu-Fanatiker ermordet.

Mahatma Gandhi (1869–1948)

Die Ordnung der Kasten

Ich kann nicht verstehen, wie wir – angesichts der Tatsache, daß keine Schriftstelle einen fünften Warna erwähnt, und angesichts des ausdrücklichen Befehls der Bhagawad-Gita, einen Brahmanen und einen Bhangi (Straßenkehrer) als gleichwertig anzusehen – an dem Schandfleck der Unberührbarkeit festhalten könnten. Warna ist nicht Kaste, es ist ein Stand, ein Rang. Ein Mann darf sich einen Brahmanen nennen, d. h. einen Lehrer der Religion, wenn er tatsächlich ein solcher ist, einen Kschatrija, d. h. einen Soldaten, wenn er einer ist, einen Waischja, d. h. einen Kaufmann oder Bauer, wenn er das ist, einen Schudra, d. h. einen Angestellten, wenn er das ist. Es gibt keinen Stand der Unberührbaren.
Meiner Meinung nach gibt es keine ererbte oder erworbene Überlegenheit. Ich glaube, daß alle Menschen gleich geboren sind. Alle haben die gleiche Seele. Dennoch halte ich an der Kastenordnung fest. Sie bedeutet, dem Erbe der Vorväter zu folgen, soweit es grundlegenden ethischen Vorschriften nicht widerspricht und zum Verdienst des Lebensunterhaltes dient.
Jedes Kind folgt doch ganz natürlich seinem Vater. Wenn ich dem Beruf meines Vaters folge, brauche ich nicht einmal zur Schule zu gehen, um zu lernen, und meine geistigen Kräfte werden frei für geistliche Bestrebungen.

Ahimsa – Schutz der Kuh

Die zentrale Lehre der Bhagawad-Gita ist. . . Ahimsa, die zentrale Lehre des Hinduismus... Beschützung der Kuh. Die Kuh symbolisiert für mich die ganze subhumane Welt. Durch die Kuh ergeht an den Menschen der Auftrag, seine Einheit mit allen Lebewesen zu verwirklichen. Warum die Kuh zu solcher Vergötterung ausgesucht wurde, ist mir ganz deutlich. Die Kuh war in Indien der beste Freund des Menschen. Sie war der Geber von Vielem. Sie gab nicht nur Milch, sie machte die Landwirtschaft überhaupt erst möglich. Schutz der Kuh heißt Schutz der ganzen stummen Kreatur Gottes.
Doch kann ich die Doktrin des Nicht-Tötens von Tieren nicht voll akzeptieren. Ich habe kein Gefühl in mir, das mir sagen würde, daß man das Leben von Tieren retten sollte, die Menschen verletzen oder vernichten. Ich halte es für falsch, ihnen noch bei ihrer Vermehrung behilflich zu sein. Ich werde deshalb keine Ameisen, Affen oder Hunde füttern. Und ich werde niemals das Leben eines Menschen opfern, um ihres zu retten.
In unserem Aschram hatten wir eine kleine Modell-Molkerei. Eines Tages lag ein Kalb im Todeskampf. Ich fühlte, daß Humanität es erfordern würde, daß dieser Todeskampf beendet werden sollte, indem man dem Leben selbst ein Ende machte. Der Pfad der Ahimsa ist Liebe.

(aus: M. K. Gandhi, Hindu Dharma, ed. by Bharatan Kumarappa, Ahmedabad 1958 2. Aufl., S. 192 ff; in Auszügen, aus dem Englischen übersetzt)

Über die Wahrheit

All unser Handeln sollte von der Wahrheit geleitet werden. Die Wahrheit sollte unser eigentlicher Lebensodem sein. Wenn einmal dieses Stadium auf unserer Pilgerreise erreicht ist, werden sich alle Regeln richtiger Lebensführung ohne Mühe ergeben, und ihre gehorsame Befolgung wird instinktiv werden. Aber ohne Wahrheit ist es unmöglich, irgendwelche Grundsätze oder Regeln im Leben zu befolgen. Wahrheit ist die richtige Bezeichnung für Gott. Darum ist bei jedem Menschen, der seiner Erleuchtung gemäß der Wahrheit folgt, nichts im argen. Hier liegt wahrlich seine Verpflichtung. Wenn dann der in der Wahrheit Lebende einem Irrtum unterliegt, wird doch alles von selbst wieder ins Reine kommen. Denn die Suche nach Wahrheit bringt Tapas (Selbst-Leiden) mit sich, manchmal bis zum Tod. Auch nicht eine Spur von Eigennutz hat darin Raum. In solch selbstloser Suche nach Wahrheit kann keiner für lange seine Orientierung verlieren. Sobald er den falschen Pfad einschlägt, stolpert er und wird so auf den richtigen Weg wieder eingewiesen.

Über Gewaltlosigkeit oder Liebe

Ahimsa (Gewaltlosigkeit) ist nicht jene unverdaute Angelegenheit, als die man sie hingestellt hat. Keinem lebenden Wesen Schaden zuzufügen ist ohne Zweifel ein Teil von Ahimsa. Aber es ist ihre mindeste Ausdrucksform. Das Prinzip von Ahimsa wird durch jene bösen Gedanken verletzt, durch unnötige Eile, durch Haß, durch böse Wünsche für andere. Es wird auch dadurch verletzt, daß wir Dinge für uns zurückbehalten, die die Welt benötigt. Ohne Ahimsa ist es nicht möglich, Wahrheit zu suchen und zu finden. Ahimsa und Wahrheit sind so miteinander verflochten, daß es praktisch unmöglich ist, sie zu entflechten und zu trennen. Sie sind wie die beiden Seiten einer Münze oder eher wie eine glatte, ungeprägte Metallscheibe. Wer kann sagen, welches die Vorderseite und welches die Rückseite ist! Trotzdem ist Ahimsa nur das Mittel; die Wahrheit ist das Ziel. Ein Mittel, das tauglich sein soll, muß auch immer in unserer Reichweite liegen, und deshalb ist Ahimsa uns höchste Pflicht. Wenn wir sorgfältig auf das Mittel achten, wird uns früher oder später die Erreichung des Zieles zufallen. Haben wir einmal diesen Punkt erfaßt, steht der Sieg außer Frage.

Soziale Gerechtigkeit

Sie können versichert sein, daß ich meinen ganzen Einfluß geltend machen werde, um den Klassenkampf zu verhindern. Sozialismus und Kommunismus des Westens beruhen auf Vorstellungen, die grundverschieden von den unsrigen sind. Eine dieser Vorstellungen ist die grundsätzliche Annahme, daß der Mensch von Natur selbstsüchtig sei.

Ich schwöre nicht darauf, denn ich weiß, daß der wesentliche Unterschied zwischen dem Menschen und dem wilden Tier darin besteht, daß der Mensch fähig ist, dem Ruf des Geistes zu folgen und sich über die Leidenschaften zu erheben, die ihm wie die Tiere eigen sind, und somit über seine Selbstsucht und Gewalttätigkeit Herr werden kann, die zu seinem animalischen Wesen gehören und nicht Teil seines unsterblichen Geistes sind. Das ist die grundlegende Auffassung des Hinduismus, den Jahre der Buße und der Entbehrung zur Entdeckung dieser Wahrheit geführt haben. Dazu haben wir Heilige gehabt, die ihre Körper kasteiten und ihr Leben hingaben, um die Geheimnisse der Seele zu ergründen. Unser Sozialismus und Kommunismus sollen deshalb auf Gewaltlosigkeit und harmonischer Zusam-

menarbeit zwischen Arbeiter und Kapitalist, Grundbesitzer und Pächter beruhen. Wenn wir ihr (der Kapitalisten) Vertrauen gewinnen und keinen Zwang üben, werden wir finden, daß sie nicht abgeneigt sind, mehr und mehr ihre Reichtümer mit den Massen zu teilen.
Fragen wir uns ferner doch einmal selbst, was wir getan haben, um unsere Verbundenheit mit der Masse zu zeigen. Haben wir die Kluft zwischen den wogenden Millionenmassen und uns selbst überbrückt? Laßt uns, die wir selbst im Glashaus sitzen, nicht Steine auf andere werfen. In welchem Umfang teilen Sie das Leben der Massen? Ich gestehe, daß es bei mir bisher nur beim Versuch geblieben ist. Wir haben nicht vollständig die Lebensgewohnheiten abgelegt, für welche die Kapitalisten nach unserer Meinung so berüchtigt sind. Der Klassenkampf ist nicht mein Fall. In Indien ist ein Klassenkampf keineswegs unvermeidlich, sondern wirklich vermeidbar, wenn wir die Lehre der Gewaltlosigkeit recht begreifen. Wer von der Unvermeidbarkeit des Klassenkampfes spricht, kennt nicht die selbstverständlichen Folgerungen aus der Gewaltlosigkeit oder hat sie nur oberflächlich erfaßt. Laßt uns doch nicht länger von den Schlagworten und verführerischen Wahlsprüchen, die man vom Westen her importiert hat, so besessen sein! Haben wir nicht unsere deutlich verschiedene östliche Tradition? Sind wir nicht fähig, das Problem Kapital und Arbeit auf unsere eigene Weise zu lösen? Was ist denn die Ordnung der Kasten anderes als ein Mittel, den Unterschied zwischen hoch und niedrig, zwischen Kapital und Arbeit harmonisch zu bewältigen? Alles, was in dieser Hinsicht vom Westen kommt, ist besudelt durch Gewalt... Ich habe die sozialen Bedingungen des Westens mit großer innerer Anteilnahme studiert und dabei herausgefunden, daß trotz der fiebrigen Hast, die die Herzen des Westens erfaßt hat, doch eine rastlose Suche nach der Wahrheit zu beobachten ist. Ich schätze diesen Geist. Laßt uns unsere östlichen Einrichtungen im Geist dieser wissenschaftlichen Forschung untersuchen, und wir werden einen besseren Sozialismus und Kommunismus entwickeln, als die Welt sich je hat träumen lassen. Es ist gewiß falsch anzunehmen, daß der westliche Sozialismus und Kommunismus das letzte Wort in der Frage des Massenelendes seien.

(Kurt Dockhorn, Arbeitstexte Nr. 11 „Neo-Hinduismus“, EZW Stuttgart 1972, S. 19–22)

5.4.3 Dschawaharlal Nehru, Kastensystem und moderner Staat

Mit der Entwicklung einer modernen Gesellschaft ist das Kastensystem völlig unvereinbar, reaktionär und eine Barriere gegen jeden Fortschritt. In seinem festgefügten Rahmen kann es keine Chance der Gleichheit geben, noch kann politische Demokratie und noch weniger wirtschaftliche Demokratie entstehen.
In der modernen, sozialen Organisation ist kein Platz mehr für die Kasten. Wenn Leistung das einzige Kriterium für jedermann wird, dann verlieren die Kasten ihre gegenwärtige unterscheidende Bedeutung. Das Kastenwesen war ein aristokratisches Prinzip. Seine Grundlagen müssen sich völlig ändern, weil es modernen Bedingungen und den demokratischen Idealen entgegengesetzt ist. Die funktionale Organisation sozialer Gruppen mag vielleicht in Indien fortbestehen, aber auch dies wird einem starken Wandel unterworfen sein, da die moderne Industrie neue

Funktionen schafft und viele alte zum Verschwinden bringt. Der Geist unseres Zeitalters erfordert die gleiche Chance für jeden.

(Jawaharlal Nehru, The Discovery of India, London 1956, 4. Aufl. s. S. 253/534 zitiert nach: Giselher Wirsing, Indien-Asiens gefährliche Jahre, Diederichs Verlag, Düsseldorf – Köln 1972, 2. Aufl., S. 32)

5.4.4 Die Einheit der Menschheit

Das wesentliche Bestreben der Hindus ist das „Einssein der Menschheit". Sie sind der Überzeugung, daß alle Menschen in der Wahrheit und in der Liebe eins sind, daß sie eine menschliche Familie sind. Es kann keinen Frieden und kein Heil-Sein in der Gesellschaft geben, wenn sie durch Kasten, Glaubensbekenntnis, Hautfarbe, Klassen und nationale Grenzen in sich gespalten ist. Das bedeutet nicht, daß die ungeheure Vielfalt in den verschiedenen Bereichen der menschlichen Existenz ignoriert werden kann. Einheit ist nicht Uniformität. Die Hindus verstehen und würdigen die Unterschiede; und doch ist ihr Ideal die alles überragende Einheit der Menschheit und darum die Notwendigkeit, um des menschlichen Wohles willen miteinander leben und wirken zu lernen (wenn sie auch oft in der Praxis hinter diesem Ideal zurückgeblieben sind).
Die heutigen Probleme sind so gewaltig, weil wir es nicht mit kleinen Stämmen oder Gruppen zu tun haben, sondern mit großen nationalen Gesellschaften oder mit der gesamten Menschheit überhaupt. Die Probleme dieser Welt können nicht bruchstückweise gelöst werden. Unser Erfolg wird davon abhängen, ob wir fähig sind, die Welt zu einer einzigen Familie zusammenzufügen, die auf der geistigen Einheit der Menschheit begründet ist. Es gibt überall in der Welt Spannungen und Konflikte zwischen Großmächten, zwischen kleineren Staaten und zwischen verschiedenen Gruppen der Gesellschaft innerhalb eines Staates. Es gibt Rassen-, Religions-, Glaubens- und Klassenkonflikte. Es gibt scharfe Differenzen zwischen Ländern, die verschiedene Ideologien vertreten. Und auf kleinere Länder wird ein Zwang ausgeübt, dieser oder jener Ideologie zu folgen. Das hat die Welt in kriegführende Lager gespalten, die sich gegenseitig mit Zerstörung bedrohen. Man fragt sich, ob nicht friedvolle Koexistenz verschiedener Ideologien möglich ist. Es wäre absurd, scharfe Unterschiede und Konflikte ignorieren zu wollen; doch es wäre noch absurder, wollte man versuchen, sie im gegenwärtigen Kontext mit Gewalt und Krieg lösen zu wollen. Ausgesprochene und unausgesprochene Kriege bringen vielen Teilen der Welt unsägliches Elend und Verwüstung. Unzählige Menschenleben gehen verloren, und ein ungeheures wirtschaftliches Potential wird sinn- und zwecklos vergeudet. Begrenzte (lokale) Kriege haben die Tendenz, die Großmächte schnell in eine gewaltige Feuersbrunst hineinzuziehen. Das Problem von Krieg und Frieden ist wirklich das herausragende Problem unseres Zeitalters, und wenn es nicht in befriedigender Weise gelöst wird, ist die Zukunft der Menschheit verdammt.
Die Geschichte bezeugt, daß Krieg die Folge von Unterdrückung, Verleugnung der Freiheit, Ausbeutung, Unwissenheit und ungleicher Behandlung von Menschen durch andere Menschen ist. Der Krieg ist kein isoliertes Phänomen, er ist ein Symptom der ungerechten und disharmonischen Ordnung in der menschlichen

Gemeinschaft. Viele tiefe – politische, wirtschaftliche und psychologische – Ursachen liegen dem Krieg zugrunde. Sie entstehen aus Verlangen, Machtgier und Angst. Die Angst ist wahrscheinlich das größte Übel, denn meistens erwächst aus ihr die Gewalt. Gewalt und Unwahrheit sind Folgen der Angst, und die mächtigsten Nationen sind heutzutage von ihr befallen. Kriege entstehen durch weitverbreitete soziale und wirtschaftliche Ungerechtigkeit, rassische Intoleranz, Diskriminierung verschiedener Art und die immer tiefer werdende Kluft zwischen den reichen und armen Nationen und Klassen. Irgendeine Form der Ungleichheit oder die Verweigerung irgendeines Menschenrechtes ist oft die Wurzel des Krieges. Darum wird der Krieg nicht ausgemerzt werden, wenn wir uns nicht in allen innernationalen und internationalen Beziehungen entschlossen in Richtung auf die Anerkennung der Menschenwürde und der menschlichen Solidarität und in Richtung auf das Ziel sozialer Gerechtigkeit im weitesten Sinne des Wortes bewegen.
Das Streben nach Frieden durch Gewalt und Krieg hat sich selbst ad absurdum geführt. Zwei Weltkriege haben den Kriegen kein Ende gemacht. Die modernen militärischen Waffen sind so zahllos und ihre Wirkungen so katastrophal, daß die Menschheit in ihrer Existenz bedroht ist. Statt Sicherheit zu verschaffen, werden Gewalt und Krieg nur zu weiterer Unsicherheit führen. Die alte Theorie, nach der im Falle der Bedrohung eine „Stärkung der eigenen Fähigkeit zu töten" das Richtige ist, gilt nicht mehr. In der heutigen Situation bedeutet die Stärkung der „Fähigkeit zu töten" nur, daß man „den Weg zum Selbstmord pflastert".

Kapitell einer Säule, die der buddhistische Kaiser Aschoka im 3 Jh. v. Chr. errichten ließ. Die Löwen, die in die 4 Himmelsrichtungen blicken, werden als Symbol für die weltumgreifende Macht des Glaubens verstanden. Die Sonnenscheibe als „Rad des Gesetzes" bedeutet, symbolisiert den ewigen Kreislauf von Geburt und Wiedergeburt. Die indische Regierung hat das Löwen-Kapitell zum nationalen Wahrzeichen erhoben – mit der Devise: „Es gibt nichts Höheres als die Wahrheit."
Museum von Sarnath bei Benares

Der furchtbarste Feind, der den Menschen bedroht, ist das Wettrüsten. Die modernen Staaten setzen sich durch das Wettrüsten selbst der Gefahr aus. Auch militärische Bündnisse führen zu weiterer Unsicherheit und Furcht. Sie verderben die Atmosphäre der Welt.
Die Gewalt fordert die tapfersten Helden und Nationen heraus und besiegt sie. Je mehr wir uns ihr entgegenstellen, zu desto größerem Ausmaß wächst sie an, denn Gewalt lebt von Gewalt. Das einzige Mittel, um sie zu besiegen, ist Gewaltlosigkeit. Der Hindu-Geist vertritt die Ansicht, daß das Böse durch sein Gegenteil, das Gute, überwunden werden muß. Er versucht, die Menschheit einer schöpferischen, dynamischen angstfreien und gewaltlosen Gesellschaft entgegenzuführen. Angstlosigkeit führt zu Mitleid und Toleranz.
Zusammenballung von Reichtum und Macht bringt keine Sicherheit. Eine wirtschaftlich reiche Gesellschaft garantiert keine Freiheit vom Krieg. Wenn ein Land seine Macht und seinen Reichtum auf Kosten anderer Völker der Welt vergrößert, dann fügt es nicht nur seinen Mitmenschen Schaden zu, sondern setzt seine eigene zukünftige Sicherheit aufs Spiel. Die zunehmende Diskrepanz zwischen reichen Ländern und Entwicklungsländern zeigt eine mögliche Gefahr auf; die reichen Nationen werden reicher und die armen Nationen ärmer. Armut und Elend führen zu sozialen Unruhen in den Entwicklungsländern und später zu umfangreichen Kriegen zwischen den Nationen. Es müssen einsichtsvolle und aufrichtige Versuche unternommen werden, um die zunehmende Diskrepanz zwischen reichen und armen Nationen zu beseitigen. Innerhalb der Staaten muß es zu einer gerechten Verteilung der Güter kommen. Ein gemeinsames Bemühen um die wirtschaftliche Entwicklung der Welt als einer Einheit ist erforderlich.
Ein erheblicher Zuwachs der Weltbevölkerung ist besonders in Asien zu beobachten. Dieser ungeheure Zuwachs behindert die wirtschaftliche Entwicklung dieser Völker und hält den Lebensstandard sehr niedrig. Der Kampf gegen Hunger und Armut wird immer schwieriger. Die riesige Weltbevölkerung vermindert die Reserven der Natur in einem ungeheuren Tempo. Die Zuwachsrate der Bevölkerung muß unter Kontrolle gehalten werden. Die Hindus haben (voll Hoffnung) die Schriftzeichen an der Wand gesehen; sie treten energisch für Familienplanung ein; es besteht kein religiöses Verbot dagegen.
Rassismus bedeutet den falschen Überlegenheitsanspruch einer Gruppe von Menschen gegenüber einer anderen. Es ist ein Anspruch, der in Wirklichkeit besagt, daß einige Menschen anders sind als ihre Mitmenschen. Es gibt in verschiedenen Völkern verschiedene Grade des Rassismus; doch im allgemeinen wird er – mit ein oder zwei Ausnahmen – verurteilt. Dort, wo er praktiziert wird, beinhaltet er die furchtbarste Form der Beherrschung. Er widerspricht der Einheit und Solidarität der Menschheit und bedroht den Weltfrieden. Die Gefahr kann abgewendet werden, wenn wir die Bruderschaft mit unseren Mitmenschen anerkennen und versuchen, ehrlich und mildtätig mit ihnen umzugehen und uns für Gleichheit der Rechte im politischen und im wirtschaftlichen Bereich einsetzen. Es ist zu hoffen, daß die Weltmeinung gegen den Rassismus stärker wird, als sie heute ist.

(K. L. Seshagiri Rao, Weltprobleme aus der Perspektive eines Hindu, in: Schultze/Trutwin (Hrsg.), Weltreligionen – Weltprobleme, Patmos-Verlag, Düsseldorf 1973, S. 89–92)

5.4.5 Das Verhältnis von Staat und Religion

5.4.5.1 Glaubensunterweisung in Schulen

In Indien hat man einen Mittelweg gefunden zwischen dem Staat, der an sich säkular ist, und dem Staat, der den einzelnen Religionsgemeinschaften das Recht garantiert, in ihren Schulen, auch wenn sie der Allgemeinheit zugänglich sind, ihren Glauben zu lehren. Es läuft darauf hinaus, daß der Staat selbst keinen Religionsunterricht gibt, aber den Religionsunterricht der einzelnen Glaubensgemeinschaften nicht unterdrückt. Wenn andererseits die Anhänger der bedeutenden Religionen für ihre Kinder, die öffentliche Schulen besuchen, Gelegenheit zum Religionsunterricht verlangen und die Regierung diese Forderung anerkennt, so läßt sich dagegen nichts Ernstliches einwenden. Doch kann es in dieser Beziehung praktische Schwierigkeiten geben. Als beste Lösung erscheint mir unter den gegebenen Umständen die Errichtung von Schulen, in denen jeweils nur eine Religion gelehrt wird. Dann können Eltern, die ihre Kinder in dieser bestimmten Religion erzogen sehen wollen, sie in solche Schulen schicken. Es ist nicht günstig, wenn mehrere Religionen in ein und derselben Schule gelehrt werden, wo kleine Kinder ihren ersten Unterricht empfangen. Fortgeschrittenen Schülern mag man Gelegenheit zu vergleichendem Studium der Grundprinzipien der großen Religionen geben, damit die Bürger eines Säkularstaates in gegenseitiger Achtung miteinander leben, auch wenn sie verschiedenen Religionen eigener Wahl angehören. Religionsunterricht, um Bekehrungen zu erzielen, ist eine falsche Methode, schädlich in einem Säkularstaat mit voller Religionsfreiheit. Allzuoft erwachsen daraus Uneinigkeiten zwischen den Anhängern verschiedener Religionen. Der Hinduismus ist eine Religion, die keine Proselyten machen will. Es muß ja Schwierigkeiten geben, wenn eine Religion versucht, über eine andere zu triumphieren, oder wenn Ideen wie die einer pan-islamischen oder pan-christlichen Welt aufkommen. Solche ehrgeizigen Wünsche sind geradezu gegen die Natur des geschaffenen Universums mit seinen Mannigfaltigkeiten und seinen deutlich erkennbaren Koexistenzen. Einem Säkularstaat, der sich mit keiner bestimmten Religion identifiziert, kann es dennoch nicht gleichgültig sein, was bei den verschiedenen Religionsgemeinschaften im Staat vor sich geht. Der Säkularstaat trägt allen seinen verschiedengläubigen Bürgern gegenüber eine indirekte Verantwortung für einen gesunden Religionsunterricht.

5.4.5.2 Religion und Politik

Die ganze Weltgeschichte hindurch haben die Anhänger verschiedener Glaubensrichtungen sich bemüht, ihre spezifischen Grundsätze in bezug auf politische, soziale und wirtschaftliche Probleme zu formulieren, aber es vermehrt nur die Komplikationen. Wenn Religionen in die Politik hineinpfuschen, verliert die Religion ihren wahren Zweck und erniedrigt sich selbst zu einem materiellen Niveau und weltlichen Machtstreben. Wahre Religion ist eine Sache des endlichen Selbst im Verhältnis zum unendlichen Selbst und steht darum hoch über allen sozialen, wirtschaftlichen und politischen Angelegenheiten. Solange der Mensch an solche weltlichen Dinge verhaftet bleibt, verleitet ihn sein relilgiöses Bekenntnis zur Selbsttäuschung. In Indien besteht darum eine wachsende Tendenz, die politischen, sozialen und wirtschaflichen Probleme unter ihrem eigenen Gesichtswinkel zu behandeln und nicht von religiösen Dogmen beherrscht. Das sieht man in der neuen Einstellung zu Fragen wie Familienplanung, Ausschaltung des Kastenwesens im politischen Leben, dem Problem der heiligen Kühe, dem Platz der Frau in der Gesellschaft und so weiter. Sozio-religiös oder poltisch-religiös gesinnte Leute bringen alles in Verwirrung, weil sie in jeden weltlichen Aspekt die Religion mischen.

Mannigfaltigkeit liegt schon in der Natur der Schöpfung. Es kann keine Dampfwalze geben, die alle Religionen zur selben Gleichförmigkeit einebnet. Es ist eine Grundregel, daß Geschmack und Temperament der verschiedenen Personen unter verschiedenen Verhältnissen und in verschiedener Umgebung voneinander abweichen, auch schon wegen ihrer früheren Handlungen. Öde Gleichförmigkeit auf irgendeinem Lebensgebiet, geschweige denn in der Religion, kann nur durch Zwang bewirkt werden, und Zwang hält nicht lange. Wo die Menschen nicht frei sind, sich voneinander zu unterscheiden, neigt die Gesellschaft zur Entartung. In jeder freien Gesellschaft wird es gewisse Leute, vielleicht sogar viele Leute geben, die gern ein „gutes Leben" führen. Aber es wird auch viele geben, die freiwillig ein einfaches Leben auf hoher geistiger Ebene vorziehen. Und es wird auch eine kleine Gruppe von Menschen geben, die sich ausschließlich Gott widmen möchten.

Mit den Anfängen der UNO, wo Vertreter der verschiedenen nationalen Regierungen zusammenkommen, um materielle Probleme auszubügeln, ist auch eine neue Gruppe von Menschen entstanden, die meinen, man könne die Unterschiede der verschiedenen Religionen ausmerzen und, indem man aus allen Religionen das Beste nähme, eine neue Universalreligion schaffen, ähnlich wie die Idee einer Weltregierung! Das ist reine Phantasie von Intellektuellen, die offenbar kein religiöses Leben führen, wenn sie auch vielleicht viel von den Verdiensten und Mängeln der verschiedenen Weltreligionen verstehen mögen und darüber reden. Aber keine Religion braucht zu fürchten, sie könnte wegen der zunehmenden Lebensangleichung in der heutigen Welt technischen Fortschritts mit einer anderen Religion vereinigt werden. Der Hinduismus wenigstens hat nicht die leiseste derartige Furcht. Er hat die Probe der Zeit und der feindlichen Angriffe durch andere religiöse Fanatiker bestanden.

(Swami B. H. Bon Maharadsch [Vizepräsident der Indischen Gesellschaft für Religionsgeschichte], in: G. Szczesny, Die Antwort der Religionen, Rowolt Verlag, Reinbek 1971)

5.4.6 Sri Aurobindo: Durchbruch zum Überbewußten

Die früheste Hauptbeschäftigung des Menschen in seinem erwachten Denken und, wie es scheint, seine unvermeidliche und endgültige Hauptbeschäftigung – denn sie überlebt die längsten Zeiträume des Skeptizismus und kehrt nach jeder Verbannung zurück – ist auch die höchste, deren sein Denken ansichtig werden kann. Sie tut sich kund im Erahnen der Gerechtigkeit, im Drang nach Vollkommenheit, in der Suche nach reiner Wahrheit und ungetrübter Seligkeit, im Sinn für eine geheime Unsterblichkeit. Das erste Morgenrot menschlichen Wissens hat uns das Zeugnis von diesem ständigen Bestreben überbracht; heute sehen wir eine Menschheit, die übersättigt aber nicht befriedigt durch die siegreiche Zerlegung der Außenseite der Natur, im Begriff ist, zu ihrem Urverlangen zurückzukehren. Die früheste Formel der Weisheit dürfte auch ihre letzte sein – Gott, Licht, Freiheit, Unsterblichkeit.

Diese beharrlichen Ideale des Menschengeschlechts sind gleichzeitig Widerspruch gegen seine gewöhnliche Erfahrung und Bestätigung höherer und tieferer Erfahrungen, welche für die Menschheit ungewöhnlich sind und in ihrer organisierten Ganzheit nur erreicht werden können durch eine revolutionäre individuelle Anstrengung oder einen evolutionären allgemeinen Fortschritt. In einem tierischen und ichhaften Bewußtsein das göttliche Wesen zu kennen, zu besitzen und zu sein, unsere zwielichtige oder dunkle physische Mentalität in vollständige supramentale Erleuchtung umzuwandeln, Frieden und eine in sich existierende Seligkeit aufzubauen, wo es nur den Druck vorübergehender, von physischem Schmerz und emotionalem Leiden bedrängter Befriedigungen gibt, eine unendliche Freiheit zu errichten in einer Welt, die sich selbst als eine Anordnung mechanischer Notwendigkeiten darstellt, das unsterbliche Leben zu entdecken und zu verwirklichen in einem Körper, der Tod und ständigem Wandel unterworfen ist, – das wird uns angeboten als die Manifestation Gottes in der Materie und das Ziel der Natur in ihrer irdischen Evolution...

Wir reden von der Evolution des Lebens in der Materie, von der Evolution des Mentalen in der Materie; aber Evolution ist ein Wort, das das Phänomen nur anzeigt, ohne es zu erklären. Denn es scheint keinen Grund zu geben, warum Leben bereits in der Materie und das Mentale im Leben enthalten ist, weil Materie im Grunde eine Gestalt verborgenen Lebens, Leben eine Gestalt verborgenen Bewußtseins ist. Und dann scheint wenig einzuwenden zu sein gegen einen weiteren Schritt in der Reihe, daß man die Annahme zuläßt, das mentale Bewußtsein selbst könne auch nur wieder eine Gestalt und eine Hülle höherer Zustände sein, die jenseits des Mentalen sind. In dem Fall stellt sich der unbesiegbare Drang des Menschen zu Gott, Licht, Seligkeit, Freiheit, Unsterblichkeit an der richtigen Stelle in der Kette schlicht als den gebieterischen Drang dar, durch den die Natur versucht, sich über das Mentale hinaus zu entwickeln, und er stellt sich als genau so natürlich, wahr und richtig heraus wie der Drang zum Leben, den sie bestimmten Gestalten der Materie eingepflanzt hat, oder wie der Drang zum Mentalen, den sie bestimmten Gestalten des Lebens eingepflanzt hat. Dort wie hier existiert der Drang mehr oder weniger dunkel in den verschiedenen Gefäßen der Natur, indem er in der Kraft des Willens-zum-Sein stets höher steigt; dort wie hier bringt er schrittweise hervor und muß ganz hervorbringen die erforderlichen Organe und Fähigkeiten.

So wie der Drang zum Mentalen sich erstreckt von den empfindsameren Reaktionen des Lebens im Stofflichen und in der Pflanze bis zu seiner vollen Organisation im Menschen, so gibt es im Menschen selbst die gleiche aufsteigende Reihe, die Vorbereitung, wenn nicht sogar mehr, eines höheren und göttlichen Lebens.

Das Tier ist ein lebendes Labor, in dem die Natur, wie man gesagt hat, den Menschen ausgearbeitet hat. Der Mensch seinerseits mag wohl ein denkendes und lebendes Labor sein, in dem und mit dessen bewußter Zusammenarbeit sie den Übermenschen, den Gott auszuarbeiten gewillt ist. Oder sollten wir nicht eher sagen: Gott zu manifestieren? Denn wenn die Natur in der Evolution fortschreitend manifestiert, was in ihr eingeschlossen schlief oder arbeitete, ist die Evolution auch die offenbare Verwirklichung dessen, was die Natur im Geheimen ist. Dann können wir ihr nicht auf einer bestimmten Stufe ihrer Evolution Einhalt gebieten, genau so wenig wie wir das Recht haben, jede Absicht, die sie erweisen mag, oder jede Anstrengung, die sie macht, um weiterzukommen, mit dem Religiösen als pervers und vermessen oder mit dem Rationalisten als eine Krankheit oder eine Halluzination zu verdammen. Wenn es wahr ist, daß der Geist in der Materie einbeschlossen und augenscheinliche Natur verborgener Gott ist, dann ist die Manifestation des Göttlichen im Menschen und die inwendige und äußere Verwirklichung Gottes das höchste und legitimste Ziel, das dem Menschen auf der Erde möglich ist...

Und wenn es irgendein höheres Licht der erleuchteten Intuition oder der sich selbst offenbarenden Wahrheit gibt, welches im Menschen jetzt noch behindert und unwirksam ist oder mit Unterbrechungen wie hinter einem Vorhang aufblitzt oder nur gelegentlich sich ergießt wie das Nordlicht an unserem natürlichen Himmel, dann brauchen wir in unserem Streben nicht ängstlich zu sein. Denn es ist wahrscheinlich, daß es sich so mit der nächst höheren Bewußtseinsstufe verhält, von der das Mentale nur eine Gestalt und ein Schleier ist, und durch die Herrlichkeit jenes Lichts mag der Weg unserer fortschreitenden Selbst-Erweiterung bis zum wie auch immer beschaffenen höchsten Zustand führen, der die endgültige Ruhestatt der Menschheit ist.

(in: Sri Aurobindo, The Life Divine, Pondicherry 1960, S. 1–6; übersetzt aus dem Englischen)

5.5 Hinduismus und Christentum

5.5.1 Die Stellung des Hinduismus zu anderen Religionen

Die Grundhaltung des (philosophischen) Hinduismus ist der Theorie nach seit frühester Zeit durch Toleranz bestimmt. In der Bhawagadgita heißt es: „Welche Gottheit einer auch im Glauben zu verehren strebt, ich (Krischna) sehe seinen Glauben an und weise ihm den rechten Platz zu."

Der konsequenteste Vertreter dieser Toleranz in der neueren Zeit war Ramakrischna, der von sich selbst sagen konnte, allen großen Religionen in seinem Leben eine Zeit lang gefolgt zu sein und erkannt zu haben, daß sie nur verschiedene Wege zum gleichen Ziel seien. Von ihm stammt das Gleichnis vom Chamäleon.

Die Botschaft Ramakrischnas wurde durch die Ramakrischna-Mission in den Westen weitergetragen. Swami Nikhilananda, der 1924 Mönch des Ordens wurde, ist in Amerika durch die Gründung und Leitung des Ramakrischna-Wiwekananda-Centers in New York hervorgetreten (1931). Er hat seither zahlreiche Bücher über den Hinduismus für westliche Leser verfaßt.

5.5.1.1 Ramakrischna, Das Geheimnis vom Chamäleon

Hört eine Geschichte! Es ging einmal ein Mann in den Wald und sah ein kleines

Tier auf einem Baum. Er kam zurück und erzählte einem anderen, daß er ein Tier von wunderbarer roter Farbe auf einem bestimmten Baum gesehen habe. Der andere aber erwiderte: „Als ich in den Wald ging, sah ich auch dieses Tier. Aber wieso beschreibst Du es als rot? es ist grün!" Ein anderer, der auch anwesend war, widersprach beiden und bestand darauf, daß es gelb war. Da kamen andere hinzu und meinten, es war grau, violett, blau und so weiter. Zuletzt gerieten sie in großen Streit miteinander. Um ihren Streit zu schlichten, gingen sie alle zusammen zu dem Baum und sahen einen Mann dort sitzen. Auf ihre Frage antwortete er: „Ja, ich lebe unter diesem Baum und ich kenne das Tier ganz gut. Alle Euere Beschreibungen sind richtig. Manchmal erscheint es rot, manchmal gelb und zu anderer Zeit blau, violett, grau und so weiter. Es ist ein Chamäleon. Manchmal hat es überhaupt keine Farbe!" In ähnlicher Weise offenbart sich Gott denen, die ihn suchen, in verschiedener Form und unter verschiedenen Aspekten. Gott offenbart sich in der Form, die der Gläubige am meisten liebt. Alle Formen und Aspekte Gottes verschwinden aber, wenn man ihn mit der Wedanta-Philosophie betrachtet.

(in: The Gospel of Sri Ramakrischna, Madras 1969[5], S. 80; übersetzt aus dem Englischen)

5.5.1.2 Svami Nikhilananda

Das Verhältnis des Hinduismus zu anderen Religionen

Seit der Zeit der Weden, des frühesten schriftlichen Zeugnisses der indischen Geisteswelt, bis zu den Tagen Ramakrischnas, des Propheten des modernen Indiens, hat der Hinduismus Wohlwollen und Achtung für andere Religionen bezeugt... Die wohlwollende Haltung des Hinduismus gegenüber anderen Religionen hat ihren tieferen Grund in seinen philosophischen Prinzipien. Wie bereits eingehend erläutert, ist nach dem Wedanta die letzte Wirklichkeit das Brahma oder der Geist, der frei ist von Namen, Form und Attributen, und im relativen Universum ist die höchste Manifestation des Brahma der Persönliche Gott, der unter verschiedenen Namen und Formen von Hindus, Juden, Christen und Moslems verehrt wird...

Eine Religion, die die letzte Wirklichkeit als unpersönliche Wahrheit sieht und gleichzeitig die Gültigkeit ihrer konkreten Manifestation zum Wohl aller ernsthaften Sucher anerkennt, kann nicht anders als die Gültigkeit aller religiösen Ideale anerkennen und ihnen Achtung erweisen. Die Situation ist wesentlich verschieden bei jenen, für die der Persönliche Gott die letzte Wirklichkeit bedeutet. Für sie ist es nur allzu natürlich, die Doktrin exklusiver Erlösung und die Forderung des „Entweder-Oder" aufzustellen...

Nach dem Hinduismus ist kein Prophet einzig in dem Sinne, daß er der größte ist. Alle empfangen ihre Botschaft aus einer Quelle und bringen sie den Menschen, um ihren besonderen Nöten abzuhelfen...

Die Harmonie der Religion hat ihren lebendigsten Ausdruck gefunden in den geistigen Erfahrungen Ramakrischnas. Dieser Heilige des modernen Indien hat alle dualistischen und nicht-dualistischen Übungen des Hinduismus durchgeführt und ist immer zu dem gleichen Zustand des Gottes-Bewußtseins gelangt. Er befolgte die Lehren Christi und Mohammeds und erreichte das gleiche geistige Ziel...

Die Harmonie der Religion ist ein dringendes Bedürfnis unserer Zeit. Durch die

Erfolge von Wissenschaft und Technik ist die Erde gleichsam zusammengeschrumpft und die Menschen sind einander nähergerückt. Wenn die Religion ein wichtiger Faktor im Zusammenleben der Menschen ist, wie kann Friede in der Welt sein, wenn die verschiedenen Religionen sich nicht gegenseitig achten und nicht miteinander für das gemeinsame Wohl der Menschheit arbeiten?...
Die einzelnen Religionen sind verschiedene Kräfte im Plane Gottes, und alle wirken zum Wohle der Menschheit; so wie wir keine Naturkräfte zerstören können, so können wir auch keine dieser geistigen Kräfte zerstören. Unterschiedliche Religionen sind notwendig, um der Vielfalt der menschlichen Temperamente zu genügen. Manche Menschen sind emotional veranlagt, andere rational, manche beschaulich, manche aktiv; dann gibt es wieder solche, die ein abstraktes Ideal beschauen wollen, und solche, die ein konkretes Symbol zur Verehrung brauchen. Wenn es nur eine einzige Religion gäbe, hätten alle jene das Nachsehen, denen sie nicht liegt... Die Religion hat ihre Aufgabe nicht eher erfüllt, bis jeder Mensch seine eigene Religion entwickelt hat, die ihm seine einmalige Beziehung zu seinem Schöpfer enthüllt...
Soweit die Religionen den Bereich der innersten Seele des Menschen betreffen, gibt es viele Ähnlichkeiten zwischen ihnen. Die innere Erfahrung ist überall die gleiche; nur der äußere Ausdruck variiert, bedingt durch Zeit und Ort. Das Endziel aller Religionen ist das Erlebnis Gottes, obwohl die Methoden der Verwirklichung verschieden sind....
In einer Phase betont die Religion das Ritual, in einer anderen die Mythologie und in einer dritten die Doktrin und die geistigen Übungen, die ihre Philosophie ausmachen... Ritual, Mythologie und Philosophie sind notwendige Faktoren im religiösen Wachstum. Wie Schalen schützen sie den Kern der Wahrheit. Der Kern ist der wesentliche Bestandteil eines Samenkorns, doch ohne die Schale kann er nicht keimen. Wenn der Keim sprießt, fällt die Schale ab. Wenn wir beginnen, auf der Suche nach Gott tiefer zu tauchen, verlieren Ritual, Mythologie und Philosophie immer mehr an Gewicht und Bedeutung....
Ermutigen wir alle Menschen, sich in die Geheimnisse ihrer eigenen Religion zu vertiefen, und jeder, der es ernst und aufrichtig meint, wird eines Tages selbst die Universal-Religion entdecken... In Gott treffen wir uns alle. Vertiefen wir unser religiöses Bewußtsein, damit wir zur allgemeinen religiösen Harmonie gelangen....
Die heutige Menschheit ist von einer ernsten Krankheit befallen. Diese Krankheit ist geistiger Natur; politische Spannungen, wirtschaftliche Unsicherheit und moralische Verwirrung sind nur ihre äußeren Symptome. Der Mensch ist nicht im Frieden mit seinen Nachbarn, mit der Natur, mit sich selbst und mit seinem Schöpfer. Eine drastische Wandlung in unserem Denken ist dringendstes Gebot. Die menschliche Natur muß verändert werden. Doch diese Veränderung kann weder herbeigeführt werden durch Psychotherapie noch durch Wissenschaft und Technik, noch durch militärische, politische oder wirtschaftliche Pakte. Doch die Religion kann in hohem Maße zu dieser inneren Wandlung beitragen.

(in: Svami Nikhilananda, Der Hinduismus, Ullstein-Buch Nr. 291, Frankfurt 1960, S. 174–190 [Auszüge])

5.5.1.3 Keschab Tschandra Sen: Jesus Christus

Sagt mir, Brüder, ob ihr Jesus von Nazareth, den Sohn des Zimmermannes, als gewöhnlichen Menschen betrachtet. Gibt es irgendeinen in dieser großen Versammlung, der Bedenken hätte, Jesus außergewöhnliche Größe und übermenschlichen moralischen Mut zuzusprechen, der doch gekreuzigt wurde? ... Gesegneter Jesus, unsterbliches Kind Gottes! Er lebte und starb für die Welt. Daß doch die Welt ihn schätze und seinen Geboten folgen würde! ... Und war Jesus nicht zugleich Asiate? Es ist doch eine Tatsache, daß das Christentum gegründet und entwickelt wurde von Asiaten und in Asien. Wenn ich darüber nachdenke, verstärkt sich meine Liebe zu Jesus um das Hundertfache. Ich fühle ihn meinem Herzen näher ... (Jesus) war nicht nur die Erhobenheit über das Menschliche, sondern auch die Hoheit, der die asiatische Natur fähig ist. Uns Asiaten ist daher Christus aus zwei Gründen interessant, und seine Religion hat nach unserer Auffassung (besonderen) Anspruch, eine ganz und gar orientalische Angelegenheit zu sein ... Und so, in Christus, lernen vielleicht Europa und Asien, Ost und West, die Harmonie und Einheit zu finden.

(Keshab Chandra Sen, Jesus Christ: Europe and Asia. Zitiert bei: Kaj Baago, Ram Mohan Roy's Christology. In: The Bangalore Theological Forum 1/1967, 44; aus: U. Tworuschka (Hrsg.), Religionen heute, Verlag Moritz Diesterweg/Kösel-Verlag, Frankfurt a. M./München 1977, S. 28

5.5.1.4 Radhakrischnan: Jesus und die Erneuerung des Glaubens aus dem Geist

Das persönliche Leben Jesu ist ein erhabenes Beispiel für unmittelbares Wissen. Seine Taten und Äußerungen sind durchdrungen von einem Gefühl des Sich-eins-Wissens mit Gott ... Wenn Jesus von Johannes dem Täufer sagt, daß, obwohl dieser der größte unter den Menschen sei, dennoch der Geringste unter den Gesegneten im Himmel größer sei als der größte Mensch auf der Erde, so meint er damit, daß derjenige, der die Wahrheit gesehen hat, größer als der sei, der über sie spricht und nicht das unmittelbare innere Wissen von ihr hat. Wir müssen über den verstandesmäßigen Gesichtspunkt hinausgehen und die inneren, geistigen Wirklichkeiten erfühlen.

Jesus fordert eine innere Erneuerung, einen innerlichen Wandel. Das Himmelreich ist nicht ein Ort im Raum, sondern ein Zustand der Seele. Das Reich Gottes ist gegenwärtig hier und jetzt. „Tuet Buße, das Himmelreich ist nahe herbeigekommen." Das Erlangen der Wahrheit bringt Freiheit. Jesus spricht von der inneren Vervollkommnung, von der möglichen Entwicklung des Menschen. Wenn er uns ermahnt, „Buße" zu tun, so meint er nicht Reue, sondern innere Wandlung. Das griechische Wort für Buße, meta-noia, bedeutet Erhebung des Bewußtseins über seine normalen Grenzen hinaus; es bedeutet die Erneuerung des inneren Menschen. Wenn Jesus sagt: „Es sei denn, daß ihr euch umkehret und werdet wie die Kinder", so meint er, daß wir aus der Welt der Objekte, aus dem Schlaf der Sinne erwachen sollen. Die Toten müssen wieder zum Leben auferstehen. Wir müssen zu uns selbst zurückkehren, befreit von unseren Begierden und unserem Haß. Wir müssen durch den Sieg über unsere niedere Natur eine höhere Seinsstufe erreichen. Echte Religion bedeutet Neugestaltung der Seele durch kontemplatives Gebet und

Askese. Die dreißig Jahre Schweigen und die vierzig Tage Schweigen in der Wüste sind Vorbereitung auf seine geistige Wandlung gewesen. Jesus war des Menschen Sohn und zugleich der Sohn Gottes. Er stand mit beiden Reichen in Verbindung, mit dem irdischen und dem himmlischen. Als menschliches Wesen war er jeder Versuchung ausgeliefert und wurde bis zum letzten Augenblick in Versuchung geführt. „Mein Gott, warum hast du mich verlassen?" Er litt Qualen. Jesus war ein Beispiel für die Menschheit, denn sein Aufstieg führte durch Kampf mit inneren Schwierigkeiten, mit Zweifeln und Versuchungen. Beim Emporsteigen auf der Leiter der inneren Entwicklung mußte er vieles erleiden.
Die Fleischwerdung Christi ist nicht ein historisches Ereignis, das vor zweitausend Jahren stattfand. Es ist ein Ereignis, das sich im Leben eines jeden wiederholt, der auf dem Wege der Erfüllung seiner Bestimmung ist. Meister Eckhart nennt als Ziel der Religion die Geburt Gottes in der Seele des Menschen. „Der Vater gebiert seinen Sohn in der Seele."

(Sarvepalli Radhakrischnan, Erneuerung des Glaubens aus dem Geist, Ullstein-Buch 238, Frankfurt 1955, S. 147)

5.5.2 Die Kritik des Hinduismus am Christentum

Jesus als ethischer Lehrer und Widersprüche zu seiner Lehre im geschichtlichen Christentum

Die Auseinandersetzung des Hinduismus mit dem Christentum hat ihren Ausgangspunkt in der Persönlichkeit Jesu.
Diese Auffassung von Jesus als dem großen ethischen Lehrer ist dann der Ausgangspunkt für die wesentlichsten Gesichtspunkte der Kritik am Christentum, wie es sich in der Geschichte darbietet. Am Maßstabe der ethischen Postulate Jesu – zum Beispiel in der Bergpredigt (Matthäus 5-7) werden die nach indischer Ansicht als Widersprüche zu Jesu Lehre angesehenen Erscheinungen innerhalb des Christentums gemessen. Von diesen Widersprüchen soll zunächst die Rede sein. Wir sprechen zuert von den von den Hindus festgestellten Widersprüchen zwischen den Postulaten Jesu und der geschichtlichen Wirklichkeit der Christenheit. Zunächst wird ganz im allgemeinen in bezug auf das sogenannte „christliche Abendland" festgestellt, daß eine wirkliche Christianisierung nicht stattgefunden habe. Radhakrischnan meint, der Geist des Westens, worunter er Vernunft und Staatsvergottung versteht, sei mit jüdischen Elementen der Exklusivität und des Partikularismus gemischt und das hätte den kraftvollen Instinkten der westlichen Menschen entsprochen. Daraus sei ein Christentum entstanden, das in der griechischen Sprache geformt und in einer römischen Organisation verkörpert sei. Das Christentum wurde zwar die Religion Europas, aber eine wirkliche Christianisierung im Sinne tatsächlicher Realisierung jener ethisch-religiösen Ideen Jesu hat nicht stattgefunden: „Der Sieg des Christentums über das westliche Leben ist immer eine ferne Vision gewesen und die Geschichte der christlichen Kirche ist der Bericht von der allmählichen Anpassung einer östlichen Religion an den westlichen Geist. Nicht der bleiche Galiläer, sondern der westliche Geist hat gesiegt."
Keschab Tschandra Sen (1838-1884), der nach Ram Mohan Roy bedeutendste

Führer des Brahma-Samadsch, spricht von dem „muskularen Christentum" und meint, „der Geist dessen, den die Europäer ihren Herren nennen", habe mit jenem wenig zu tun. Das Problem, das sich ihm hier stellt, ist in der Formulierung von Otto Wolff dieses: „Ist es wirklich der Jesus der Bergpredigt, der in der germanischen Welt zum Herzog der Mannen wird? Ist die Christus-Rezeption des Abendlandes nicht tatsächlich zumeist eine umdeutende ‚Konstruktion'?" Keschab stellt deshalb die These auf von der Unkongenialität der westlichen Psyche dem Evangelium gegenüber, denn Christus war ein Asiate.

Gegenstände der Kritik des Hinduismus am Christentum
Die indische Kritik hat nun eine Fülle von einzelnen Gegensätzen zwischen der Lehre Jesu einerseits und dem tatsächlichen Leben der Christen und der Kirche andererseits festgestellt. Im Gegensatz zu Jesu Verkündigung und seinem Abscheu vor Dogmen und theologischen Spitzfindigkeiten wurde das Christentum eine autoritäre Religion: „Anstelle der Gleichgültigkeit gegenüber Riten und Formeln begegnen wir dem größten Nachdruck, der auf beides (in der Kirche) gelegt wird. Während Jesus der Organisation wenig Beachtung schenkt, haben sich aus seiner Lehre ausgefeilte kirchliche Systeme entwickelt. In dem Bestreben, ein Reich zu gründen, das nicht von dieser Welt ist, ist die realistischste aller kirchlichen Gemeinschaften auf Erden errichtet worden."
Durch Griechen und Römer vermittelt, entstand auf christlichem Boden eine Staatsverherrlichung, welche zur Folge hatte, daß politische Aktionen mit religiöser Legitimation versehen wurden: „Die Auslegung des göttlichen Willens auf dem Konzil von Clermont (1095 n. Chr.) als Gebot, anzutreten und die Sarazenen niederzumetzeln, bedeutet den Sieg des europäischen Westens über den Crucifixus. Religion wird dazu verwendet, menschliche Leidenschaften zu heiligen."
Im Mittelalter dominierte die Autorität der Kirche. Die kirchliche Herrschaft, die hier ausgeübt wurde, machte es gefährlich, gegen anerkannte Dogmen etwas zu sagen: „Die Autorität war allmächtig, und die Inquisition wurde tatsächlich zu Beginn des 13. Jahrhunderts gegründet. Der Häretiker wurde mehr gehaßt als der Ungläubige... Die Kirche bemühte sich mit Scheiterhaufen und Daumenschrauben, den Glauben an die Heiligen zu bewahren, und entfremdete sich dem Geiste Christi."
Damit hängen nach Radhakrischnan die Greueltaten zusammen, die im Namen des Christentums verübt wurden. Das sei, wie er meint, ein Erbe aus semitischer Tradition, in der man ja den „eifersüchtigen Gott" verehrte. Daraus sei die „grimmige Unduldsamkeit" erwachsen und die Unterdrückung der Gedankenfreiheit. Die Überzeugung von der Endgültigkeit der christlichen Botschaft artete in blutdürstigen Fanatismus aus. Gewaltsam wurden alle Abweichungen vom kirchlichen Glauben in der Inquisition unterdrückt. Die Kreuzzugsideologie kannte nur die Alternative: Taufe oder Tod. Radhakrischnan meint demgegenüber, die Wahrheit mit Gewalt durchzusetzen, mache keine Wahrheit wahrer.
Ein weiteres Moment der Kritik liegt darin, daß man das Christentum ausbreitete, indem man primitiven Aberglauben und Volksglauben in die kirchliche Kultpraxis aufnahm. Der Erfolg des Christentums der Kirche setzte eine Verbreiterung der Basis voraus gegenüber der schmalen Basis der wirklichen Nachfolger Jesu zu sei-

nen Lebzeiten (Matthäus 7, 13). Diese Verbreiterung bestand natürlich in Konzessionen an die Massentendenzen, was den Erfolg der christlichen Religion in späterer Zeit wesentlich steigerte gegenüber dem Erfolg Jesu selbst. Aber man wich damit von Jesu Verkündigung ab. Radhakrischnan meint also, daß im Dienste der Ausbreitung einerseits eine Anpassung an Sprache und Bräuche der Völker stattfand, ferner eine Annäherung an polytheistische Kultpraktiken außerhalb des Christentums, daß ferner die lebendige Religion durch die Statik der Organisation ersetzt wurde. Damit aber sei die Eigenart des Christentums, die es selbst immer behauptet, verlorengegangen, weil ja alle diese aus außerchristlichem Bereich aufgenommenen Elemente das Christentum mit außerchristlichen Religionen auf die gleiche Stufe stellten...

Einen radikalen Widerspruch zum Geiste Jesu bildet nach Radhakrischnan vor allem auch die Kompliziertheit zum Beispiel des Athanasianischen Glaubensbekenntnisses: „Die Verdammungssätze des Athanasianischen Glaubensbekenntnisses stehen in direktem Widerspruch zu der einfachen Definition der Jüngerschaft, wie sie Jesus vornahm."

Theologische Streitpunkte

Nachdem es in den bisherigen Erörterungen um die – von den Hindus aufgezeigten – Gegensätze zwischen der Lehre Jesu und dem tatsächlichen Leben der Christen und der Kirche ging, wenden wir uns nun theologischen Streitpunkten zu, die im Gespräch des Hinduismus mit dem Christentum eine Rolle spielen.

Schon Wiwekananda (1862-1902) hob hervor, daß der Konfessionalismus der christlichen Kirche das Christentum unglaubwürdig mache, denn diese Konfessionen bekämpfen einander und sprechen sich gegenseitig wahre Christlichkeit ab. Wiwekananda schrieb: „Alle Christen glauben an Christus, aber bedenke, wie mannigfach verschiedene Ausdeutungen sie von ihm haben. Jede Kirche sieht ihn in einem verschiedenen Licht, von verschiedenen Standpunkten aus. Die Presbyterianer beziehen sich auf die Szene in Christi Leben, als er zu den Geldwechslern (im Tempel) kam, der Presbyterianer betrachtet Christus als einen Kämpfer. Wenn man die Quäker fragen würde, so würden sie vielleicht sagen: Er vergab seinen Feinden... Der römische Katholik wird sagen: Christus übergab Petrus die Schlüssel. Jede Sekte ist gebunden, Christus im Sinne ihres eigenen Weges zu sehen." Diese Spaltung in Konfessionen, die einander bekämpfen, ist von Radhakrischnan in scharfer Weise angeprangert worden: „In religiöser Hinsicht entwikkelte sich zwischen Protestanten und Katholiken Haß. Religionskriege häuften sich. Die Grausamkeiten der Inquisition und die mörderische Bartholomäusnacht, die Umtriebe religiöser Lehrer wie Luther, Calvin und Knox zeigten, bis zu welchem Grade religiöser Haß sich unter Christen entwickeln konnte, einfach nur deshalb, weil sie verschiedene Etiketten trugen."

Mit großer Mißbilligung zitiert Radhakrischnan die Äußerung Melanchthons zu der 1533 durch Calvin veranlaßten Hinrichtung des Arztes Servet, „es sei ein frommes und ein denkwürdiges Beispiel für die Nachwelt".

Zwischen den Konfessionen der Religion der Liebe herrschte also Unduldsamkeit. In diesem Zusammenhang gehört die zuvor von anderer Seite aus erörterte intolerante theologische Haltung Karl Barths und seiner Anhänger, die heftig von Ra-

dhakrischnan kritisiert wird. Jeder Versuch, in anderen Religionen etwas Wertvolles zu sehen, „muß ohne Vorbehalt aufgegeben werden. Das Christentum sollte in das Herz dieser Religionen, wie sie auch heißen mögen, vordringen und komme was da wolle, seine Botschaft von dem einigen Gott und seinem Erbarmen für die verlorenen Menschen verkünden, ohne auch nur um Haaresbreite ihren ‚Dämonen' Zugeständnisse zu machen", sagte K. Barth.
Ein entscheidender Streitpunkt ist natürlich der christliche Absolutheitsanspruch und der daraus sich ergebende religiöse Imperialismus. Dieser Absolutheitsanspruch steht im Widerspruch zu Hebräer 1, 1, wo von dem Gott die Rede ist, der auf mancherlei Weise zu den Menschen geredet habe schon vor Christus. Interessanterweise zitiert Radhakrischnan Augustins bekanntes Wort: „Das, was sich christliche Religion nennt, gab es schon unter den Alten und hat es jederzeit gegeben vom Anbeginn des Menschengeschlechts bis zur Fleischwerdung Christi. Von dieser Zeit an begann die wahre Religion, die schon existierte, Christentum genannt zu werden."
Mit dem christlichen Glaubensbekenntnis ist das Postulat verbunden, daß ein Sieg des Christentums alle anderen Religionen auslöschen möge. Das Christentum möchte die alleinige Universalreligion werden – etwa im Sinne des Kirchenliedes: „König Jesu, streite, siege, daß alles bald dir unterliege." Diesem exklusiven Universalismus gegenüber haben die Hindus stets betont, daß er eine ungeheure Verarmung innerhalb der Menschheit bedeuten würde. So schreibt zum Beispiel Rabindranath (Tagore): „Wenn je eine solche Katastrophe über die Menschheit hereinbrechen sollte, daß eine einzige Religion alles überschwemmte, dann müßte Gott für eine zweite Arche Noah sorgen, um seine Geschöpfe vor seelischer Vernichtung zu retten." Nach Radhakrischnan würde die Einführung eines allgemein gültigen und verbindlichen Glaubens zwangsläufig einen Verlust an Menschlichkeit bedeuten.... Damit ist zugleich auch die Tendenz zur Bekehrung Andersgläubiger zum Christentum abgelehnt. Die Mission ist eine wichtige Erscheinungsform des kirchlichen Christentums, gegen die sich die Hindus mit großer Einmütigkeit wehren. Fraglos wird allgemein anerkannt, daß sich die christliche Mission in Indien auf dem Gebiet karitativer Hilfeleistung große Verdienste erworben hat. Was aber einmütig abgelehnt wird, ist das Bemühen, Menschen zum Christentum zu bekehren und sie dadurch aus ihrer angestammten Religionswelt herauszureißen...
Radhakrischnan zitiert einen indischen Autor, der über die Bekehrungsabsicht grundsätzlich folgendes sagt: „Die Bekehrung oder der Wunsch, einen anderen Menschen zum Glaubenswechsel zu veranlassen, hat immer eine Anmaßung verraten, die einer gewalttätigen Geistesverfassung entspricht, ganz besonders aber nicht jenem Gebot der Liebe, für das, wie ich glaube, Christus lebte und starb. Keinerlei ernsthafte Anstrengung ist unternommen worden, um die indische Kirche von der Schmach der Unberührbarkeit zu reinigen, die in den eigenen vier Wänden herrscht, wohl aber ist die vom Hinduismus vertretene Unberührbarkeit (der Parias) zu versuchten Massenbekehrungen der unterdrückten Klassen zu einem sogenannten Christentum mißbraucht worden."
Ein weiterer Streitpunkt ist die Autorität der Offenbarung, die nach der Auffassung der Inder nicht begründbar ist durch ein unfehlbares heiliges Buch und nicht

durch eine unfehlbare Kirche, sondern durch „das Zeugnis des inneren Lichtes". „Was nötig ist, ist nicht die Unterwerfung unter eine äußere Autorität, sondern inwendige Erleuchtung, welche, natürlich, bezeugt ist durch Tradition und Logik." Damit ist, wieder von einer anderen Seite her, die Mission im Prinzip abgelehnt; denn sie gründet sich ja auf die Überzeugung absoluter Superiorität der eigenen Religion und damit auch der Verachtung der anderen Religionen. Das ist eine genaue Entsprechung zum politischen Imperialismus, denn dieser strebt an, die eigene Kultur, Zivilisation und Gesellschaftsordnung dem Rest der Welt aufzuerlegen.

Ein weiterer wichtiger Kontroverspunkt ist die Bindung beziehungsweise die Ablehnung solcher Bindung an die Einmaligkeit geschichtlicher Ereignisse. Das Christentum in seiner orthodoxen Form bindet das Heil der Welt an eine irdische Heilsgeschichte, denn darin liegt ein wichtiges Fundament des Heilsangebotes. Der Hinduismus steht mit Entschiedenheit auf dem entgegengesetzten Standpunkt, indem er einerseits betont, daß die Geschichte eine vordergründige und stets wechselnde Wirklichkeit darstellt und eben deshalb nach indischer Auffassung auch kein eigentliches Sein ist, das wandellos sein muß. Das zweite Motiv der Ablehnung der Geschichtsgebundenheit ist, daß ewige Wahrheiten sich nach indischer Auffassung nicht an irdische Erscheinungen binden lassen. R. Italiaander drückt das sehr treffend in folgenden Sätzen aus: „Er (der Hindu) glaubt nicht, daß man ewige Wahrheiten an irdische Pflöcke binden kann. Kala oder Zeit ist ein Prozeß, dem alle Schöpfung unterliegt und in dem sich Gott unaufhörlich manifestiert. Aus diesem Grunde sind für den Hindu die Awataras (Inkarnationen) nicht in der Geschichte festgelegt. Es kann keine besonderen Augenblicke wie *Kairos* oder *Eschaton* geben." Das Ewige ist nach indischer Überzeugung in jedem geschichtlichen Augenblick zu finden. Daher kann kein Augenblick der Zeit von einem anderen qualitativ in dem Sinne unterschieden werden, daß in bestimmten Bereichen und Abläufen der Geschichte das Ewige in hervorragender und geradezu einmaliger Weise gegeben und manifestiert sei...

Die christliche Idee einer generellen Sündhaftigkeit des Menschen vor Gott wird kritisiert von der indischen Wedanta-Philosophia, nach der eine Identität des innersten Wesens des Menschen des Atman, mit dem göttlichen Wesen der Welt, dem Brahman, besteht. Nur durch das „Nichtwissen" wird diese Identität verhüllt und muß durch „Erkenntnis" in das Bewußtsein gehoben werden. Während also das Christentum die Idee vertritt, daß sich der Mensch schlechthin in der Unheilssituation ichsüchtiger Isolierung von Gott befindet, also im Zustand existentieller Sünde *(peccatum essentiale)*, ist die Unheilssituation, die der Hinduismus voraussetzt, die der Ichhaftigkeit. Diesen divergenten Auffassungen der Erlösungsbedürftigkeit entsprechen die verschiedenen Erlösungsziele; im Christentum Gottesgemeinschaft im Gottesreich, im Hinduismus die bewußtlose *Unio mystica* mit dem Brahman.

Wir wenden uns der Kritik der Kirche zu, wie sie von den Vertretern des Hinduismus in großer Schärfe geübt wird. Der Hinduismus ist seiner Frömmigkeitsstruktur nach eine mystische Religion und darum individualistisch, das heißt, er ist nicht an religiöser Gemeinschaft interessiert. Seine vorgegebene Gemeinschaft ist die Kaste. Sie aber hat ihrem Wesen nach den Charakter der Geburtsgemeinschaft

und nicht den einer Wahlgemeinschaft, wie es der Idee nach jedenfalls, die christliche Kirche ist oder sein soll. Von hier aus fehlt dem Hindu ein Verständnis für solche Art freigewählter Gemeinschaft. Daß die Kirche zum Wesensbestand des ursprünglichen Christentums im Sinne der Evangelien gehöre, wie von den Christen behauptet wird, lehnen die Hindus mit Entschiedenheit ab. Sie sehen in der Kirche eine typisch westliche Organisationsform, so daß ihr anzugehören auch als eine Art kultureller Verrat angesehen wird.
Die Erlösung empfindet man als eine individuelle Erfahrung, die darum nicht, wie es die Inder von der Kirche annehmen – und wie es ja auch in der katholischen Kirche gelehrt wird –, durch eine Heilsorganisation vermittelt und garantiert werden kann.
An der Kirche selbst nun wird verschiedenes kritisiert: Vor allem müßten in der Kirche mehr Pneumatiker sein und weniger Amtsträger: „Die Asiaten finden leichter Zugang, wenn die Autoritätsträger mehr eine regulative, bewahrende und beschützende Funktion hätten, die Pneumatiker aber den Geist des Ganzen bestimmten und erhielten." Der indische Protestant S. Ambrose behauptet: „Das gegenwärtige Verlangen in Indien geht nicht nach Bischöfen, Päpsten und Leitern vom modernen Typ der Organisatoren, sondern nach Aposteln, Propheten vom urkirchlichen Typ der Landleute und Arbeiter im Weinberge des Herrn."
Abgesehen von den als negativ empfundenen Eigenschaften der Kirche wird im Hinduismus auch das Kirchentum weithin kritisiert, also das kirchlich geformte Christentum, wie es sich besonders im Katholizismus, aber auch im Protestantismus darstellt. In Indien soll es eine weitverbreitete organisierte christliche Geheimbewegung geben, von deren Mitgliedern ein protestantischer Missionar sagte: „Sie lieben nicht die abendländischen Typen der Kirchenorganisation, in dem Glauben, daß viel einfachere Formen des organisierten Lebens den kirchlichen Bedürfnissen im Orient entsprechen." Und Sadhu Sundar Singh schrieb: „Es ist ein großer Schaden, daß sich viele römische Katholiken nicht so sehr um Christus kümmern als um die Kirche, deren Haupt Christus ist. Sie halten die Schale fest, aber vernachlässigen den Kern, sie verteidigen die Kirche, aber nicht das Haupt selbst."

(Gustav Mensching, Der offene Tempel, Deutsche Verlags-Anstalt Stuttgart 1974, S. 183–193)

5.5.3 Kritik des Christentums am Hinduismus

Wir stellen nun die Fülle kritischer Einwände gegen den Hinduismus nebeneinander. Dem, der Indien besucht, fällt sogleich die ungeheure Vielzahl der Göttertempel auf, und die Gläubigen bringen – je nach ihrem Anliegen – bald in diesem, bald in jenem Tempel Opfer in Gestalt von Blumen dar und sprechen ihre Gebete. Wir stehen vor dem Phänomen des Polytheismus. Und eben dagegen richtet sich natürlich in erster Linie die christliche Kritik. Als christliche Missionare beider Konfessionen nach Indien kamen, haben sie sogleich den Hinduismus, dem sie hier begegneten, als „Götzendienst" verketzert, was natürlich zur Folge hatte, daß sich seitens des Hinduismus eine Abwehr dadurch vollzog, daß man die vom Hinduismus zum Christentum abgefallenen Hindus aus der Kaste ausstieß und dem harten Schicksal der Kastenlosigkeit überließ. Man muß dabei bedenken, daß die Kastenordnung, obwohl sie heute durch die Verfassung des unabhängig gewordenen Hindu-Indien aufgehoben ist, dennoch weiterhin besteht und für die breite Masse den Lebensraum bildet, innerhalb dessen sich alle Lebensfunktionen vollziehen. Die Ausstoßung hatte und hat daher schwerwiegende Folgen für den Betroffenen, denn er ist völlig isoliert und von Freunden und Familienangehörigen verlassen. Der Polytheismus ist natürlich hier wie auch sonst die Religion der breiten Masse. In den Kreisen der Reformer sah und sieht man den indischen Polytheismus als eine Entartung eines – wie man glaubt ursprünglichen Monotheismus an.

In der Sekte der Wischnu-Verehrer lebt der Glaube, dem man in Indien auch sonst vielfach begegnet, daß die Gottheit, also Gott Wischnu, sich mehrfach auf Erden zum Heil der Menschen in verschiedenen Gestalten, zweimal auch als Mensch, inkarniert habe. Wir stoßen hier also auf eine Idee, die auch im Christentum als Menschwerdung Gottes in Christus vorhanden ist. Nach hinduistischer Auffassung besitzen alle Awataras eine zweifache Natur, eine geschichtliche und eine unvergänglich ewige. Ram Mohan Roy erkannte, daß in der christlichen Zweinaturenlehre, um die in der Kirche lange gestritten wurde, nichts eigentümlich Neues, sondern ein typisches religionsgeschichtliches Vorstellungsschema vorliege. Er sagt: „Die Inkarnation der Gottheit ist die gemeinsame Basis des Hinduismus und des Christentums.“ Und an anderer Stelle heißt es: „Sie sollten wissen, daß unser religiöser Glaube und der ihre (christliche) auf derselben geheiligten Basis begründet sind, nämlich der Manifestation Gottes im Fleisch.“ Diese Behauptung einer echten Parallelität zwischen der hinduistischen und der christlichen Inkarnationsidee wird von den Christen abgelehnt. Der katholische Theologe J. A. Cuttat unterscheidet beide Vorstellungen durch den Hinweis darauf, daß der indische Gott Wischnu sich in menschliche Erscheinung hüllte, ohne aufzuhören, Gott zu sein: „Der Christ, der hier von einer ‚Menschwerdung‘ spräche, würde sich mehr oder weniger bewußt in die Häresie des Doketismus (von *dokeo* = ich scheine) verirren, welcher der Menschheit Christi nur einen Erscheinungscharakter zubilligt.“ Hier wird also diese indische Awatara-Idee mit einer christlichen Ketzerei, nämlich der des Doketismus, identifiziert. Cuttat meint, in Indien bestehe eine Unfähigkeit, die Selbstentäußerung Christi nach Philipper 2 zu verstehen.

Das Schicksal der Wiedergeburt wird im Hinduismus, wie schon in der Religionswelt der Upanischaden, durch das Karmagesetz bestimmt, das besagt, daß sich die Wiedergeburt auf die Taten des vergangenen Lebens gründe...

Hier liegt somit ein Automatismus der Vergeltung nach hinduistischer Auffassung vor, bei dem kein göttliches Gerichtsurteil im Spiele ist. In der christlichen Lehre wird dieser Automatismus der Werkvergeltung natürlich abgelehnt, sowohl deshalb, weil Gott hierbei nicht mitwirkt, als auch, weil die automatische Wiedergeburt sittlich wertlos ist; denn der Wiedergeborene kann aus den Fehlern seiner Vergangenheit nichts lernen, da er sich ja nicht an sie erinnert.

Entscheidende Gegensätze bestehen hinsichtlich der Erlösungsziele. Der Hinduismus will den Menschen von der Welt lösen, das heißt von der effektiven Bindung an die äußere Erfahrungswelt. Die christliche Erlösungsidee dagegen zielt auf den

Sieg über das Übel in der Welt. Der Hinduismus ist an der Frage nach dem Wesen der Dinge orientiert, das Christentum an Gnade und göttlicher Hilfe. Dem entspricht auch die Divergenz der beiderseitigen Unheilssituationen: Im Hinduismus ist die Ichhaftigkeit das Übel und damit die Individualität selbst; auf der Seite des Christentums ist es die Ichsüchtigkeit des Menschen und damit Sünde und Schuld, wodurch die erlösungsbedürftige Unheilssituation konstituiert wird.
Daß der Hinduismus, wie behauptet wird, keine Beziehung zur Moral habe, muß bestritten werden. Ein klassisches Beispiel für die Ethik des Hinduismus ist die Bhagawadgita, in der sich folgende Unterweisungen Krischnas finden: „Doch kannst dein Denken du in mich noch nicht versenken ganz und gar, dann suche zu erreichen mich durch Andacht (Joga), die du eifrig übst. Bist du auch dazu noch zu schwach, dann weihe dich dem Tun für mich, wenn meinethalb du Werke tust, wird auch Vollendung dir zuteil. Wenn du auch das nicht leisten kannst, auf die Andacht zu mir gestützt, verzicht' auf aller Taten Frucht, als einer, der sich selbst bezähmt." Nach der Angabe dieser Stufenfolge religiös-ethischer Grundhaltungen folgt dann die Mitteilung der ethischen Werte, wie sie der an Liebe mit der Gottheit Verbundene, der Bhakta, üben soll: „Wer keinem Wesen feindlich ist, freundlich gesinnt und mitleidsvoll, von Selbstsucht und von Dünkel frei, geduldig, gleich in Leid und Lust, zufrieden immer andachtsvoll, sich zügelnd, dem Entschlusse treu, mit Sinn und Geist in mich versenkt – wer so mich ehrt, der ist mir lieb... Wer nicht frohlockt und nicht haßt, um nichts trauert und nichts begehrt, wer Wohl und Übel fahren läßt und mich verehrt, der ist mir lieb. Gleichmütig gegen Feind und Freund, gleichmütig gegen Ehr' und Schmach, Kält' und Tadel gleich viel achtend, schweigsam, zufrieden immerdar, ohn' Haus und Heim, von festem Sinn – solch ein Verehrer ist mir lieb. Und die dem Nektar meines Worts, dem heiligen, Verehrung weih'n, glaubensvoll, mir ganz ergeben, mich liebend – ja, die sind mir lieb." Wir haben es hier mit der für die personale Mystik im Hinduismus charakteristischen Liebeshingabe, *Bhakti,* zu tun, die sich hier auf den Gott Wischnu richtet. Die Stufen zum Heil sind hier: Joga-Übung als Ersatz für die eigentliche Höhe des religiösen Glaubens, sodann kultischer Dienst als Ersatz für Joga und dann das Vertrauen in Wischnus Wundermacht unter Verzicht auf die Tatenfrucht.
Diese zweifellos hochstehende Ethik des Hinduismus bewertet Schlunk mit folgenden Prädikaten: „Auch hier haben wir ein Spiel mit glänzenden Worten, auch hier einen müden Verzicht auf alle sittliche Arbeit und auf jeden sittlichen Fortschritt, auch hier nur das eine egoistische Streben, das eigene Ich, das doch kein eigentlich selbständiges Ich ist, denn im Theopantismus geht die sittliche Persönlichkeit sowohl in Gott wie im Menschen völlig verloren, in dem großen allgemeinen Brahma aufgehen, sich auflösen zu lassen. Alle sittliche Forderung, die zum Schein dabei auftritt, hat höchstens die Bedeutung, den natürlichen Prozeß der Rückkehr des Ich ins Brahma soviel als möglich vorzubereiten und zu beschleunigen."
Daß im Hinduismus zumeist die persönliche und die unpersönliche Gottesidee nebeneinanderstehen und als gleichwertig betrachtet werden, wie es zum Beispiel bei Radhakrischnan geschieht, wird von christlicher Seite beanstandet. Allerdings gibt es Ausnahmen. In der Schrift „The Christian Life and Message in Relation to

Non-Christian Systems“ (1928) wird festgestellt, daß die beiden Interpretationen des Göttlichen, die persönliche und die unpersönliche, beide zu Recht bestehen; denn in jeder von ihnen sei ein bestimmter Aspekt der Gottheit ausgedrückt. Scharfe Kritik richtet sich sodann auf die indische Sozialordnung, die Kastenordnung, von der wir oben sagten, daß sie den Lebensraum des Hindu bestimme und bilde, einst wie heute, obwohl die Kastenordnung durch die Verfassung des unabhängig gewordenen Indien aufgehoben wurde...

Es ist angesichts der von bedeutenden indischen Persönlichkeiten erkannten und bekämpften Schäden der Kastenordnung verständlich, daß auch von christlicher Seite diese Sozialordnung für absolut unsozial und ungerecht gehalten und abgelehnt wird. Diese Kritik bezieht sich vor allem darauf, daß im sozialen Leben des Hindu totale Abhängigkeit von der Kastenorganisation besteht. Diese Abhängigkeit herrscht im rituellen Ablauf des Tages, in der Gattenwahl, die als eine Funktion der Familie angesehen wird und nicht als eine Angelegenheit der Ehepartner selber, die einander vor der Eheschließung oft gar nicht kennen und die von der Familie ausgesucht werden. Abhängigkeit besteht ferner in der Berufswahl, die es grundsätzlich gar nicht gibt, da durch die geburtsmäßig bestimmte Kastenzugehörigkeit weitgehend die Berufstätigkeit mitgegeben ist.

Ein weiterer mit der Sozialordnung zusammenhängender Punkt ist die Kritik der Stellung der Frau in Indien. Die Sitte der Kinderheiraten ist zwar insofern etwas

Betende Hindus in Poona

korrigiert worden, als das Heiratsalter einige Jahre heraufgesetzt wurde, auch ist die Sitte der Witwenverbrennung, die als Zeichen ehelicher Treue galt, verboten worden. Gleichwohl ist auch heute das Schicksal der Witwe noch wenig erfreulich. In früherer Zeit waren die Frauen von jeglicher Bildungsmöglichkeit und dem öffentlichen Leben durch das sogenannte Purda-System, die Abschließung von der Öffentlichkeit, ausgeschlossen. In diesen Dingen hat sich vieles geändert und gebessert, aber die Stellung der Frau wird gleichwohl von den Christen kritisiert. Eine sehr zentrale Kontroverse zwischen Christentum und Hinduismus gibt es hinsichtlich der Stellung beider Religionen zur Geschichte. Vom Hinduismus wird die Geschichtslosigkeit der indischen Offenbarung immer wieder betont, und zwar gerade mit Hinweis darauf, daß die Erhabenheit über die Wandelbarkeit der vordergründigen Geschichtsvorgänge ein Vorzug des Hinduismus und seiner Lehre sei. Christliche Theologen sehen das anders. Brunner zum Beispiel hebt hervor, daß die christliche Offenbarung in Jesus Christus ein für allemal Inhalt der Verkündigung sei: „Dieses Ereignis ist im strengen Sinne geschichtlich, darum hängt auch alles daran, daß es wirklich, im zeit-räumlichen chronologischen Sinn, im Sinn eines ‚Weltfaktums', konkret fixierbar ist." Brunner meint, der christliche Offenbarungsbegriff sei völlig singulär in der Religionsgeschichte, weil das einmalige geschichtliche Ereignis der personhaften, indirekten Gottesgegenwart als Enthüllung der göttlichen Gnadenratschlüsse an keiner Stelle in der Religionsgeschichte vorliege außer im Christentum. Das ist eine anfechtbare Behauptung. Die Geschichtslosigkeit der hinduistischen Offenbarung wird daher von christlichen Theologen abgelehnt. Die Angaben über die Zeit der Offenbarung der Weden, die sich in ihnen finden, seien unbestimmt und phantastisch, und jeder Versuch, sie in die Chronik der Weltbegebenheiten einzureihen, sei absurd, meint Brunner. Durch die Zeitlosigkeit dieser Lehre werde ihr Gegebensein gleichgültig: „Es wird niemand im Ernst die Inkarnationen Wischnus, Krischnas oder Ramas geschichtliche Ereignisse im Sinne des Christus-Ereignisses nennen wollen. Buddha aber ist entweder der geschichtliche, dann nur Lehrer, oder er ist Gott, dann aber ungeschichtlich und einer von vielen." Wir bemerken hier nur nebenbei, daß gerade im Mahajana-Buddhismus in der *„Trikaja"*-Lehre, nach der in „drei Körpern" die *Bodhi* (Erkenntnis als göttliche Wirklichkeit) in die Erscheinung tritt, der historische Buddha als Erscheinungsform einer übergeschichtlichen Wirklichkeit angesehen wird – ähnlich wie im Christentum der historische Jesus.

(Gustav Mensching, Der offene Tempel, Deutsche Verlags-Anstalt Stuttgart 1974, S. 125–131)

5.5.4 Die Interpretation des Christentums im modernen Hinduismus

Nach der Auffassung, daß letzlich alle Religionen das gleiche Ziel haben und somit gleichwertig nebeneinander stehen, legt sich vom Hinduismus her eine Neuinterpretation der Menschwerdung Gottes in Jesus von Nazareth nahe. Der klassische Hinduismus kennt von jeher die Vorstellung von aufeinanderfolgenden Weltzeiten. Jede dieser Weltzeiten besteht aus mehreren Zeitaltern, von denen das folgende immer schlechter als das voraufgehende ist. Während zu Beginn in einer Art „goldenem Zeitalter" noch Recht und Ordnung, also Dharma, herrschen, kehrt sich in den folgenden Zeitaltern dies immer mehr um, bis schließlich im letzten einer solchen Weltzeit die ursprüngliche Ordnung, Dharma, in ihr Gegenteil, Adharma, umzuschlagen droht. Um diese totale Umkehrung jedoch zu vermeiden, kommt es zu einer göttlichen Herabkunft, Awatara, durch die die ursprüngliche Ordnung wiederhergestellt wird. Der klassische Hinduismus kennt bereits namentlich elf solcher Awatara, wobei er sich keineswegs auf die Ausschließlichkeit dieser Zahl festlegt. Deshalb ist es für den modernen Hinduismus auch nicht schwer, einen weiteren Awatara, nämlich Jesus, einzuführen. Die Häresie der Christen besteht – aus hinduistischer Sicht – darin, Jesus für den einzigen Awatara zu halten. Wer jedoch bereit ist, diesen Absolutheitsanspruch aufzugeben, kann bereits mühelos in den modernen Hinduismus integriert werden. Alle Christen sind in diesem Sinne nämlich „anonyme Hindus", die allerdings noch nicht zur vollen Wahrheit des Hinduismus gelangt sind. Ihre Integration in den Hinduismus erweitert das Spektrum der Wahrheit und bereichert ihn um neue Elemente, vor allem das soziale Engagement. Wie weit diese Integration Jesu als Awatara des Hinduismus geht, soll Samarthas Aufzählung der Kennzeichen deutlich machen, von denen Swami Akhilananda (1894–1962) glaubt, sie seien in Jesus Christus erfüllt:

„1. Die göttlichen Menschwerdungen sind sich der Aufgabe, deretwegen sie in die Welt kommen, voll bewußt. Jesus war sich über Seine Sendung völlig im klaren und war gewiß, daß das Verfahren, das Er zu ihrer Erfüllung eingeschlagen hatte, wirksam sei.
2. Sie erkennen die Lebensnot des Zeitalters, in welchem sie erscheinen, auch wenn die Menschen ihnen gegenüber gleichgültig sein sollten. Jesus kam, um den Geist der Religion, das wahre Dharma, wiederherzustellen; dazu verwarf Er den jüdischen Ritualismus auf der einen und den griechisch-römischen Materialismus auf der anderen Seite.
3. Obgleich sie bereitwillig zum Wohl der Menschheit menschliche Begrenzungen auf sich nehmen, führen sie dennoch ein tief empfundenes ‚Gott-bewußtes Leben'. Obgleich Jesus Gott gleich war, nahm Er das nicht als ein Vorrecht, sondern war demütig genug, die Gestalt eines Dieners anzunehmen. Und wegen dieser Bereitschaft zur Demut wurde Er fähig, Seine dynamische Kraft anderen mitzuteilen.
4. Sie sind Bindeglieder zwischen Gott und Mensch und führen Menschen zu Gott. ‚Die Menschwerdung gleicht einem Schiff, das zahllose Personen zu dem unendlichen Ozean Gottes trägt (...)'
5. Sie wissen immer, was in den drei Zeiten geschieht, in Vergangenheit, Gegenwart und Zukunft. ‚Meint irgend jemand, daß Jesus nicht die Zukunft der Welt gewußt habe? Vom Hindu-Standpunkt aus gesprochen, muß Jesus als eine Menschwerdung Gottes gewußt haben, was sich ereignen werde, und aus solchem Wissen heraus verkündete Er Seine Botschaft.'
6. Sie verstehen menschliche Schwächen, verhalten sich angesichts ihrer nachsichtig und bezeigen ihren Schülern Treue und Liebe. Jesus zog Seine Liebe selbst dann nicht von Judas zurück, als Er erkannte, Judas werde ihn verraten. Er bewies auch darin den wahren Geist der Liebe, daß Er zu Gott betete: ‚Vater, vergib ihnen, denn sie wissen nicht, was sie tun.'

7. Die Menschwerdungen haben, da sie Manifestationen Gottes sind, die Kraft der Gnade. ‚Die Brise der göttlichen Gnade bläst beständig, doch nur die Person, die stark genug ist, ihre Segel zu entfalten, kann sich ihrer erfreuen.' Man kann Gottes Gnade nur empfangen, wenn man aufrichtig bereut und sich zu Gott hinwendet. Jesus sagte: ‚Kommet her zu mir alle, die ihr mühselig und beladen seid, ich will euch erquicken'."

In diesen Kennzeichen des Awatara leuchtet etwas von der großen Integrationskraft und Assimilationsfähigkeit des Hinduismus auf. So umfassend scheint diese Darstellung, daß man die fehlenden Aspekte an der Person Jesu Christi vergißt oder übersieht. Anstoß erregt bei Jesusinterpretationen durch moderne Hindus stets die Leidensgeschichte. Sie paßt als historisches Faktum nicht mehr zum hinduistischen Bild vom Awatara. Manch allegorische Interpretation wird hier bemüht, um der Historizität dieses Geschehens zu entgehen. Ebenso stört – wie bereits erwähnt – des Christen Beteuerung, daß Jesus die einzige Menschwerdung Gottes ist. Ganz deutlich kommt dies bei dem Vater des modernen Indien, Gandhi (1869–1948), oft Mahatma („große Seele, Heiliger") genannt, zum Ausdruck. In einem Gespräch mit einer gewissen Frau Emily über die Frage der Gottessohnschaft Jesu wird Gandhis Stellung offenkundig.

„Frau E: Jesus Christus ist der Sohn Gottes.

Gandhi: Wir aber auch.

Frau E: Nein, Er war der einzige Sohn Gottes.

Gandhi: Hier unterscheiden wir uns. Für Sie war Jesus der einzige Sohn Gottes. Für mich war Er ein Sohn Gottes und fähig, das zu tun, was Jesus tat, wenn wir nur versuchen, das Göttliche in uns zum Ausdruck zu bringen."

So zeigt die Awatara-Lehre des Hinduismus dem Menschen die Möglichkeit eines beständigen Aufstiegs; sie wird zur Botschaft für alle Menschen. Während der klassische Hinduismus auf Indien beschränkt blieb, und Ram Mohan Roy die Auseinandersetzung mit Europa und dem Christentum im Sinne einer Selbstorientierung durchführte, entstand bei Wiwekananda der Gedanke an die Mission, bis dann Radhakrischnan den Hinduismus als die ideale Religion für die eine Menschheit der Zukunft preist.

So findet auch die Entwicklung des modernen Hinduismus in diesem indischen Gelehrten einen ersten, vorläufigen Abschluß. Der Hinduismus erweist sich nach ihm als die einzige Religion, die alles zu absorbieren vermag, indem sie dem einzelnen die größtmögliche Freiheit bei der Wahl seines religiösen Weges beläßt. Denn der Hinduismus ist ein Prozeß, kein Ergebnis, eine Bewegung, kein Zustand, eine wachsende Überlieferung, keine abgeschlossene Offenbarung.

(P. Antes /W. Rück/B. Uhde, Islam-Hinduismus-Buddhismus, Eine Herausforderung des Christentums, Matthias-Grünewald-Verlag Mainz 1973, S. 72–74)

5.5.5 Vatikanum II (1962–1965)

Erklärung über das Verhältnis der Kirche zu den nichtchristlichen Religionen

1. Vorwort. In unserer Zeit, da sich das Menschengeschlecht von Tag zu Tag enger zu vereinen sucht und die Beziehungen unter den verschiedenen Völkern sich meh-

ren, erwägt die Kirche mit um so größerer Aufmerksamkeit, in welchem Verhältnis sie zu den nichtchristlichen Religionen steht. Gemäß ihrer Aufgabe, Einheit und Liebe unter den Menschen und damit auch unter den Völkern zu fördern, faßt sie vor allem das ins Auge, was den Menschen gemeinsam ist und sie zur Gemeinschaft untereinander führt.
Alle Völker sind ja eine einzige Gemeinschaft, sie haben denselben Ursprung, da Gott das ganze Menschengeschlecht auf dem gesamten Erdkreis wohnen ließ; auch haben sie Gott als ein und dasselbe letzte Ziel. Seine Vorsehung, die Bezeugung seiner Güte und seine Ratschlüsse des Heils erstrecken sich auf alle Menschen, bis die Erwählten vereint sein werden in der Heiligen Stadt, deren Licht die Herrlichkeit Gottes sein wird; werden doch alle Völker in seinem Lichte wandeln.
Die Menschen erwarten von den verschiedenen Religionen Antwort auf die ungelösten Rätsel des menschlichen Daseins, die heute wie von je die Herzen der Menschen im tiefsten bewegen: Was ist der Mensch? Was ist Sinn und Ziel unseres Lebens? Was ist das Gute, was ist Sünde? Woher kommt das Leid, und welchen Sinn hat es? Was ist der Weg zum wahren Glück? Was ist der Tod, das Gericht und die Vergeltung nach dem Tode? Und schließlich: Was ist jenes letzte und unsagbare Geheimnis unserer Existenz, aus dem wir kommen und wohin wir gehen?
2. Von den ältesten Zeiten bis zu unseren Tagen findet sich bei den verschiedenen Völkern eine gewisse Wahrnehmung jener verborgenen Macht, die dem Lauf der Welt und den Ereignissen des menschlichen Lebens gegenwärtig ist, und nicht selten findet sich auch die Anerkenntnis einer höchsten Gottheit oder sogar eines Vaters. Diese Wahrnehmung und Anerkenntnis durchtränkt ihr Leben mit einem tiefen religiösen Sinn. Im Zusammenhang mit dem Fortschreiten der Kultur suchen die Religionen mit genaueren Begriffen und in einer mehr durchgebildeten Sprache Antwort auf die gleichen Fragen. So erforschen im Hinduismus die Menschen das göttliche Geheimnis und bringen es in einem unerschöpflichen Reichtum von Mythen und in tiefdringenden philosophischen Versuchen zum Ausdruck und suchen durch aszetische Lebensformen oder tiefe Meditation oder liebend-vertrauende Zuflucht zu Gott Befreiung von der Enge und Beschränktheit unserer Lage. In den verschiedenen Formen des Buddhismus wird das radikale Ungenügen der veränderlichen Welt anerkannt und ein Weg gelehrt, auf dem die Menschen mit frommem und vertrauendem Sinn entweder den Zustand vollkommener Befreiung zu erreichen oder – sei es durch eigene Bemühung, sei es vermittels höherer Hilfe – zur höchsten Erleuchtung zu gelangen vermögen. So sind auch die übrigen in der ganzen Welt verbreiteten Religionen bemüht, der Unruhe des menschlichen Herzens auf verschiedene Weise zu begegnen, indem sie Wege weisen: Lehren und Lebensregeln sowie auch heilige Riten.
Die katholische Kirche lehnt nichts von alldem ab, was in diesen Religionen wahr und heilig ist. Mit aufrichtigem Ernst betrachtet sie jene Handlungs- und Lebensweisen, jene Vorschriften und Lehren, die zwar in manchem von dem abweichen, was sie selber für wahr hält und lehrt, doch nicht selten einen Strahl jener Wahrheit erkennen lassen, die alle Menschen erleuchtet. Unablässig aber verkündet sie und muß sie verkündigen Christus, der ist „der Weg, die Wahrheit und das Leben" (Joh. 14,6), in dem die Menschen die Fülle des religiösen Lebens finden, in dem Gott alles mit sich versöhnt hat.

Deshalb mahnt sie ihre Söhne, daß sie mit Klugheit und Liebe, durch Gespräch und Zusammenarbeit mit den Bekennern anderer Religionen sowie durch ihr Zeugnis des christlichen Glaubens und Lebens jene geistlichen und sittlichen Güter und auch die sozial-kulturellen Werte, die sich bei ihnen finden, anerkennen, wahren und fördern.

5.5.6 *Die Kirche in Indien*

Swami Abhischíktanánda (Pater Le Saux), der Autor des folgenden Textes, ist ein katholischer Mönch, von Geburt Franzose, der – wie schon Robert de Nobili SJ im 17. Jhdt. – das ockerfarbene Gewand des Hindu-Mönchs angezogen hat, um ein christliches Leben in traditionell indischer Weise zu führen. Er gehört zur jungen Bewegung europäischer Mönche, die der Meinung sind, daß das Christentum erst dann in Indien richtig Fuß fassen und heimisch werden könne, wenn es sich dem indischen Lebensstil anpasse. Diese Mönche leben wie Inder. Sie essen vegetarisch, sie wohnen in Aschrams, die im Stil indischer Tempel erbaut sind. In ihrer Liturgie finden sich Texte in Sanskrit (Upanischaden, Bhagawadgita) oder den einheimischen Sprachen und Formen hinduistischer Zeremonien (Arati, Badschan). Sie halten brüderlichen Kontakt zu Hindu-Mönchen. Swami Abhischíktanánda war einer der ersten dieser christlichen Sannjasi. Vor einigen Jahren hat er sich in eine Einsiedelei im Himalaja zurückgezogen.

In christlichen Kreisen in Indien wird manchmal gesagt, daß die Zeit noch nicht reif sei für die Bekehrung der Kasten-Hindus. Alle direkten Versuche, ihnen das Evangelium zu verkünden, seien praktisch fehlgeschlagen. Selbst so indirekte Versuche wie Bildungsangebote, medizinische Versorgung und Sozialarbeit hätten nur eine sehr begrenzte Anzahl von Konversionen erreicht, so daß man sich berechtigterweise überlegen müsse, ob es die Sache wert sei, weiterhin Menschen, Geld und Energie in dieser Richtung zu verschwenden. Auf der anderen Seite habe aber die Predigt des Evangeliums, sowohl direkt als indirekt, zu einem wunderbaren Erfolg geführt, wenn sie an die Ureinwohner und die Hindus der niedersten Kasten gerichtet war... Die Zeit werde schon kommen, daß der Hinduismus für Indien ein abgewetztes Kleidungsstück sei, das von selbst abfalle – so wie es der Fall war mit den griechisch-römischen Mythen und Riten zur Zeit der ersten Verkündigung der Frohen Botschaft... Man müsse nur mit allen verfügbaren Kräften bei der Verwestlichung des indischen Geistes und der indischen Gewohnheiten mithelfen...
Um ehrlich zu sein, wir fragen uns, ob solch eine Haltung überhaupt christlich ist... Diese Christen sind vollkommen überzeugt, in ihrem Evangelium Schätze zu haben, die mehr wert seien als alle Perlen der indischen geistigen Tradition. Doch geben sie tatsächlich das Beste, was sie haben, jenen, die schon eigene Reichtümer haben?... Der Hindu ist sehr anspruchsvoll, was die Beziehung des Menschen zu Gott angeht. Er mag persönlich ein sehr weltliches Leben führen, er mag abergläubisch oder kindlich in seiner Art des Gottesdienstes sein, doch er weiß genau, daß die spirituellen Schätze, die ihm seine Weisen hinterlassen haben, unvergleichlich sind...
Wenn er krank ist, wird er zwar – wenn er es bezahlen kann – die kirchlichen Krankenhäuser oder die der Mission bevorzugen. Er wird auch niemals seine Bewunderung für die Kompetenz und Disziplin, das Pflichtgefühl und Verantwor-

tungsbewußtsein unserer Institutionen verbergen. Für den Hindu jedoch bleibt das alles auf einer rein menschlichen Ebene. Dem Hindu-Auge erscheinen die christlichen Kirchen als wundervoll organisierte Körperschaften. Ihre Verwaltung ist bewundernswert, ihr Gottesdienst wird mit einer Ordnung und Disziplin durchgeführt, von der viele Hindus gerne sähen, wenn man ihr in den eigenen Tempeln nacheifern würde. Die christliche Theologie trägt das Siegel von Vernunft und Logik. Daher die erstaunliche Bemerkung, die eines Tages von einem hinduistischen Prediger gegenüber einem christlichen Prediger gemacht wurde: „Das Christentum hat wirklich eine einzigartige Fähigkeit, die religiöse Not der Massen zu versorgen. Alles in ihm ist gut organisiert. Die Priester leben unter den Leuten, um deren Leben zu überwachen und zu korrigieren. Sie lehren die Kinder den Katechismus, und den Erwachsenen halten sie eine Predigt. Sie versammeln ihre Herde jeden Sonntag zu gemeinschaftlichem Gottesdienst. Auf diese Weise haben die Kirchen dem einfachen Mann eine wertvolle religiöse Hilfe ermöglicht, während unter uns Hindus nur zwei Extreme jeweils Platz finden: oben die höchste Vergeistigung, unten der plumpeste Aberglaube. Ich wünschte", antwortete er mit einem Lächeln, „daß alle meine Hindu-Brüder über Nacht Christen würden, so daß sie in ihrem nächsten Leben alle als Erkennende und das heißt letztlich als wahre Hindus wiedergeboren würden!" Für die Hindus haben alle diese Äußerlichkeiten der Religion – Ritual, Theologie, die sozialen Aspekte der Lehre – nichts zu tun mit dem wahren geistlichen Leben, mit Mokscha oder endgültiger Erlösung...

Alle Äußerlichkeiten, alle Lehren sind nur Wege, die zu dem einen Ziel hin führen... Intelligente Hindus sind sich der Unzulänglichkeiten ihrer Lehre wohl bewußt. Sind nicht alle Religionen von Menschen manipuliert worden, oft genug angepaßt an die Ambitionen dieser Menschen? Die Hindus kennen aber auch die Perle, die verborgen in ihnen aufbewahrt ist. Ein alter Guru aus Karnataka gestand eines Tages ein, daß der Hinduismus eine Mischung abergläubischer Vorstellungen sei und ebenfalls ein geldmachendes Geschäft. Aber er fügte sofort hinzu: „Trotzdem gibt es im Hindu-Glauben etwas, was man nirgendwo anders finden kann, das heilige Wissen um das höchste Brahman."...

Der wahre Hindu kann kaum spirituell von dem Christentum angezogen werden, wie es heute meist gepredigt und vorgelebt wird. Ein Hindu sagte: „Ihr christlichen Missionare seid doch gekommen, um uns zu bekehren, oder? Ich bewundere wirklich euren Eifer, eure Selbstverleugnung. Doch all eure Bemühungen sind vergeblich. Ihr kennt nicht das Geheimnis, wie man das Herz und das Gemüt der Hindus rühren kann. Wenn ihr uns wirklich bekehren wollt, kommt zu uns als Gurus. Der Guru ist nicht ein Mann, der wiederholt, was er in einem Buch gelesen oder von einem anderen gehört hat. Er weiß durch eigene, persönliche Erfahrung die Wahrheit dessen, was er lehrt, und er ist fähig, seine Schüler nicht nur zu Formeln, Riten oder neuen Lebenswegen zu führen, sondern geradewegs zur Erkenntnis des göttlichen Seins."...

Nach den Aussagen des Vatikanischen Konzils gibt es eine verborgene Gegenwart Gottes bei allen Nationen (Über Mission 9). Die Nachfolger Christi, vollständig durchdrungen vom Geiste Christi, sollten die Menschen kennen, unter denen sie leben und sollten Kontakt mit ihnen aufnehmen. So können sie durch einen auf-

richtigen und geduldigen Dialog selbst lernen, welche Schätze ein gütiger Gott unter den Nationen ausgeteilt hat. (nr. 11)...
Die erste Bedingung für einen fruchtbaren Dialog mit unseren nicht-christlichen Brüdern ist deshalb, eine angemessene Kenntnis der traditionellen Kultur Indiens, seiner Religion und Spiritualität zu erlangen... Das Wenigste, was wir tun können, ist, an die Hindu-Schriften und Traditionen mit Sympathie und Verständnis heranzugehen. Für tausende von Jahren haben sie Millionen von Seelen geholfen, der Gnade des Allerhöchsten zu begegnen. Anstatt in sie hineinzuschauen mit dem Ideal, zu allererst mögliche Fehler in ihnen zu finden, würde es da nicht wertvoller sein, in sie hineinzuschauen und in ihnen Samenkörner der Wahrheit und Heiligung zu finden, die in ihnen durch den Heiligen Geist verborgen angelegt waren? ... In dem Licht der höchsten Weisheit, die das Evangelium darstellt, wird der Christ mit Freude und Dankbarkeit die Spuren des Geistes und die Vorbereitungen für das Evangelium finden, die in den Hindu-Schriften und -Traditionen verborgen sind. Man wird auch erkennen, daß Christus „das Ende des Wedanta" ist, da er Anfang und Ende, Herr über alles ist. Christen und Hindus zusammen werden dann verstehen, daß die Hindus nichts zu verlieren haben von ihren eigenen spirituellen Schätzen, wenn sie Christus als den wahren und letzten Puruscha anerkennen.

(Auszüge aus: Swami Abhischiktananda [Ein katholischer Mönch französischer Herkunft] The Church in India, The Christian Literature Society Madras 1969; übersetzt aus dem Englischen)

5.5.7 Die Spannung zwischen Christentum und Hinduismus

Die Spannung zwischen Christentum und Hinduismus wird verwischt, wenn man, wie viele moderne Hindus es tun, sagt: „Alle Religionen sind gleich, alle beten zum selben Gott, alle streben nach demselben Ziel, nur die Wege sind verschieden, die Traditionen mehr dieser oder jener Rasse angepaßt. Die Funktion, die Krischna für Indien hat, hat Christus für den Westen. Laßt jeden seinen Weg gehen, nach seinem Glauben selig werden." In der Sprache Ramakrischnas: „Es führen in Benares viele Ghats zum Ganges – sie haben verschiedene Namen, werden von verschiedenen Gruppen von Leuten benützt. Der Ganges, in dem alle ihr sündentilgendes Bad nehmen, ist derselbe." Oder: „Der eine nennt es vari, der andere aqua, ein dritter pani und ein vierter water – was alle meinen, ist dasselbe lebensnotwendige Wasser. So wird das absolute Wesen, das reines Bewußtsein und reine Seligkeit ist, vom einen Gott genannt, vom anderen Allah, von einem dritten Hari und von einem vierten Brahman." – Ist es so einfach?
Auch dann wird die Spannung übersehen, wenn man, wie es moderne christliche Theologen wohlmeinend und in bester Absicht tun, sagt: „Alle Religionen haben für die Anhänger der betreffenden Religion ihren Wert, ihre Heilsbedeutung. Sie sind der natürliche Heilsweg – das Christentum ist die Erfüllung. Würde das Christentum den Menschen in einer Form und Sprache verkündet, die die einheimische Religion miteinbezieht, die Menschen würden das Christentum als die Erfüllung ihrer eigenen Religion annehmen. Die ‚Mißerfolge' der christlichen Mission in den Ländern Asiens, die hochentwickelte Religionen haben, sind der man-

gelnden Adaptation und Aufgeschlossenheit der christlichen Prediger zuzuschreiben." Manche formulieren es auch schon so, als ob die christliche Mission in diesen Ländern lediglich die Aufgabe hätte, den unbewußt angebeteten Christus bewußt zu machen, die fides implicita in eine fides explicita verwandeln. Ist es so einfach?

Verkündigung ist auch heute mehr als Adaptation. Es ist „Zeugnisgeben", „Martyria". Auch im Zeitalter der Begegnung. Die Begegnung ist keine Aufgabe, die vom Schreibtisch und der Studierstube eines Seminars aus geleistet werden kann. Wir können wohl vom sicheren Kämmerlein her einige theologische Prinzipien aufweisen, wie es sein sollte, wie es sein könnte. Aber in Wirklichkeit ist es meist anders. Es gibt Hindus, die sehr wohl wissen, was das Christentum ist und will – und die das Christentum bekämpfen, gehässig und mit Ausdauer. Die „Westlichkeit" des Christentums, die man angeblich ablehnt, ist bei den meisten lediglich ein Vorwand. Es geht um das Eigentliche.

Der Übergang vom Hinduismus zum Christentum ist nicht ein Übergang von der Potenz zum Akt, von der Ahnung zum Wissen, von der Sehnsucht zur Erfüllung. Wir müssen uns klar darüber sein, daß die bestehenden nicht-christlichen Religionen nicht nur aus mystischen und erhebenden Gedanken bestehen, sondern eine Realität sind, die soziale, politische, wirtschaftliche, kulturelle und geistige Faktoren umgreift: daß wir es in der Begegnung nicht nur mit der „Religion" zu tun haben, sondern mit Menschen, die ihre menschlichen Interessen mitbringen.

Doch auch im eigentlich Religiösen sind die Religionen voneinander verschieden. Im Wirklichen und Wesentlichen. Die gleichen Worte, die in den Übersetzungen für die sehr verschiedenen Haltungen und Objekte gebraucht werden, sollen uns nicht zu voreiligen Schlüssen veranlassen. Jeder Begriff ist vieldeutig, besonders wenn es um philosophische oder theologische Begriffe geht. Man beruft sich darauf, daß alle Religionen den Glauben als Grundlage hätten, ein Absolutes als Ziel. Es gibt jedoch keinen „Glauben" an sich, jeder Glaube wird zutiefst geformt von dem Objekt des Glaubens. Das „Absolute" ist uns nicht unmittelbar zugänglich – die verschiedenen Wege kommen zu verschiedenen Zielen! Die Religionen sind verschieden: im Gottesbild, im Heilsweg, im Letzten! Gott ist Gott, und der Vater aller – aber für die konkrete Religion ist entscheidend, welches Gottesbild vorgestellt wird, in welcher Form die Offenbarung Gottes konkretisiert wird. Jedes wirklich sorgfältige und objektive Studium der Texte, noch mehr das Mitleben mit verschiedenen religiösen Gemeinschaften wird erweisen, wie verschieden die einzelnen Religionen voneinander sind, so sehr, daß man nach einiger Zeit ernsthafte Zweifel bekommt, ob es viel Sinn hat, Hinduismus und Christentum unter dem Sammelnamen Religionen zusammenzufassen...

Der Hinduismus hat Probleme, die er als wesentlich und existentiell empfindet, an die der Christ nie denkt. Und der Christ hat wesentliche Fragen und Schwierigkeiten, die dem Hindu unverständlich sind. Der Hinduismus ist nicht ein Christentum mit anderen Vorzeichen, ein Katholizismus ohne Papst, Sonntagspflicht und Taufe. Ein Christ – auch wenn er kein Kirchgänger mehr ist –, der seine Probleme vom Hinduismus gelöst haben will, wird tief enttäuscht sein. Jede Frage hat nur Sinn auf einem gewissen Hintergrund. Fehlt der Hintergrund, so kann die Frage sinnlos sein, unbeantwortbar. Solange der Hindu in seiner eigenen geschlossenen

Welt lebt, hat er nicht das Gefühl, daß ihm etwas fehlt – erst die Begegnung läßt ihm etwas aufgehen. Die erste Reaktion wird fast durchweg Ressentiment, Abwehr und Abweisung sein. Die Grenze des Vergleichens ist schon dadurch gegeben, daß die Religion als Religion das konkrete Absolutum zum Gegenstand hat – die Vergleichung wäre Philosophie vom Absoluten, damit schon Veränderung des Fundamentes. Darum ist die Begegnung nicht nur Sich-gegenseitig-informieren, sondern Konfrontieren, Zeugnisgeben von Überzeugungen, mit denen sich der jeweilige Mensch identifiziert. Wir haben keinen neutralen „rationellen“ Hintergrund, auf den wir unsere Vergleichung beziehen könnten. Die Struktur von Hinduismus und Christentum ist zudem so verschieden, daß eine Vergleichung in den meisten Fällen kaum eine wirkliche Einsicht in Wesentliches brächte. Es handelt sich nicht um zwei nach gleichen Prinzipien aufgebaute einander entgegengesetzte Ideologien, die beide aus einem objektiv-neutralen Hintergrund herauswachsen und in bezug zu diesem beurteilt werden könnten, sondern es geht in beiden Fällen um letzte menschliche Anstrengung der Wirklichkeitserfassung. Wir haben nicht zwei feste abgeschlossene Systeme vor uns, sondern lebendige, sich entwickelnde und sich verändernde, jeweils originelle Prozesse der Innewerdung der Wirklichkeit, aktuelle Versuche, ein Absolutes zu erreichen, wobei jede Stufe und jeder Aspekt aus einer letzten, nicht mehr weiter erklärbaren Originalität und Spontaneität kommen, nicht mit „objektiven“ Argumenten begründbar, sondern für den, der darin steht, „selbstevident“. Es geht auch nicht um Dinge, von denen man sich distanzieren könnte, um von einem übergeordneten Punkt aus ein objektives Urteil zu fällen. Ein geistiger Prozeß kann nur in seinem aktuellen Verlauf erfaßt werden. Es geht hier jeweils um die Religion als solche, nicht um eine spezifische Ausformung von Religion, die als Sonderform ohne weiteres erkennbar wäre. Der „naive“ Hindu will nicht Hindu sein im Gegensatz zu einem Nicht-Hindu, sondern er will die Religion verwirklichen. Sein Verständnis von Religion als solcher ist jedoch spezifisch Hindu, ist wesentlich anders, als das des gläubigen Christen, der auch normalerweise nicht Christ sein will im Gegensatz zu einer anderen Spezies von Menschen, den Nicht-Christen, sondern der, der Mensch sein will, normal im vollsten Sinne, religiös, ohne Besonderheiten. Das heißt nicht, daß man nicht tolerant sein könnte und müßte, nicht das andere als anderes gelten lassen sollte. Es heißt aber, daß man nicht im Letzten neutral sein kann – daß es in der Religion um eine fundamentale Entscheidung geht, für die die Gründe weder im Wissenschaftlichen, noch im Philosophischen, noch im Kulturellen liegen, sondern im Innersten des Menschen selbst.

(Klaus Klostermeier, Hinduismus, Bachem, Köln 1965, S. 14/15, 20/21)

5.6 Einflüsse des Hinduismus im Westen

5.6.1 *Der Hinduismus in Deutschland*

A. Überblick

Der Einfluß hinduistischen Gedankenguts und hinduistisch geprägter Lebenshaltung und Praxis ist in Deutschland wie im gesamten Westen zwar eindeutig und zunehmend festzustellen, aber sehr schwer zu präzisieren. Das hat verschiedene Gründe.

„Hinduismus" selbst, als Religion Indiens, zeigt eine kaum faßbare Vielgestaltigkeit. Entsprechend vielfältig sind seine Ausstrahlungen. Sie können, da der „originale" Hinduismus – anders als etwa Buddhismus und Islam – an den indischen Mutterboden gebunden bleibt, im abendländischen Raum nur gebrochen erscheinen und wirksam werden. Die unumgängliche Transformation und Assilimation an westliche Möglichkeiten und Bedürfnisse vollzieht sich in vielen Graden und Nuancen. Beim „Joga" zum Beispiel – dem Wort und der Sache nach das am weitesten verbreitete Element hinduistischer Herkunft – reichen die Brechungen von einer Haltung, die tief in der Spiritualität und religiösen Praxis des Hinduismus wurzelt, bis hin zu gymnastischen Übungen, die kaum mehr etwas mit dem indischen Ursprung zu tun haben.

Zudem kennt der Hinduismus keine Organisation. Man hat es immer wieder mit Einzelgängern zu tun. Fast jeder „Jogi" oder „Guru", der in den Westen kommt, beruft sich auf einen anderen Meister, eine andere Tradition und sammelt – nicht selten in Konkurrenz gegen seine „Kollegen" – möglichst viele Schüler um sich. Auch die deutschen Anhänger indischer Religiosität und Meditationstechnik, Lehrer wie Übende, stehen kaum in Kontakt miteinander und vertreten nach Gehalt und Qualität höchst unterschiedliche Schattierungen. Neben tiefen Versuchen, auf dem Boden meditativer Erfahrung zu einer echten Synthese östlicher und abendländischer Tradition zu finden, gibt es, typisch für die religiöse Gesamtlage, häufig einen privaten Synkretismus, der gänzlich unreflektiert hinduistische mit christlichen Elementen vermischt. Trotzdem lassen sich drei Schwerpunkte hinduistischen Einflusses feststellen und abgrenzen, auch wenn sie ständig ineinander übergehen. Bis zu einem gewissen Grad markieren sie auch die geschichtliche Entwicklung der letzten Jahre und Jahrzehnte.

Um die Jahrhundertwende setzte der Einfluß des Neo-Hinduismus ein, einer breiten religiösen Reformbewegung in Indien. Sie wird durch Namen wie Swami Wiwekananda, Mahatma Gandhi, Sri Aurobindo Ghose, Sarwepalli Radhakrischnan repräsentiert. Hauptsächlich literarisch bekannt geworden, hat sie das oft sehr idealisierte Indienbild in Deutschland wesentlich mitgeprägt. Heute wird sie im deutschen Raum besonders durch den wachsenden Freundeskreis des Sri Aurobindo-Aschram in Pondicherry/Südindien sowie durch die Wedanta-Bewegung, Ausläufer der von Wiwekananda gegründeten Ramakrischna-Mission, vertreten.

Seit den Fünfziger Jahren kann man von einer eigentlichen Joga-Bewegung in Deutschland reden. Inzwischen ist daraus ein richtiger Boom geworden: es gibt kaum mehr einen Kurbetrieb oder eine Volkshochschule, wo nicht „Joga" angeboten wird. Dabei sind im Westen bisher weniger die aufs Geistig-Religiöse konzentrierten Jogatraditionen wirksam geworden als vielmehr Hatha-Joga, eine stark auf Körperhaltungen und Atemkontrolle ausgerichtete Jogaform. Aber auch hierbei geht es vielen nicht so sehr um modisch verbrämte Gymnastik als um meditative Erfahrung. Das immer deutlicher zutage tretende Bedürfnis nach Meditation, nach innerer Sammlung und Selbstfindung, nach religiöser „Erleuchtung" – Reaktion auf den Intellektualismus und Aktionismus der westlichen Gesellschaft – scheint neben dem Angebot physisch-psychischer Therapie ein wesentlicher Antrieb für die gegenwärtige Joga-Bewegung zu sein. Deshalb werden auch Elemente des Joga, ähnlich wie die buddhistische Zen-Praxis, von manchen christlichen Meditationslehrern aufgegriffen. Man schätzt, daß heute in Deutschland insgesamt nahezu hunderttausend Menschen Joga üben.

Eine dritte Welle hinduistischen Einflusses erreichte den europäischen und amerikanischen Westen mit der Wiederentdeckung Asiens und seiner Religiosität, die ein wichtiges Element der jugendlichen Protestbewegung der letzten Jahre geworden ist, und deren Umfang und Auswirkung noch nicht abzuschätzen sind. Dementsprechend werden auch fast ausschließlich junge Menschen von dieser Welle erfaßt. Sie zieht ihre Kraft weithin aus dem Angebot, eine Alternative zur abgelehnten westlichen Gesellschaft und ihren Normen zu sein. Was dabei herauskommt, ist dann freilich oft doch wieder ein unausgeglichenes Konglomerat west-östlicher Ideen. Zunächst war der östlich-hinduistische Einfluß auf die neuen, vor allem von der Jugend getragenen kulturellen und geistigen Trends völlig diffus. Heute beginnt er sich zu organisieren: die Hare Krischna-Bewegung, die „Divine Light Mission" des jugendlichen Guru Maharadsch Dschi sowie die Bewegung der Transzendentalen Meditation sind dafür typisch. Die folgende Bestandsaufnahme des gegenwärtigen hinduistischen Einflusses in Deutschland gliedert sich sinnvollerweise nach diesen drei Schwerpunkten.

B. Neo-hinduistische Einflüsse

Mit dem spektakulären Auftritt von Swami Wiwekananda (1863-1902), dem Mitarbeiter des Hinduheiligen und Reformers Ramakrischna, auf dem Religionskongreß 1893 in Chikago begann der unmittelbare Einfluß des Hinduismus im Westen. Durch Vortragsreisen, durch zahlreiche Schriften, die heute noch eine Art Leitfaden für die Jogabewegung auch in Deutschland bilden, und durch die von ihm ins Leben berufene Ramakrischna-Mission verbreitete Wiwekananda den Reformhinduismus seines Meisters und gründete, wo er Anhänger fand, Wedanta-Gesellschaften.

In Europa konnte die Wedantabewegung besonders in Frankreich, wo z.B. Romain Rolland gewonnen wurde, und England Fuß fassen. Heute ist ihr Zentrum in Gretz bei Paris, wo Swami Ritadschananda die Leitung hat. In diesen Kreisen wird nicht eigentlich praktischer Joga betrieben, sondern mehr meditiert und religionsphilosophisch gearbeitet.

Der Ramakrischna-Mission nahestehend, gründete Swami Siwananda Saraswati eine eigene Bewegung, die „Divine Life Society" (Gesellschaft des Göttlichen Lebens). Sie hat ihren Sitz in Rischikesch am Fuß des Himalaja (Joga-Wedanta Forest Academy, Shivanandanagar, U.P., India), hat aber durch ihre Ordensmitglieder eine starke Missionstätigkeit im Westen entfaltet, wobei besonders das Schrifttum von Siwananda verbreitet wird. Der gegenwärtige Leiter, Swami Tschidananda (geb. 1915), hat den Papst besucht, um ihm die Weltbotschaft des Hinduismus zu bringen, und war wiederholt in Deutschland. Das aktivste Zentrum der „Divine Life Society" ist jedoch in New York unter Swami Satschidananda entstanden. In Brüssel hat er eine westeuropäische Joga-Föderation gebildet, die von dem belgischen Jogalehrer André van Lysebeth (118 Rue G. Moreau, B-1070 Bruxelles) geleitet wird und deren Ausstrahlung nach Holland, Frankreich, der Westschweiz und Deutschland reicht.

Im Jahre 1966 gründete der heute 43jährige Swami Omkarananda in Winterthur, das „Divine Light Zentrum" (Anschrift: CH-8400 Winterthur, Anton Graff-Str. 65). Er erhielt im Aschram von Swami Siwananda in Rischikesch seine Ausbildung, doch scheint sich die Divine Live Society inzwischen von ihm abgesetzt zu haben. In der zweimonatlich erscheinenden Zeitschrift „Divine Light" (Göttliches Licht) sowie in zahllosen Traktaten und Werbeschriften verbreitet Swami Omkarananda seine universalistischen Ideen, die in betont christlichem Gewande vorgetragen werden. Mit Nachbarn und Behörden in zahlreiche, auch gerichtliche Auseinandersetzungen verwickelt, wirkt das „Divine Light Zentrum" immer mehr als Fremdkörper.

Ein gewisser Einfluß geht heute vom Sri Aurobindo-Aschram in Pondicherry/Südindien aus, wo das Erbe von Sri Aurobindo Chose (1872-1950) gepflegt und weiterentwickelt wird. Er hatte versucht, in seinem „Integralen Joga" hinduistischen Joga mit der Psychologie und dem Evolutionsgedanken des Westens zu verbinden. In Auroville, einer bei Pondicherry entstehenden Modellstadt, sollen die Ideen Aurobindos verwirklicht werden. In der auf 50 000 Einwohner projektierten „Stadt der Menschheit", die Angehörige aller Nationen in Freiheit vereinen soll, wohnen heute etwa 300 Menschen.

Die „Internationale Sri Aurobindo-Gesellschaft e. V.", die in Zürich-Zollikon Sitz und Verlag hat (Geschäftsstelle: CH-8702 Zollikon bei Zürich, Seestraße 34), versucht, Sri Aurobindos Denken im Westen zu verbreiten. 1963 wurde in Karlsruhe unter der Führung von Pfarrer i.R. Heinz Kappes ein deutscher Zweig gegründet (75 Karlsruhe, Belchenstraße 19). Er bemüht sich vor allem um die deutsche Übersetzung und Veröffentlichung der Werke Aurobindos.

Der Einfluß, den der Reformhinduismus durch die literarische Verbreitung seiner Ideen, durch das Nachwirken von Persönlichkeiten wie Mahatma Gandhi oder Winoba Bhawe auf den Westen ausübt, läßt sich kaum abschätzen. Seinerseits nur aus der Begegnung mit dem christlichen Westen verständlich, gehen von ihm umgekehrt wieder starke Impulse dorthin. So ist etwa der Religionsphilosoph und Mönch Ramana Maharschi nie in den Westen gekommen, hat aber zahlreiche Europäer – z.B. den Physiker und Philosophen Carl Friedrich von Weizsäcker – nachhaltig beeindruckt. Es scheint, daß für viele, die angesichts der Krise der westlichen Zivilisation heute nach einer neuen Sinngebung suchen, sich hier ein „Weg nach innen" zur Selbstfindung und zu neuer Tiefenerfahrung der Wirklichkeit anbietet.

(Michael Mildenberger, Hinduismus-Buddhismus-Islam in Deutschland, in: Information Nr. 53, EZW Stuttgart 1973, S. 3-6)

5.6.2 Generation im Konflikt

„Wenn du wiederkommst", lächelte der Amerikaner Krischna-das, „bring bitte einen Schlafsack mit... und viele Offenheit."
Meine Schuhe hätte ich zu Hause lassen können; denn als ich einige Tage später mit dem Schlafsack unter meinem Arm den „Tempel" im zweiten Stock des Hamburger Hauses Bartelsstraße 65 betreten will, werde ich aufgefordert, meine Sandalen auszuziehen, als enterte ich das gepflegte Teakholzdeck einer Privatjacht. Doch es riecht nach Bohnerwachs, Essen und Weihrauch auf dieser eher schlichten Arche religiösen Eifers im bundesdeutschen Meer der seelischen Abstinenz.
Hier in der Bartelsstraße, mitten im Sanierungsgebiet, wohnt die „Internationale Gesellschaft für Krischna-Bewußtsein e. V."
Mehr als 256000 Deutsche haben im vergangenen Jahr ihren zumeist mit der Taufe aufgesetzten Glaubens- und Steuervertrag mit der Kirche gekündigt und sind ausgetreten.
12 immer heitere „Krischna-Geweihte" in Hamburg bieten den Enttäuschten eine exotische Alternative an – singend und argumentierend versuchen sie (wie Tausende ihrer Glaubensbrüder in aller Welt), die Abtrünnigen mit der über 5000 Jahre alten indischen Philosophie der wedischen Schriften Bhagawadgita und Upanischaden vertraut zu machen; düster ist zu diesem Zweck das Bild der 8,4 Millionen möglichen Inkarnationen der einzelnen menschlichen Seele, das sie dabei zeichnen; doch fröhlich gibt sich ihre Gewißheit, durch reines, gottbewußtes Leben von der fast ewigen Wiederkehr auf dieser Erde erlöst zu werden.
Ein Schritt aus dem Jammertal beginnt mit dem Essen der geweihten Speise.
Krischna-das, der 22jährige Oberaufseher aller europäischen Krischna-Tempel und seit fünf Jahren „Geweihter", sitzt mit seiner hochschwangeren Frau beim „Prasadam", dem Krischna (Gott) geweihten Essen, auf den Holzdielen.
„Hare Krischna – hast du schon gegessen?" „Nein." Seine Frau holt einen Teller aus der Küche, und ich esse mit: indische Nüsse, Grießbrei mit Rosinen, süß, kariesfördernd...
Krischna-das hat mich inzwischen in ein Zimmer eingewiesen, das zwei Mädchen mit mir teilen wollen.
Eines der Mädchen im Zimmer, Joytirmayee, ist Französin. Früher hieß sie Joy, studierte Religion und wollte nach Indien, um einen geistigen Meister zu suchen. Einen Monat vor der Abreise traf sie Krischna-Geweihte in Paris, die ihr empfahlen, zuerst einmal ihren geistigen Meister in London zu besuchen. So fuhr sie nach London, blieb acht Monate im Tempel und heiratete einen Krischna-Devotee: „Irgendwie passierte das."

BACK TO GODHEAD
Das Magazin der Hare Kṛṣṇa Bewegung

Das einzige Magazin in der westlichen Welt, das die autorisierte, transzendentale Wissenschaft der Gottesvergegenwärtigung verbreitet, wie sie durch die ununterbrochene Nachfolge der geistigen Meister überliefert wurde. Es erinnert die Menschheit an ihre ursprüngliche spirituelle Bestimmung und zeigt einen Weg, der zurückführt zu Gott, dem Ursprung allen Seins.

Jahresabonnement 12 Ausgaben 20,– DM
Einzelausgabe 2,– DM

Bitte senden Sie mir:

☐ „Back To Godhead" (dtsch. Ausgabe) 2,00 DM
☐ Jahresabonnement (12 Ausgaben) . . . 20,00 DM

Name: . . . .

Anschrift: . . . .

Zahlung erfolgte auf Psch.-Kt. Hmb. Nr. 14 702

HARE KṚṢṆA

Hiermit laden wir Sie herzlich ein, eines unserer Zentren zu besuchen, um dort die erhebende Wirkung einer transzendentalen Atmosphäre zu erleben.

Täglich um 19 Uhr können Sie an einer Vorlesung aus der Bhagavad-gītā teilnehmen und in persönlichen Gesprächen Antworten auf Ihre weiteren Fragen bekommen.

Sonntags um 16 Uhr haben Sie die Gelegenheit, einen einführenden Vortrag über die Philosophie des Kṛṣṇa-Bewußtseins zu hören und durch das gemeinsame Chanten (Musik und Meditation), eine praktische Erfahrung zu machen.
Im Anschluß daran erlauben wir uns, unseren Gästen ein vegetarisches Festmahl zu reichen, das nach 5000 Jahre alten vedischen Rezepten zubereitet wurde.

Alle Veranstaltungen sind kostenlos.

Besuchen Sie uns gleich nächsten Sonntag.

Centren der Internationalen Gesellschaft für Kṛṣṇa-Bewußtsein in Deutschland:

1000 Berlin 31	Kurfürstendamm 153	8 86 25 39
2000 Hamburg 54	Kapitelbuschweg 20	5 70 53 82
6900 Heidelberg	Karlsruher Straße 31	3 13 54
8042 Oberschleißheim (bei München)	Dr.-Hoffmeister-Str. 7	3 15 04 27

ANFRAGEN, BRIEFE UND BESTELLUNGEN RICHTEN SIE BITTE AN UNSERE HAMBURGER ANSCHRIFT.

Kṛṣṇa Bewußtsein
Die Saṅkīrtanbewegung

Gründer · Acharya:
Seine Göttliche Gnade A.C. Bhaktivedanta Swami Prabhupada

Die *Saṅkīrtan Bewegung* entsteht auf der ganzen Welt in einer Zeit, die ihre geistige Mitte verloren hat und die in den 5000 Jahre alten *vedischen Schriften* als *Kali Yuga*, Zeitalter des Zankes und der Heuchelei bezeichnet wird.

Das Individuum hat die Kontrolle über die Sinne verloren, ohne die man sich nicht auf die Ebene wirklicher Erkenntnis erheben kann: Die Zivilisation treibt kopflos – es führt der Blinde den Blinden. So perfektionieren wir unser zeitweiliges Dasein in Systemen: Altruismus, Humanismus, Sozialismus, Nationalismus usw. Die eigentliche Problematik des Lebens aber ist: *Geburt, Krankheit, Alter und Tod.*

Wir sind in den Ozean materieller Unwissenheit gefallen, denn wie sonst könnten wir denken, daß Harmonie in der Trennung vom höchsten Herrn Śrī Kṛṣṇa zu verwirklichen ist, der unter Millionen von Namen auch in anderen Schriften als Jahwe oder Allah bekannt ist.

Die transzendentalen Lautschwingungen von

Hare Kṛṣṇa Hare Kṛṣṇa Kṛṣṇa Kṛṣṇa Hare Hare
Hare Rāma Hare Rāma Rāma Rāma Hare Hare

sind eine sublime Methode, diese verlorengegangene Harmonie wieder herzustellen, und unser ursprüngliches transzendentales Bewußtsein – Gottbewußtsein – zu wecken, dessen wahre Natur Wissen, Glückseeligkeit und Ewigkeit ist. Denn wir sind nicht als grober materieller

Die überweltliche Lautschwingung, die durch das Chanten (Singen und Sagen) von *Hare Kṛṣṇa, Hare Kṛṣṇa, Kṛṣṇa Kṛṣṇa, Hare Hare / Hare Rāma, Hare Rāma, Rāma Rāma, Hare Hare* – entsteht, führt zum Erwachen unseres transzendentalen Bewußtseins.

Körper, sondern als *ewige Geistesseele* zu verstehen, die in den bedingten Zustand materieller Illusion gefallen ist. Unser Geistiger Meister, Seine Göttliche Gnade A. C. Bhaktivedanta Swami Prabhupāda, der letzte in einer 5000 Jahre alten ungebrochenen Traditionsfolge der Meister, bringt diesen Prozeß des *Bhakti-Yoga* in diese Welt, und jeder, ganz gleich, ob er Christ, Hindu oder Moslem ist, kann durch das *Chanten der Heiligen Namen* transzendentale Erkenntnis, religiöse Erfahrungen machen, denn das Chanten der Heiligen Namen ist nicht-sektiererisch.

In Demut bringen wir diesen Vorgang in diese Zivilisation und singen den *Mahamantra*

Hare Kṛṣṇa Hare Kṛṣṇa Kṛṣṇa Kṛṣṇa Hare Hare
Hare Rāma Hare Rāma Rāma Rāma Hare Hare

– den großen Gesang der Befreiung – in den Straßen unserer Städte, und jeder, ganz gleich, in welcher gesellschaftlichen Position er sich gerade befindet, kann daran teilnehmen, diesen oder einen anderen Namen Gottes, der ihm lieb ist, zu chanten, in eines unserer Zentren zu kommen, in ein Gespräch mit uns einzutreten, und, wenn irgend möglich, zu helfen.

Hare Kṛṣṇa!

(Werbeprospekt der Hare-Krischna-Bewegung)

Wäre sie mit ihrem Mann auch verheiratet, wenn sie ihn anderswo kennengelernt hätte? „Oh, nein, nie. Ich hätte ihn nicht einmal angeschaut. Aber wir haben eines gemeinsam", lächelt sie, „wir lieben Krischna, also lieben wir uns auch."...
Im Schutz des geweihten Tempels leben die Gläubigen so als gutmütige, sanfte, hilfsbereite Kinder Gottes in einer watteverpackten, vorgefertigten Welt. Sie leben in einem Glauben, der eigenes Denken nicht schätzt, der festgelegte, poetisch ausgewogene Sätze zum Auswendiglernen vorsetzt. – Die zwölf Geweihten in Hamburg stammen aus fünf Nationen: aus den USA, Schweden, Deutschland, Frankreich, Spanien. Der einzige Inder in der durch Tausende von Anhängern über 40 Weltstädte verbreiteten Bewegung ist der Geistige Meister selbst: ein Mann, dem man seine Abkunft aus einer hohen Kaste ansieht.
Dies erzählt Gunnar, ein noch nicht mit einem indischen Namen bedachter junger Deutscher – er lebt erst acht Monate im Tempel.
Gunnar, blauäugig, etwas in sich gekehrt, spult seine Antworten auf meine Fragen noch nicht auswendig herunter. Er ist „noch nicht volljährig", war „früher philosophisch stark interessierter" Schüler, als er die Krischna-Geweihten in der Hamburger Innenstadt traf. Seither lebt er im Tempel und lernt brav seine Lektionen. Seine Mutter ist „nicht begeistert", seine Geschwister scheinen ihm ein peinliches Thema. Sie verstehen ihn nicht, „aber das macht nichts, denn Krischna sagt, wenn nur ein Familienmitglied ihm dient, dann sind auch die 10 Generationen vor und nach ihm errettet".
Ein Ehepaar, das in der Nähe wohnt, kommt zum geweihten Essen: Mandali und Haripriya. „Oh, wie schön, daß du da bist", sagt Haripriya, als sie mich sieht, „bleibst du jetzt für immer hier?" Sie spricht schnell, etwas gehetzt, lächelt immer dabei. Fast glaube ich, sie hat Angst, nicht alles sagen zu können, was an Krischna-Lobpreisungen aus ihr heraussprudeln möchte. Früher hieß sie Heidi, lehrte acht Jahre lang Deutsch in England. Aber das ist unwichtig, sagt sie, denn irgendwann kommt die Erkenntnis, „daß nur Krischna die wahre Antwort auf alle Fragen ist".
Ein junger Matrose, nur für einen Tag zu Gast, lächelt einfältig und wirft ein: „Also der Mantra, das ist wirklich was – der geht wirklich nicht mehr aus'n Kopf raus. Ich war nämlich vor zwei Jahren schon mal hiergewesen, und da blieb nur der Mantra. Auch wenn ich später 'n LSD-Trip genommen habe, war der immer da." Haripriya schaut pikiert und erklärt: „Ich muß gehen."
Um 22.00 Uhr legt sich die Gemeinde schlafen, um vier Uhr früh steht sie wieder auf, „weil der Geist um diese Zeit am empfänglichsten für Krischna ist". Das bedeutet eine tägliche Ruhezeit von sechs Stunden. Und selbst diese scheint den Geweihten noch zu lang: Am liebsten würden sie 24 Stunden lang ihre Liebe zu Gott verkünden.

(Auszug aus: Generationskonflikt III, „Die Geweihten", von Jutta Kamke in: Zeit-Magazin S. 15-18)

5.6.3 Was will die Transzendentale Meditation?

Transzendentale Meditation ist eine Technik zur Vergrößerung der geistigen Fähigkeiten und Entfaltung schöpferischer Intelligenz. Transzendentale Meditation kommt aus einer sehr alten traditionsreichen Schule. Maharishi Mahesh Jogi hat sie in allen Ländern der Welt bekanntgemacht. Auf Grund ihrer guten Wirkungen ist Transzendentale Meditation heute Lehrfach in vielen Schulen und Universitäten.

Die Technik

Im Gegensatz zu bisher bekannten Methoden zur Entfaltung geistiger Fähigkeiten beruht die Transzendentale Meditation nicht auf Konzentration oder Selbstkontrolle, sondern auf den natürlichen Gesetzmäßigkeiten des Geistes. Deshalb kann jeder die Technik ohne Schwierigkeiten erlernen. Vorkenntnisse oder irgendeine besondere Begabung sind nicht erforderlich.

Entfaltung des geistigen Potentials

In der Transzendentalen Meditation werden zunehmend feinere Ebenen des Denkens erfahren, bis auch die feinste Ebene überschritten (transzendiert) und die Quelle der Gedanken, ein Reservoir unbegrenzter Energie und schöpferischer Intelligenz erreicht ist. Der bewußte Kontakt mit der Quelle der Gedanken vergrößert spontan alle geistigen Fähigkeiten: Konzentrationskraft, Gedächtnis und schöpferische Intelligenz. Die regelmäßige Praxis der Transzendentalen Meditation führt zur Entfaltung und Anwendung des vollen geistigen Potentials.

Förderung der Gesundheit

Mit der Ausweitung des Bewußtseins in die feineren und feinsten Denkebenen ist gleichzeitig eine tiefe körperliche Entspannung verbunden, die als Nebeneffekt bei jeder Meditation eintritt. Die Ruhe in der Transzendentalen Meditation ist tiefer als die im Tiefschlaf (Lancet 1969, Science 1970, American Journal of Physiology 1971, American Journal of Psychosomatic Medicine 1972, Hospital Times 1970, Niedersächsisches Ärzteblatt 1971, Scientific American 1972). Zahlreiche wissenschaftliche Untersuchungen bestätigen darüber hinaus die außerordentlichen gesundheitsfördernden Wirkungen der Transzendentalen Meditation. Sie wird heute im klinischen Bereich besonders zur Behebung von Streßfolgen, bei psychosomatischen Erkrankungen und Suchterkrankungen mit großem Erfolg eingesetzt. (USA).

Soziales Verhalten

Transzendentale Meditation entfaltet nicht nur die intellektuellen Fähigkeiten, sondern sie vergrößert ebenso die Qualitäten des Herzens. Sie schafft Klarheit, Harmonie und Beständigkeit im emotionalen Bereich und entwickelt damit die Bereitschaft und Fähigkeit zu richtigem sozialen Verhalten. Meditierende berichten übereinstimmend, eine Verbesserung und Intensivierung ihrer Beziehungen zu anderen Menschen und eine Ausweitung ihres sozialen Verantwortungsbereiches.

Das Wohl der Gemeinschaft

Gesellschaftliche Spannungen entstehen durch Summierung von Unzufriedenheit, Überbelastung und Frustration; ideales Leben in der Gemeinschaft entsteht dagegen durch ein dynamisches, aufgeschlossenes und eigenverantwortlich kreatives Verhalten aller Mitglieder. Durch die Verbreitung der Transzendentalen Meditation wird eine völlig neue Möglichkeit zur Verbesserung gesellschaftlicher Verhältnisse geschaffen, indem die Leistungsfähigkeit, Wahrnehmungsfähigkeit und schöpferische Intelligenz vieler Menschen vergrößert und dadurch die Ursache für Unzufriedenheit, Überbelastung und Frustration beseitigt wird.

Erlernen der Technik

Transzendentale Meditation ist eine völlig neutrale, von der modernen Naturwissenschaft bestätigte Technik. Sie hat nichts mit Glauben oder Weltanschauung zu tun.Die SIMS-(Students International Meditation Society) hat in jeder größeren deutschen Stadt ausgebildete Lehrer (Initiatoren). Von ihnen kann jedermann die Technik an vier aufeinanderfolgenden Tagen in Sitzungen von jeweils 1 bis 2 Stunden erlernen. Voraussetzung für das Lernen der Technik ist die Teilnahme an einem vorbereitenden Vortrag, in dem die Funktionsweise der Transzendentalen Meditation näher erläutert und genaue Termine für den Einführungskurs vereinbart werden.

(Einladungsschreiben des Meditationscenter Bremen, Parkstr. 97)

5.6.4 Die Mission des Hinduismus

Der Hinduismus war bis in die Neuzeit keine Missionsreligion. Er beschränkte sich auf die Erfassung des indischen Volkes. Seit dem Einbruch des Islam in Indien gelang es ihm nicht mehr, die religiöse Einheit herzustellen. Im Mittelalter haben wir eine hinduistische Expansion nach Indonesien. Heute geht eine spontane Ausbreitung in Afrika durch die vielen indischen Kaufleute vor sich. In Indien hat die Anwesenheit des Islam die Inder immer gezwungen, über den Bestand des Hinduismus zu wachen.

Die Erweckung des Hinduismus zur Missionstätigkeit ging von Einzelpersönlichkeiten aus, die versuchten, mit ihren Erkenntnissen das Volk zu durchdringen. Es sind zunächst die Leiter des Brahma-Samadsch und des Arja-Samadsch. Unter ihnen sandte bereits Tabindranath Tagore Missionare aus. 1887 wurde die Ramakrischna-Mission gegründet. Sie hat ihr Zentrum in Belur bei Kalkutta, ist aber heute durch viele Zweigniederlassungen über ganz Indien verbreitet. Die eigentliche Missionstätigkeit setzt mit Wiwekananda ein. Er bekam in Chicago den Eindruck, daß der westliche Mensch für die indischen Gedanken sehr offen sei. Wiwekananda entfaltete eine rege Propagandatätigkeit und gründete in Indien drei Klöster zur Ausbildung von Missionaren. Erst durch ihre Tätigkeit erwachte der Missionswille im Hinduismus, auch andere Völker zu beeinflussen. Die Missionare warben Anhänger in Europa und Amerika und schlossen diese in sogenannte Wedanta-Gesellschaften zusammen. Diese traten in der Öffentlichkeit nicht sehr hervor, dennoch kam durch sie das Abendland unter den Einfluß Indiens. Der

Missionswille des Hinduismus wurde durch die Tätigkeit Gandhis verstärkt. Dieser lebte unter dem Eindruck, daß das Christentum der Gewaltideologie verfallen sei. Darum verlangte er, daß der Westen zum Wohle der Menschheit von Indien geistig erobert werden müsse. Er verstand seine Lehre von der Gewaltlosigkeit als eine Erkenntnis des Hinduismus, machte sie aber zu einem für alle Menschen gültigen Prinzip. Er stellte auch den Satz auf, daß diese Lehre nur von gläubigen Anhängern verbreitet werden könne. Damit gab Gandhi den Indern einen Sendungsauftrag.

Einen neuen Auftrieb bekam dieser Missionswille durch die Enttäuschung vieler Europäer über das Christentum und über die Botschaft der Kirche. Aus dem ganzen Abendland kamen suchende Menschen nach Indien, um auf ihre Fragen Antwort zu finden. Der Besuch des Aschrams von Sri Aurobindo ist dafür beispielhaft geworden. Dorthin kamen mehr als tausend Amerikaner, Engländer, Franzosen, Deutsche und andere, „die hier die überwältigende Erfahrung machen, daß Geist nicht Idee und Prinzip, sondern Realität, schöpferische Dynamik, verwandelte Macht ist". Aurobindo sagte: „Ich bin hier, das göttliche Leben und das göttliche Bewußtsein in denen zu begründen, die von sich aus den Ruf empfinden, zu mir zu kommen und durchzuhalten." Er machte auf diese Menschen einen solchen Eindruck, daß sich bereits in England, Amerika, Frankreich, Griechenland, Holland, Italien, Israel, China, Malaya, Ostafrika und Mexiko „zur Ausbreitung solch universellen Impulses Sri Aurobindo-Zirkel gebildet haben".

Durch die Ramakrischna-Mission richtete sich das Augenmerk Indiens auf die religiöse Offenheit des Westens. Sie sandte einen Strom von Predigern nach dem Abendland. „Ein Studium ihrer Berichte zeigt eine Vielzahl von Tätigkeiten, den Bau von Hospitälern, Polikliniken, Schulen unter Frauen und Mädchen, die landwirtschaftliche Hebung und Abstellung von Nöten. Dabei wird Nachdruck auf die Ausbreitung der geistigen und kulturellen Ideale des Hinduismus gelegt. Es ist bezeichnend, daß dieses nicht nur als ‚Innere Mission' geschieht, es gibt eine wachsende ‚Äußere Mission' an verschiedenen Orten in Burma, Ceylon, Singapore, Fidschi, Mauritius, in den USA, Argentinien, England, Frankreich und Deutschland." Da diese Mission die Christen zu gewinnen sucht, entstand die Frage, wie ihre Tätigkeit mit der These der Gleichberechtigung aller Religionen übereinstimme. „Manchmal gaben die Verteidiger die Antwort, daß sie im Gegensatz zu den christlichen Missionen die Menschen nicht zu bekehren versuchen. Sie wollen nur bessere Episkopale, bessere Methodisten usw. machen. Aber das Wort ‚bessere' heißt in diesem Zusammenhang ‚hinduisierte'. Der Zweck ist klar: Die Menschen soweit zu bringen, das hinduistische Verständnis des Lebens und der Religion zu übernehmen."

Eine andere, die Gaudija-Mission, geht zurück auf Krischna Tschaitanja, einen eifrigen Anhänger von Krischna und Radha, der im 16. Jahrhundert lebte. Er hat den Namen dieses indischen Heilandes so oft ausgesprochen, bis er in Ekstase fiel, und hat mit seinen Anhängern gefühlvolle Lieder zum Preise Krischnas gesungen. Er vertrat eine enthusiastische Frömmigkeit. Seine Sekte rettete sich durch die Jahrhunderte. Um 1900 gelang es ihr, in Amerika einige Anhänger zu gewinnen. 1934 nahm sie Missionsversuche in Europa auf. Sie wollte den Europäern die theistische Philosophie Indiens nahebringen.

Seit 1955 gibt es in Indien auch eine offizielle Missionsgesellschaft des Hinduismus. „Im Mai 1955 verlangte ein früherer Richter des obersten Gerichtshofes von Indien die Organisation des Hinduismus nach missionarischen Gesichtspunkten. Es sollen ausgebildete ‚Evangelisten' angestellt werden. Und der Vizepräsident des Landes drückte seine Hoffnung aus, daß der Hinduismus in der Welt verbreitet wird und seinen Einfluß geltend macht." So stehen wir vor der Tatsache, daß sich die missionarische Tätigkeit des Hinduismus erst entfalten wird.

(G. F. Vicedom, Die Mission der Weltreligionen, Kaiser Verlag, München 1959, S. 125–127)

Liste wichtiger Begriffe

Das Zeichen ' gibt den Hauptton an, die unmittelbar folgende Silbe wird betont. Das Zeichen : gibt die Länge des vorangehenden Vokals an. Beide Zeichen gelten nur für die Sanskrit-Begriffe, nicht für latinisierte Wortformen. m = maskulin, f = feminin, n = neutrum, adj = grammatisches Geschlecht nur in Komposita bestimmbar, pl = Plural

'Adwaita m	„Nicht-Zweiheit"; monistische Heilslehre
'A:gama m. pl	Heilige Schriften verschiedener Hindu-Sekten, auch Bezeichnung des Weda.
A'himsa: f	„Nicht-Töten"; Gewaltlosigkeit
'Alwar m. pl	wischnuitische Liederdichter des südindischen, tamulischen Bhaktismus, lebten im 6.–9. Jahrhundert n. Chr.
An'gi:ras m. pl	Mythische Urdichter
A'ranjaka m. pl	„Waldlehren"; wedische Texte, zeitlich zwischen den Hymnen und den Upanischaden
'A:rati f	häufigste Tempelzeremonie, Beschreiben eines Lichtkreises vor dem Götterbild
'A:schrama m	„Einsiedelei", Kloster; Lebensabschnitt
'A:sana n	Sitzposition bei Joga-Übungen
A'tharwa'we:da m	der vierte Weda, Sammlung von Ritualtexten
'A:tman m	„Selbst", individueller Wesenskern
Awa'ta:ra m	„Herabkunft"; Erscheinung Gottes auf Erden
'Ba:dschan n	gemeinschaftliches Singen religiöser Lieder
'Bhagawad'gi:ta: f	„Gesang des Erhabenen", philosophischer Text über die Gottesliebe im Maha:bha:rata
'Bhakti f	Liebe, Hingabe an Gott
Bhaktismus	religiöse Bewegung seit dem frühen Mittelalter, die die Gottesliebe als Heilweg propagiert
'Brahma: m	Name des Schöpfer-Gottes
'Brahman n	das Absolute; Urgrund des allgemeinen Seins
'Brahmanas m. pl	spätere Zufügungen zu den einzelnen Weden, die die Brahman-Lehre interpretieren und in Beziehung zum Opferkult setzen
Brah'ma:ne m	Angehöriger der obersten Kaste, ursprünglich des Priesterstandes
'Brahma'tscharja m	Studium bei einem Guru; erster Lebensabschnitt
'Da:na n	„Gabe", Schenkungen an Tempel oder Bedürftige
'Dharma m	Ordnung, Pflicht, Gesetz; „Religion" im Sinne göttlicher Ordnung
'Dewa m	Gott

'Dewi f	Göttin
'Dhj'a:na n	Meditation
'Dnjaina n	Erkenntnis, Wissen
Dschainismus	asketische Erlösungslehre, im 6. Jhdt. v. Chr. von Maha:'wi:ra gegründete Religionsgruppe, protestiert gegen brahmanische Lehren
'Dscha:pa n	ständiges Aufsagen von Götternamen oder Mantras
'Dscha:ti f	Stamm, Familie, heute: Bezeichnung für die vielen „Unter-Kasten"
'Dwaita m	„Zweiheit"; dualistische Heilslehre
'Ghi: f	zerlassene Opferbutter
'Guna m	Eigenschaft; nach der Samkhja-Lehre beruht 'Prakriti, die Grundlage alles Materiellen, auf drei Gunas
'Guru m	religiöser Lehrer
'Hatha-'Jo:ga m	Joga, der hauptsächlich aus körperlichen, vor allem Atemübungen besteht
Iti'ha:sa-'We:da m	Weda der Erzählungen, der Smriti (Heldenepen)
'I:schwara m	Gott als der höchste „Herr"
'Jadnja'walkja m	berühmter religiöser Lehrer der Upanischaden
'Jantra n	Diagramm, benutzt als Meditationsgegenstand oder als magisches Zeichen
'Jadschur-'We:da m	dritter Weda, enthält vor allem Opfersprüche
'Karma n	Ergebnis einer Handlung, „Lohn der Tat"
'Kschatrija m	Angehöriger des Krieger-Standes
'Linga n	Phallus-Symbol, Zeichen Schiwas
'Maha:'bha:rata n	„Groß-Indien", bekanntestes indisches Heldenepos
'Ma:ja: f	Täuschung, Illusion, Scheinwirklichkeit
'Mandala n	kreisförmige magische Zeichnung, oft benutzt als Meditationsobjekt
'Mantra n	Wort, heilige Formel
'Marga m	Weg, Heilweg
'Mu:dra: f	Handstellung bei Meditationsübungen
'Mi'mamsa: f	Erörterung; eines der sechs klassischen philosophischen Systeme
'Mo:kscha m	Befreiung, Erlösung
'Nja:ja m	Regel, Methode, Logik, eine der sechs klassischen philosophischen Schulen
'Pantscha'ja:t m	Rat der Dorfältesten

'Parja m	Ausgestoßener, Kastenloser
'Pra:kriti f	Urgrund der Materie
Pra'sa:da m	Gnade; geweihte Speise
'Pudscha: f	Verehrung, Gottesdienst
'Punja n	Verdienst
Pu'ra:na adj	alt; mit dem Plural werden die Schriften der einzelnen Hindusekten aus dem Mittelalter bezeichnet
'Puruscha m	Höchstes Wesen; nach der Samkhja-Philosophie das geistige Urprinzip
'Ra:ma'ja:na n	Geschichte vom König Rama und seiner Frau Sita
'Rig-'We:da m	erster Weda, Sammlung von Hymnen
'Sa:dhu m	geweihter Mönch
Sa'ma:dhi f	Versenkung, tiefste Stufe der Meditation
'Sa:ma-'We:da m	zweiter Weda, „Weda der Gesänge“
'Samhita: f	Die vier Sammlungen, die den Weda bilden
'Sa:mkhja m	eine der sechs klassischen Philosophieschulen
Sam'sa:ra m	Kreislauf der Geburten
Sams'ka:ra n	„Sakrament“; Riten zu bestimmten Lebensstadien
'Scha:kti f	Kraft; Bezeichnung für verheiratete weibliche Gottheiten
Schaktismus	religiöse Bewegung, die der Verehrung weiblicher Gottheiten den Vorrang gibt, da die Götter nur durch ihre Schakti (Symbol der Fruchtbarkeit) schöpferisch tätig sein könnten
'Schlo:ka m	Aus vier Versvierteln mit je vier Silben bestehende Strophe
'Schu:dra m	Angehöriger des Arbeiter-Standes (Vierte Kaste)
'Schruti f	„Gehörtes“, göttliche Offenbarung; Bezeichnung für die Weden
'Smriti f	„Erinnerung“; Traditionen der frühen Weisen, Bezeichnung für die nachwedische religiöse Literatur
'Su:tra m	„Faden, Leitfaden“; Bezeichnung für religiöse Schriften
'Tantra n	magische Riten, die den Menschen mit dem Urgrund des Seins verbinden
Tantrismus	religiöse Bewegung, die auf magischen Praktiken beruht
'Tapas m	Hitze, Energie
'Tat twam 'asi	„Das bist du“, Redewendung in den Upanischaden zur Erkenntnis der Identität von Atman und Brahman
U'panischad m	„Geheimlehre“; Texte der ausgehenden wedischen Zeit. Im späten Hinduismus jede größere Lehrschrift eines Guru.
'Warna m	„Farbe“; Bezeichnung für die vier „Haupt-Kasten“ der wedischen Ständegesellschaft

Warn'a:schrama m	Lehre von den recht gelebten Lebensabschnitten
Wai'sche:schika n	eine der sechs klassischen Philosophieschulen
'Waischja m	Angehöriger des Standes der Kaufleute und Handwerker (Dritte Kaste)
We:'da:nta m	„Ende des Weda"; Lehre der Upanischaden, klassische Religions- und Philosophieschule
Weden m. pl	das heilige „Wissen", die von den mythischen Sehern weitergegebene Offenbarung, aufgezeichnet in den vier Weda-Sammlungen

Liste der zur Zeit erhältlichen Taschenbücher
(Stand: Dezember 1979)

1 *P. Antes/B. Uhde,* Aufbruch zur Ruhe, Meditation in Hinduismus, Buddhismus und Islam (Topos 27), DM 6,80.
2 *Bhagavadgita* (Reclam 7874), DM 3,40.
3 *E. Brunner-Traut,* Die fünf großen Weltreligionen (Herder 488), DM 5,90.
4 *K. Eberhardt,* Was glauben die andern? (GTB 233), DM 9,80.
5 *C. M. Edsman,* Die großen Religionen Asiens (UTB 448), DM 19,80.
6 *K. Fischer,* Erotik und Askese in Kult und Kunst der Inder (DuMont 81), DM 12,80.
7 Fischer Weltgeschichte Band 17 „Indien" (FW 17), DM 7,80.
8 Fischer Weltgeschichte Band 18 „Südostasien vor der Kolonialzeit" (FW 18), DM 7,80.
9 Fischer Weltgeschichte Band 33 „Das moderne Asien" (FW 33), DM 7,80.
10 Fischer Lexikon Band 1 „Geschichte der Religionen" (Filex 1), DM 6,80.
11 Indien – Reiche zwischen Indus und Ganges (Rolife 24), DM 8,80.
12 Indische Märchen (Fischer 1137), DM 3,80.
13 *P. Meinhold,* Die Religionen der Gegenwart (Herder 656), DM 12,90.
14 *F. Melzer,* Antwort aus dem Schweigen (Herder 691), DM 5,90.
15 Ozean der Märchenströme. Indische Märchen und Legenden (GGT 1546), DM 3,00.
16 *H. Rau,* Gandhi (romono 172), DM 6,80.
17 Rigveda – Gedichte aus dem Rivveda (Reclam 8930), DM 1,70.
18 *H. J. Schoeps,* Religionen (GSb 11202), DM 9,80.
19 *G. Szczesny,* Die Antwort der Religionen – Hinduismus, Buddhismus, Judentum, Katholizismus, Protestantismus, Islam (roro 6700), DM 6,80.
20 *Tulsidas,* Ramcaritmanas (Reclam 9757), DM 3,40.
21 Upanischaden (Reclam 8723), DM 1,70.
22 *G. Woodcock,* Mahatma Gandhi (dtv 1049), DM 4,80.
23 *H. Zimmer,* Religion und Philosophie Indiens (stw 26), DM 18,00.

Bildnachweis

The Associated Press, Frankfurt/M.: 98. Eckehard Bickelmann: Umschlagbild, 32, 37, 41, 61, 91. Centrum der internationalen Gesellschaft für Krischna-Bewußtsein in Deutschland, Hamburg: 142/143. Deutsche Presse-Agentur, Frankfurt/M.: 58. foto-present, Essen: 43, 64, 83, 128. Holle Bildarchiv, Baden-Baden: 8, 16, 34, 36, 111. Hans Lachmann, Düsseldorf: 53, 55, 106. Katholische Nachrichten-Agentur, Frankfurt/M.: 2, 89. Bildarchiv K. H. Schuster, Oberursel/Ts.: 3. Der Stern, Hamburg: 78.

entnommen aus: Jan Gonda, Die Religionen Indiens II, Verlag W. Kohlhammer, Stuttgart: 6.

0.12.35***